海昏侯墓出土器物图像研究

罗小华　著

ZHEJIANG UNIVERSITY PRESS
浙江大学出版社
·杭州·

图书在版编目（CIP）数据

海昏侯墓出土器物图像研究 / 罗小华著 . -- 杭州：
浙江大学出版社，2025. 1. -- ISBN 978-7-308-25900-2

Ⅰ. K878.84

中国国家版本馆 CIP 数据核字第 20253FZ610 号

海昏侯墓出土器物图像研究

罗小华　著

责任编辑	殷　尧	
责任校对	吕倩岚	
封面设计	项梦怡	
出版发行	浙江大学出版社	
	（杭州市天目山路 148 号　邮政编码 310007）	
	（网址：http://www.zjupress.com）	
排　版	杭州青翊图文设计有限公司	
印　刷	浙江新华数码印务有限公司	
开　本	787mm×1092mm　1/16	
印　张	18	
字　数	295 千	
版印次	2025 年 1 月第 1 版　2025 年 1 月第 1 次印刷	
书　号	ISBN 978-7-308-25900-2	
定　价	98.00 元	

序

　　罗小华博士的学术专著《海昏侯墓出土器物图像研究》即将付梓，这是一件可喜可贺的事。她是文艺学专业出身，博士论文做的是欧文·潘诺夫斯基的图像学研究，后以《潘诺夫斯基图像学研究》（中国社会科学出版社，2016年版）为题出版后，在学术界产生了较大的反响。本书则聚焦新近发掘的海昏侯刘贺墓出土器物图像，在对其进行详细统计、梳理与介绍的基础上，运用图像学理论展开研究，旨在揭示海昏侯刘贺墓出土器物及其图像的丰富而深刻的历史文化内涵。从文艺理论转到考古学和艺术学领域，学科跨度大，其研究难度可想而知，但现在小华博士顺利完成这一在题材、领域和方法等方面都具有较大开拓性的著作，确实值得祝贺。

　　该成果主要分为两部分。第一部分从纹饰统计和内涵分析方面入手，对青铜器、玉器、漆器、金器等海昏侯刘贺墓出土的器物图像进行综述和概括，深入分析器物背后所蕴涵的汉代神仙信仰、祥瑞心态以及汉代艺术的美学风格；第二部分则在细致考察现有图像并统计、梳理图像数据的基础上，有意识地选择钟虡异兽、博山炉、车衡饰、云虡纹、龙纹漆盘、青铜当卢、马蹄金和麟趾金、玉印等汉代器物进行深入的个案分析，回应了学术界关注的热点问题，也提出了研究者自身的新见。在我看来，该成果的创新之处在于系统而全面地呈现了已发现和发掘不久的海昏侯墓中的器物图像，并对其做出了具有学理性的分类概述、深入分析与文化阐述。

　　初涉考古学和艺术学领域，作者比较注重对已有成果的介绍和综述，自己行文则相对谨慎。但初生牛犊不怕虎，学者的成功和学术的推进往往都是在大量占有材料的基础上，通过大胆假设和小心求证来获得的。就此而言，我建议小华在可能的情况下应大胆增加个人重要观点的提出和阐述。1955 年，伟大的艺术史家欧文·潘诺夫斯基将艺术史定义为"对超乎实用价值的人造之物的历史分析和解释，一方面，它与美学、批评、鉴定、'欣赏'相对立，另一方面又与纯粹的古物研究相对立。"在运用图像学理论进行海昏侯墓出土器物图像研究方面，作者似乎偏重于描述图像样式与纹样背景知识，将中国传统纹样史替换为西方图像学语汇，而未见更多图像学意义上的有关全局和重大理论性问题的创新性突破。当然，我这个要求显然是过高了。而且，正如著名艺术史家弗朗西斯·哈斯克尔所说："最激动人心的历史就是那种努力重视往昔生命的历史。而理想的历史学家就是那些能够看到过去并且告诉我们其如实所见的人们。"在这方面，小华博士已经做得很好了，因为她已经把海昏侯墓主人刘贺与相关出土器物图像的关系描绘成了一幅清晰、丰富而精彩的图像，从而为后来的研究者提供了扎实的材料、坚实的起点和继续探索的路径……

　　我在江西工作时，曾与小华博士是同事。她博士毕业没多久，就申报成功了一个国家社科基金项目和两个省级项目，大概当时我为她的学术敏感和学术精神说过一些赞扬和鼓励的话，我其实已经记不清究竟说过些什么，但她说她一直铭记于心。现在她的课题已顺利结项，这部书稿也即将出版发行。小华几次索序于我，我实在难以拒绝，就草成上述文字，权且为序，重在祝贺：祝她在未来的学术之路上越走越顺利、越走越坚实！

龙迪勇

2024 年 11 月 28 日于金陵寓所

目录

导论

第一节　选题意义

2014年，法国著名学者雷吉斯·德布雷（Régis Debray）在《图像的生与死：西方观图史》中提出"图像源于墓葬"这个大胆的说法："艺术诞生于墓葬中，一旦逝去便在死亡的刺激之下旋即复生。墓葬的礼仪随处激发塑造形体的想象力，伟人的墓葬成了我们最早的博物馆，而逝者本身则是我们最早的收藏家。因为此类宝藏——兵器、餐具、花瓶、桂冠、金盒、大理石半身像、名贵木材的家具，并非为生者的眼光而设。它们堆积在封土堆、金字塔和墓穴深处，并非出于美观考虑而是有其功用。封闭后的地宫，往往是不得再进入的，而其中却装满最丰富的宝藏。我们现代人的图像库，却是给人观看的。这可谓是记忆寓所的奇怪轮回。从前的文明无博物馆可言，陵墓就是其博物馆。今天的文明再也不谙建造陵墓之道。我们的博物馆也许就是文明的陵墓。"[1] 死亡虽是生命的结束，但却是图像的发端，艺术创作的动因。图像使无形的灵魂变得有形，使短暂的人生成为永恒，丧葬艺术将死亡转化为充满希望的契机，使得死亡不再是绝望，而是充满希望。欧文·潘诺夫斯基（Erwin Panofsky）在《图像学研究》一书中指出："从人类历史最古老的时代开始，葬礼美术就比其他艺术形式更为清晰、直接而明确地反映出人类的形而上学

1　（法）雷吉斯·德布雷著. 图像的生与死——西方观图史 [M]. 黄迅余、黄建华译. 上海：华东师范大学出版社，2014：6.

信念。"[1] 不仅如此，在他的精彩讲座《墓地雕刻：从埃及到贝尔尼尼的变化》开场白中，他说自己已知天命，能欣然从外面看茔墓。他还首次使用"憧憬未来"（prospective）和"缅怀过往"（retrospective）这两个术语概括数千年的墓葬雕刻观念，讨论从古代埃及直至 17 世纪的巴洛克时期人类死亡态度的演变，从赞美现世的美好到向往来世的永恒。在潘诺夫斯基笔下，我们看到了特定群体面对生与死的态度。如同著名历史学家菲利浦·阿利埃斯（Philippe Ariès）所说："我们见识到一种面对死亡的态度，它几乎一成不变地延续了几千年，它反映了人对命运、对自然法则的一种幼稚自发的屈从。"[2]

与死亡有关的视觉图像正是本书的主要研究资料，中国的墓葬美术以其源远流长及丰富的内涵见长。世世代代的人们期望死后不朽，然而死亡毕竟是超出其生活经验的阶段，也是永恒的恐惧之源。死后的幽暗世界或许有恐怖的精灵鬼怪，灵魂往天界之旅可能要遭受到种种风险，灵魂最安全的住所是以往的家园。为了应对死亡，地下的墓穴从来不表现阴暗的死亡世界，它们的主题总是幸福和光明的，正是希望借由这类艺术形式征服死亡。张衡的《冢赋》为我们勾勒了汉代陵园的整体结构："有觉其材，以构玄室。奕奕将将，崇栋广宇。在冬不凉，在夏不暑。祭祀是居，神明是处。……幽墓既美，鬼神既宁，降之以福，于以之平。如春之卉，如日之升。"[3] 受中国古代伦理社会"事死如生"观念的影响，生人致力于为亡者提供一个理想的家园，一个"在冬不凉，在夏不暑"[4] 的神居。死后世界或被描绘成死者原有生活的延续，或是对现实生活的理想升华，或是对不朽仙境的向往，死亡使人们获得生前所不曾有过的一切。这一观念激发了无穷无尽的艺术创造力和技术革新。[5] 墓室作为死者的葬身之所，被视为另一个世界的住宅并予以高度重视。《礼记·士丧礼》："筮宅，冢人营之"；郑注曰："宅，葬居也。"[6] 汉代，人们在生前已为自己的"万岁之室"的营建做好充分的准备。《梁相孔耽神祠堂碑》

1 （美）欧文·潘诺夫斯基.图像学研究——文艺复兴时期艺术的人文主题 [M].戚印平、范景中译.上海：上海三联书店，2011：186.
2 （法）菲利普·阿里耶斯.面对死亡的人（上卷：卧像的时代）[M].吴泓缈、冯悦译.北京：商务印书馆，2015：40.
3 王飞鸿.中国历代名赋大观 [M].北京：北京燕山出版社，2007：226.
4 王飞鸿.中国历代名赋大观 [M].北京：北京燕山出版社，2007：226.
5 巫鸿.黄泉下的美术：宏观中国古代墓葬生活 [M].北京：生活.读书.新知三联书店，2000：4.
6 （晋）郭璞注.四库家藏：尔雅注疏 [M].济南：山东画报出版社，2004：61.

追述了孔耽监督工匠为其作寿冢的情景："图千载之洪虑，定吉兆于天府。目睹工匠之所营，心欣悦于所处。其内洞房四通，外则长庑。"[1]孔耽营建的墓室是一处模仿宅院的地下建筑。此外，在汉代人看来，死亡意味着生命形式的改变，是到达再生（永生）的过渡，借着生死界限的模糊化，将死亡变为可以理解、可以接受，而不是无法忍受的自然事实。

新近发掘的江西南昌西汉海昏侯刘贺墓出土了青铜器、金器、铁器、玉器、漆器、纺织品、陶器、竹简、木牍等珍贵文物数万件，其中有麟趾金、金板黄金等前所未有的巨量黄金制品，两百多万枚五铢钱，迄今为止最早的孔子画像……这些出土器物图像资源十分丰富，既可看成一部器物史，又可视为汉代的视觉文化史和图像史。它们既属于历史文化遗存，也是图像文本，是研究汉代社会生活、丧葬习俗及中国艺术发展史的最真实最鲜活的实物资料，具有重要的历史价值、科学价值和艺术价值。正如雅各布·布克哈特（Jacob Burckhardt）提出的观点，有时正是通过视觉图像，一个时代隐秘的信仰和观念才能传诸后人。[2]科林·伦福儒（Colin Renfrew）等考古学研究者指出器物和图像作为社会地位的象征物，当它们被广泛使用时，有助于增加社会结构的稳定性。[3]彼得·伯克（Peter Burke）在《图像证史》一书中提及图像论据的可靠性问题，他说："图像是无言的见证人，它们提供的证词难以转换为文字。……长久以来，对文字档案进行'史料考证'就是历史学家训练的一个必要组成部分。虽然像文本证词一样，图像提供的证词也提出了背景、功能、用语和收集（事隔多久才收集的），以及是否间接作证等问题，但相比而言，对可视证据的考证还不够发达。因此，有些图像提供的是比较可靠的证据，但有些图像则不然。"[4]刘贺地位显赫，如何研判其墓葬图像背后的"故事"，对"图像"产生的背景、功能、时空等"无言的见证"进行细心考证，如何以科学的方法、清晰的脉络进行图像解读，本身就是学术挑战。本书将聚焦墓葬内的出土器物，在图像学视野下，希望跳出史学界普遍关注的宫廷权谋

1　全上古三代秦汉三国六朝文：第二册：后汉 [M]. 石家庄：河北教育出版社，1997：972.

2　（瑞士）雅各布·布克哈特著，何新译. 意大利文艺复兴时期的文化 M]. 北京：商务印书馆，1979：3.

3　参见 Colin Renfrew. Varna and the Emrtgence of Wealth in Prehistoric Europe,in Appaudurai ed., The Social life of Things, Cambridge, 1986, pp. 141-168.

4　（英）彼得·伯克.《图像证史》（第二版）[M]. 杨豫译. 北京：北京大学出版社，2018：12-13.

与精英政治的层面，从图像角度去探讨汉代的社会、生活与文化，了解汉代王侯阶层的丧葬礼俗，展现汉代生活的多样性和复杂性，了解时人对于死亡、冥世的理解和想象。如米歇尔·沃维尔（Michel Vovelle）所言："需要审视与死亡交叉的目光，从死亡出发，回顾迎接死亡的集体态度。"[1]

古代墓葬常伴随着器物出土，这些器物是墓室中最为丰富的材料，追溯它们在墓葬语境中所形成的意义构成了本书的基本出发点。当然，汉代墓葬是包罗万象的，同时又尊卑有序、等级森严。许多墓葬所出土的器物，往往生器、明器、祭器一应俱全，包含了幽明世界的多重认知模式与实践维度，构成一个复杂的系统，表现出多种观念的交织。这些器物承载的丧葬观念既有"视死如生""不死升仙"者，也有"死生异路"者。在这个特殊场域中，墓主主宰一切，君临其中，器物和图像为其前往彼岸世界而设计制作，为其情感、观念和信仰代言，其墓葬内容和装饰也因此成为这个多元而复杂的礼俗、信仰体系的视觉化呈现。这就要求墓葬绘画所依附的信仰体系必须建立在一个宏观的、能被社会各阶层认可的层面，形成一整套程式化的图像系统，每个图像元素都各司其职，都有其象征意义。如何解读这套图像仪轨，也是本课题的意义所在。

图像是通过视觉媒介得以再现的。图像学者陈怀恩说："图像学研究既然以解释艺术品的意义为目的，那么，凡是历史上任何有意义的视觉或造型表现都可以是图像学研究的对象。"[2]当我们引入了"图像学"的概念以后，图像（image）的意义被放大了，无需考虑其材料、媒质、尺寸和形状，只要它们具备了对历史事件和历史本身的阐释，实现对历史的重构，各种视觉产品都是艺术研究者所面对的基本对象。英国艺术史学家柯律格（Craig Clunas）指出："所有的物质文化都包含视觉成分，而任何一种视觉文化都依赖物质性的存在。我认为物质与视觉文化是无法分离的。"[3]图像学视野下的墓葬研究，不仅包括了绘画形式（平面图形）和雕塑形式（立体图像），还包括了图像场域，这极大地开拓了我们的学术视野。任何一件艺术品都不是孤立存在的，而是与一定的文化环境相联系的。只有把研究对象放到它原初

1　（法）米歇尔·沃维尔. 死亡文化史：用插图诠释 1300 年以来死亡文化的历史 [M]. 高凌翰、蔡锦涛译. 北京：中国人民大学出版社，2004：1-19.

2　陈怀恩. 图像学——视觉艺术的意义与解释 [M]. 石家庄：河北美术出版社，2011：78.

3　（英）柯律格. 明代的图像与视觉性 [M]. 黄晓鹃译. 北京：北京大学出版社，2011.

的生存环境中去，才能真正了解它、阐明它，实现其图像的功能和象征意义。武利华指出，坟墓艺术最大的特点是立体的场景交融，而不是孤立的艺术品赏析。在过去单纯的图像研究中，很少注意考古发掘报告提供的整体材料。我们将站在跨学科的视角，关注墓葬中文化寓意的整体表达。

第二节　刘贺墓的发现与研究

海昏侯刘贺墓的考古发掘引起了国内外广泛的关注，金石学、考古学、文化学、文献学、美术考古学等诸多学科和领域的专家学者纷纷聚焦于此，取得了丰硕的研究成果，由于本书聚焦于海昏侯刘贺墓出土器物图像研究，所以海昏侯墓考古发掘、葬制研究、出土简牍、文学科普读物等将不纳入文献综述的讨论范围，但这些研究为本书奠定了良好的基础。同时因本人的学识与能力有限，难免有挂一漏万处。

关于刘贺玉印的讨论最多。熊长云《海昏侯墓"大刘记印"小考》从印文、印钮着手，使用历史文献资料简单介绍"大刘记印"玉印。王刚《海昏侯墓"大刘记印"研究二题》一文，从称谓问题、春秋笔法两个角度佐证刘贺的政治背景及心态。赵宏《海昏侯玉印散论》从形制、印文体例、琢刻、殉葬印四个角度进行简单解析。沈华《从海昏侯的玉印看其跌宕起伏的一生》探讨"刘贺"玉印的印钮与"大刘记印"的印文，梳理刘贺的生平。海昏侯墓出土刘贺玉印或解读为"鸥钮"（郑志刚在《海昏侯墓出土汉印四题》）"鹰钮"（《海昏侯刘贺印印钮或为"鹰钮"》《文汇报》2016年11月18日）"神鸟"（蔡庆良、赵文杰、杨军《日暖生烟——海昏侯墓出土玉器鉴赏》），江西省文物考古研究院《江西南昌西汉海昏侯刘贺墓出土玉器》一文断为螭钮。谢伟峰《殷周传统与鸥鹗之吉凶二意——从海昏侯大刘记印鸥钮》则重申昌邑故地的鸥鹗崇拜，认可印钮为鸥鹗形象。

袁良榕、张恩、涂晓琼以2016年公开展览的一件龙凤纹鞢形玉佩为示例，从造型、纹饰入手，探讨玉佩整体的演变和社会精神内涵。丁哲的《从海昏侯墓出土的'舞女'谈起"》《黄琮变夔龙——海昏侯墓出土蜷体玉龙考辨》《海昏侯出土玉器概述》以图片、分类形式呈现了首都博物馆展览的海昏侯墓出土玉器，对汉代出土玉舞人从宏观上进行了简单的对比分析，认为龙形玉饰是战国时期玉琮改制器。权敏等《南昌汉代海昏侯国考古中的玉器》一文，选取玉具剑、玉印、韘形佩等参展玉器作简单介绍。王金中《浅谈海昏侯墓出土的玉器与汉代的玉文化》从礼玉、佩玉、玉剑饰、三方玉印、金缕琉璃席五个角度分析海昏侯墓出土玉器的文化内涵。李双君硕士论文《江西南昌汉代海昏侯墓出土玉器》因作者参与了海昏侯墓玉器的挖掘整理工作，得以对海昏侯墓出土玉器做更全面、严谨和科学的研究工作，他在 411 件玉器的系统解读和档案记录的基础上，进行功能分析，得出海昏侯墓礼仪和日常生活用玉数量较少，丧葬和装饰用玉数量较多，海昏侯以列侯制度入殓，未僭越礼制，反映了崇尚玉器及武力的时代特征。

　　草原民族习用的金属牌饰，常见采用表现动物形象的图案，海昏侯墓就出土了金节约等明显具有胡风特色的饰品，邢义田《再论"中原制造"：欧亚草原古代金属动物纹饰品的产销与仿制（上）（下）》指出它们是中原的仿制品。陈宗瑞在《两汉回首式走兽纹马具试析》一文中指出海昏侯墓出土的银质叶形当卢与回首式凤鸟纹马珂共出，可能是最早的内地出土的"带有回首式走兽纹的马具"，这些明显具有北方草原特色的纹样，其"图像母题的渊源"，"可以追溯置至欧亚草原"，"是斯基泰风格、鄂尔多斯式铜器在汉代的延续"。墓主可能为刘贺长子刘充国的海昏侯墓园 5 号墓，清理时发现随葬多种玉器。经分析，"约 240 件加工成器中，约 70% 为和田玉"（江西省文物考古研究院、厦门大学历史系《江西南昌西汉海昏侯刘贺墓出土玉器》）。墓中所出玛瑙，有可能来自更遥远的丝绸之路路段。凡此诸多现象，可以充实我们对于丝绸之路史的认识。海昏侯墓出土金器的"花丝装饰"，有的学者认为是汉王朝经欧亚草原与"希腊化世界"之"交往"的文物证据（刘艳《汉帝国与希腊化世界的交往——再议海昏侯墓金器中的花丝装饰》）。有学者称之为"花丝工艺""花丝技法"制作形成的"组合纹样"，并判断所采用的是"中国传统细金工艺"（杨一一等《海昏侯墓出土马蹄金、麟趾金花丝纹样制作工艺研究》）。有些学者则认为西汉史料中记载的黄金，大多只是充当度量衡，并不是实际支付的货币，并不存在巨量黄金之谜。海昏侯墓的马蹄金、麟趾金，其基本功能用于祭祀，其"上""中""下"铭文，可能标记宗庙祭祀摆放的位置或组合（周卫荣、孟祥伟《中国古代早期黄金与黄金货币问题研究》）。海昏侯墓出土作为编钟架构件的鎏金青铜钩取骆驼造型，这是长江流域较早出现的显示骆驼形象的文物。汉宣帝平陵从葬坑出土骆驼骨骼引起了重视。而年代更早的海昏侯墓的这一发现，对于丝路史考察的意义尤为重要。有迹象表明，西北丝绸贸易的主线与成都平原有交通联系。成都附近出产的"广汉八稯布"在河西有集中的消费记录。敦煌汉简中有以"驴五百匹驱驴士五十人之蜀"从事运输活动的简文，可知从敦煌至"蜀"，存在丝绸之路的支线。长江一线对于"西北边"的关注，有鄂城出土汉镜铭文可以反映（周新《论鄂城汉镜铭文"宜西北万里"》）。而大江东下至豫章地方，海昏侯墓园出土文物也证明了西北草原丝路的文化影响。

　　《孔子衣镜》也是学术界讨论的热点之一。邵鸿先生的《海昏侯墓孔子屏风试探》释读了孔子、子赣、颜回、子张四位的文本内容，认为与《史记·孔子世家》和《仲尼弟子列传》可能有密切关系，指出它作为中国已知最早的人物像传屏风实物，有特殊的文物价值，并推测孔子画像右侧人像，可能是孔子的父亲叔梁纥。王意乐等学者的《海昏侯刘贺墓出土孔子衣镜》，将衣镜全部图像和文字的释读成果公之于众，指出孔子及其弟子的传记与《孔子世家》《仲尼弟子列传》《太史公自序》及《论语》内容基本一致，只是略有不同。杨军等学者《海昏侯墓衣镜画传"野居而生孔子考"》为孔子正名，根据"衣镜文字"确定孔子是"野居而生"，而不是《史记》记载的"野合而生"。刘子亮、徐长青《汉代东王公传说与图像新探———以西汉海昏侯刘贺墓出土"孔子衣镜"为线索》有着最早的东王公的图像和文字资料，将其由东汉早期提前到了公元前 1 世纪前叶，西王母与东王公的图像组合早在西汉中期就已成型。何丹是目前研究孔子衣镜发表论文最多的学者，《海昏侯墓"孔子画像"的文本考察》认为海昏侯墓"孔子画像"人物描绘和传记书写的文本依据都来自《孔子世家》，孔子以"布衣宗师"形象示人，以《史记》为蓝本，"传记"与"图案"可互为参照；在《海昏侯墓"孔子衣镜"与西汉西王母信仰》一文中，通过对衣镜图文的深入剖析，证实西汉昭宣时期是西王母信仰的关键阶段，整体图像展示出"儒主道辅"的思想风貌；《从海昏侯墓出土"孔子衣镜"看汉代儒家思想与信仰》从方位信仰、颜色信仰、尊师重教、男尊女卑、重人轻神、阴阳和谐六个方面透过孔子衣镜这个重要物证看儒家信仰。《孔子画像与汉代教育——以海昏侯墓出土画像为中心》也立足于管窥儒家信仰。另有王刚《海昏侯墓"孔子衣镜"所见孔门弟子问题初探》《海昏侯墓"孔子衣镜"的弟子选配旨趣及相关问题蠡测》等论文未涉及衣镜图像讨论，衣镜弟子排序问题，传达了撰作者的"'春秋'笔法"，与刘贺的际遇和心境相结合，能窥见某些内在的"微言大义"。这些学者在对比衣镜传记与传世文献的过程中，都看到了其与《史记》的关联，聚焦于探讨孔子身世和弟子编排问题，管窥儒家信仰，但对衣镜图像的文本讨论不够。而2021年11月王楚宁、黄可佳两位学者发表的《孔子图像的构建与流变》弥补了这一不足，文章通过考辨文献与图像对比，梳理出自两汉至宋元孔子图像的传承脉络与构图结构流变，并确定此图为《汉书》所记《孔子徒人图法》。

付强、代玉、李田《汉代漆器图案装饰艺术分析——以海昏侯墓出土漆器为例》从装饰艺术的角度分析了海昏侯墓出土漆器上的图案的种类、特点及其表现技法与特定意义。《海昏侯墓出土龙纹漆盘赏析》将漆盘定名为"捭撝"，一种饮酒器，并从漆盘的纹样特征和题材表现两方面进行分析，认为它呈现了汉代漆器"大美"设计思想和"煌煌盛美"的艺术风格。Jue Guo "The Life and After life of a Western Han 'Covered Mirror' from the Tomb of Marquis of Haihun（59BCE）"则强调衣镜分析的重要性，从生器和明器的视角探讨孔子衣镜作为护身符所具有的趋吉避祸功效。

此外，在秦汉图像文化研究领域中，我们看到了累累学术硕果：孙机《汉代物质文化资料图说》；巫鸿《礼仪中的美术》《武梁祠：中国古代画像艺术的思想性》《时空中的美术》；包华石（Martin Powers）《早期中国的艺术与政治表达》；雷德侯（Lothar Ledderose）《万物：中国艺术中的模件化和规模化生产》；杰西卡·罗森（Jessica Rawson）《祖先与永恒：杰西卡·罗森中国考古艺术文集》；杨晓能《另一种古史：青铜器纹饰、图形文字和图像铭文的解读》；信立祥《汉代画像石综合研究》；台湾史语所邢义田《画为心声——画像石、画像砖与壁画》；李淞《"大一将行"图》、汪小洋《汉墓壁画的宗教信仰与图像体系》；武利华《中华图像文化史秦汉卷》；黄厚明《艺术史与图像——〈图像的意义〉读后》；练春海《器物图像与汉代信仰》……这些汉代图像研究与视觉文化领域的领军人物所取得的成就使我们看到了图像世界和观念世界契合而成的一种思维方式。

第三节　论题与研究方法

目前学界对海昏侯墓的研究已经取得了相当的成果。尽管如此，面对这批内容丰富的墓葬，我们如何从不同角度对其进行历史的解读，如何深入挖掘图像材料背后的意义，进而管窥当时的社会与文化，仍具有一定的挑战。

本书聚焦的第一个概念是出土器物。在墓葬中，出土器物又分为生器（又称用器，或人器）、祭器，以及鬼器（或明器）。祭器用于祭祀，鬼器是专门为墓葬而准备的器物，而生器则是死者生前使用的器物。生器出现在墓葬中，象征着死者的乔迁，有安抚之意。本书要界定的第二个概念是图像。一般而言，图像有狭义和广义两种，狭义的图像即指图绘的形象，尤指二维平面上的绘画或雕刻呈现；广义上也可解释为所有具有视觉效果的画面。汉代建筑彩丽竞繁，图画艺术也盛极一时，不仅文献记载丰富，汉画像砖石更是古往今来，存量惊人，可谓是"穷造化之精神，尽万类之变态"。本书所论之图像范围，除了指壁画，画像砖石、帛画、棺椁画等平面绘画外，也包括各种形状的器物装饰、立体雕塑、俑、当卢、玉印、瓦当等。由于海昏侯刘贺墓的考古发掘和资料整理需要一个长期的过程，不少文物基于保护需要也未公开，因此本书拟以2016年10月11日江西省博物馆正式开展的922件出土器物图像探讨为主线，以考古发掘团队公开发表的《江西南昌西汉海昏侯刘贺墓出土铜器》《江西南昌西汉海昏侯刘贺墓出土玉器》《江西南昌西汉海昏侯刘贺墓出土漆木器》《江西南昌西汉海昏侯刘贺墓出土部分金器的初步研究》等考古成果为基础，结合图像学方法对墓葬图像进行总体研究和个案分析，力图还原当时的历史语境，重现汉代的普遍知识背景。具体思路阐述如下。

本书第一部分将系统整理海昏侯墓考古发现的各类器物图像材料。对不同母题进行分类与图像形态描述。在对这些图像材料进行分类、定名、内涵描述与形态分析时，主要借用图像学理论中关于图像志的第一性或自然意义、第二性或程式意义等概念。按图像的表现形态直观区分不同母题，并结合相关文献资料，描述、解释其内涵与风格，最后根据图像的相对年代、分析其形态演变的过程与规律。

本书的第二部分为专题研究。由于不少考古资料还在整理中，未公开发布，在这部书稿中，我们不是将刘贺墓考古出土的材料一股脑地纳入课题讨论中，而是有意识地选择了包括钟虡图像、博山炉、车衡饰、错金银青铜当卢、孔子衣镜、马蹄金和麟趾金、刘贺玉印、出土青瓷壶等汉代器物与图像进行深入细致的个案研究。这些部分的研究将深入到图像学第三层的"图像学解释"方法。

对图像的深层研究，是与图像学的研究方法密不可分的。潘诺夫斯基把视觉图像的研究分为三个层次。朱存明教授认为，这三个层次与中国汉画像研究的金石学的范式，考古学的范式与文化艺术学的范式有一种内在的类比的逻辑关系。[1]潘诺夫斯基的图像学三层次阐释框架于 1939 年提出，1955 年完善。可列表如下。

图像学三层次列表

Object of Interpretation 解释的对象	Act of Interpretation 解释的行为	Equipment for Interpretation 解释的资质	Corrective Principle of Interpretation（History of Tradition） 解释的矫正原理 （传统的历史）
I Primary or natural subject matter—（A）factual，（B）expressional—constituting the world of artistic motifs. I 第一性或自然主题——（A）事实性主题,（B）表现性主题——构成美（艺）术母题的世界	Pre-iconographical description（and pseudo-formal analysis）. 前图像志描述（伪形式分析）	Practical experience（familiarity with objects and events）. 实际经验（对象、事件的熟悉）	History of style（insight into the manner in which, under varying historical conditions, objects and events were expressed by forms）. 风格史（洞察对象和事件在不同历史条件下被形式所表现的方式）

1　朱存明.汉画像之美[M].北京：商务印书馆，2011：53.

续表

Object of Interpretation 解释的对象	Act of Interpretation 解释的行为	Equipment for Interpretation 解释的资质	Corrective Principle of Interpretation （History of Tradition） 解释的矫正原理 （传统的历史）
II Secondary or conventional subject matter, constituting the world of images, stories and allegories. II 第二性或程式主题，构成图像故事和寓意的世界	Iconographical analysis. 图像志分析 * 注：此处为 1955 年修订，最初为 1939 年的"狭义的图像志分析"（Iconographical analysis in the narrower sense of the word）	Knowledge of literary sources（familiarity with specific themes and concepts）. 原典知识（特定主题和概念的熟练）	History of types（insight into the manner in which, under varying historical conditions, specific themes or concepts were expressed by objects and events）. 类型史（洞察特定主题和概念在不同历史条件下被对象和事件表现的方式）
III Intrinsic meaning or content, constituting the world of "symbolical" values. III 内在意义和内容，构成"象征"价值的世界	Iconological interpretation. 图像学解释 [深义的图像志解释（图像志的综合）] * 注：此处为 1955 年修订，最初为 1939 年的"深义图像志解释"（图像志综合）[Iconographical interpretation in a deeper sense,（Iconographical synthesis）]	Synthetic intuition（familiarity with the essential tendencies of the human mind），conditioned by personal psychology and "Weltanschauung." 综合直觉（对人类心灵的基本倾向的熟悉），但受到个人心理与"世界观"的限定	History of cultural symptoms or "symbols" in general（insight into the manner in which, under varying historical conditions, essential tendencies of the human mind were expressed by specific themes and concepts）. 一般意义上的文化征象或象征的历史（洞察人类心灵的基本倾向在不同历史条件下被特定主题和概念所表现的方式）

　　从上表可以看出，图像学方法有着严格而精确的体系。在潘诺夫斯基看来，图像作品可以从三个层面上来加以考察：最外在的一层为形式层面，进行图像辨认；第二个层次的图像解读为"图像志"层面，关注图像再现的故

事，即图像的主题内容；第三个层次为图像学解释，关注图像的深层意义，探讨艺术作品与当时文化语境的关系。引入图像学等方法并不是为了增加学术理论的高深性和复杂性，图像学工作的目的，是要描述或者重建那些因为时代变迁而逐渐被人们所遗忘的图像意义，理解这些艺术品的实质内容。[1]潘诺夫斯基直言，我们发现了一个有价值的方法论的陈述："我们也不应该忽视赋予每一个细节以深刻的含义所造成的危险。人类既爱嬉戏又很健忘，许多最初充满意义的母题逐渐被用于'纯装饰的'目的，这时含义已经湮没无闻或是已经不再使人感兴趣。不过我确信，从一开始就是为了'纯装饰的'目的而创造的母题寥寥无几：即便是花环或垂花饰（serta）这种使人轻松愉快的装饰最初也是仪式性的，它们在罗马艺术中普遍存在而且在文艺复兴中又大肆泛滥，这种长长的花瓣（longae coronae）与殡葬仪式的特殊关系已被跟十二铜表法（Twelve Tables）一样庄严的文献资料所证实。"[2]

　　建立图像与观念之间的关联一直以来是墓葬艺术研究中最具难度的环节。为了更好地理解器物图像在观念上的表达，本研究将充分运用历史文献，尤其是丧葬礼俗史料，思考经典文献、丧葬艺术与民俗活动在观念上的同一性。文献资料为我们进一步探寻墓葬设置的深层内涵、图像与观念信仰间的互动提供了重要信息。由于不同母题的图像资料在数量、复杂性等研究条件上存在差异，具体研究中，我们也将根据不同情况选择更有效的研究方法，如考古类型学方法、统计学方法、社会学方法、人类学方法、符号分析方法等。用图像学的方法来研究墓葬图像，就意味着要侵入"许多相邻学科的禁地"，尤其是面对涉及像死亡这种幽闭且敏感问题的研究主题，这对课题研究提出了很多的挑战。

　　艺术与哲学、图像与观念，是潘诺夫斯基思考一生的问题，在他的艺术史研究中一以贯之。无独有偶，暮年的潘诺夫斯基撰写了他此生最后的著作《墓地雕刻》，用以揭示人类世世代代如何对付死亡这一秘密，以其艺术技巧和鉴赏力作了超越前人的全面论述。

1　参见武利华 . 中华图像文化史：秦汉卷：总论 [M]. 北京：中国摄影出版社，2016：4.

2　Panofksy, Erwin. Tomb Sculpture——Four Lectures on Its Changing Aspects from Ancient Egypt to Bernini, NewYork：Harry N Abrams, 1992, p. 32.

第一章 刘贺墓出土器物图像概述

第一节 青铜器中的图像

据《江西南昌西汉海昏侯刘贺墓出土铜器》一文统计，西汉海昏侯刘贺墓共出土铜器 500 余件，这些铜器器类包括食器、酒器、水器、乐器、生活用器、度量衡器、兵器、车马器、工具和杂器配件等，大致依功用相应放置于主椁室、车马库及回廊形藏椁的厨具库、酒具库、乐器库、武库、娱乐用器库等位置 [1]。

一、图像分类与统计

从海昏侯刘贺墓出土青铜器的种类来看，数量最多的是生活用器，达到 111 件，包括镇（分为鹿形、凤形、龟形、虎形、雁形、人形）47 件、灯（分为高座灯、缸灯、雁鱼灯、连枝灯、行灯、雁足灯）25 件、博山炉 11 件、带钩 9 件、镜 5 件、杵臼 4 件、托盘炉 3 件、熏炉 2 件，衣镜、撮箕、印、哨、漏各 1 件；酒器 69 件，包括盅 26 件、侈口壶 7 件、勺 7 件、樽 5 件、鋞 5 件、碗 5 件、镶 3 件、钫 2 件、缶 2 件、醽 2 件，罍、卣、长颈壶、带盖壶、蒸馏器各 1 件；水器 65 件，包括铜 33 件、盆 28 件、匜 2 件、盘 2 件；乐器 62 件，包括配饰件 25 件、钮钟 14 件、甬钟 14 件、虡 6 件、铃 2 件、镩于 1 件；食器 50 件，包括圆鼎 25 件、甑 12 件、缸形器 4 件、釜 3 件、染炉 2 件，

---

[1] 江西省文物考古研究院，中国人民大学历史学院考古文博系 . 江西南昌西汉海昏侯刘贺墓出土铜器 [J]. 文物，2018（11）：4-26.

炉鼎、簋、甗、瓮各 1 件；车马器 48 件，包括泡 18 件、轵饰 5 件、环 4 件、盖弓帽 3 件、车饰 3 件、管 3 件、伞弓帽 2 件、泡钉 2 件、当卢 2 件、衔镳 2 件、小套头 2 件、镳、伞柄各 1 件；度量衡器 14 件，包括环权 12 件，量 2 件；兵器 5 件，包括剑格 2 件，剑、矛、戈各 1 件；工具 2 件，包括削、锥各 1 件；以及杂器配件 100 余件。

　　从上述器类来看，海昏侯刘贺墓出土铜器以日常生活使用的铜器数量最多，生活用器加上酒器、水器、食器、乐器有 350 余件，占据绝大多数，而车马器、兵器等数量很少。这是和刘贺生前被剥夺帝位，屡遭猜忌，只能忍辱偷生，纵情于声色，不敢配置车马、兵器，最终抑郁而终的人生经历密切相关的，也是他生前生活状况的真实反映。

表 1.1　海昏侯墓出土青铜器纹饰统计表

名称	器型和纹饰	铭文
炉鼎	素面	
圆鼎	凤首立钮、鎏金、凸棱	
簋	凸棱	
甗	铺首衔环、宽带纹、弦纹	
甑	素面	
釜	素面	
缸形器	带状纹饰	
瓮	凸棱	
染炉	镂空云气纹	
卣	四条扉棱、雷纹、凤鸟纹、夔龙纹	子、父乙
盅	兽面形铺首衔环、瓦楞纹	
长颈壶	凸棱的宽带纹	
带盖壶	宽带纹	
壘	宽带纹、鎏金痕迹	
镳		
钫	兽面形铺首环耳	
侈口壶		

名称	器型和纹饰	铭文
樽		
缶	兽面形纹饰蟠螭纹、素面环带纹、四个环形耳	
醽		
罍	宽带纹、兽面形铺首衔环	
蒸馏器	半环形耳衔杯	
碗	素面	
勺	半圆形钮衔环，素面	
铞		
大盆	素面	
小盆	素面	
匜	素面	
盘	凸棱	铭文 18 字
钮钟	四组枚、鎏金龙纹、篆带、弦纹	铭文 1 字
甬钟	折棱、瓦楞纹、凸宽带、蟠龙纹	
铃	菱格纹、云气纹	
镎于	宽带纹	
虡	竹节状立柱、龙形、凸出的脊和双翼、凸脊、鎏金	
镇	鹿形、凤形、龟形、雁形、虎形、人形	
灯	素面	
雁鱼灯		
雁足灯	凸棱	
缸灯		
连枝灯	树形、圆形镂空、动物形纹饰、龙纹	
高座灯	宽带纹	铭文 15 字
行灯	平底微凸	
博山炉	镂空的山形、云气纹、人物纹、动物纹、动物形纹饰	
熏炉	弦纹、菱形图案、鹤纹	
托盘炉	人踏龙形	

续表

名称	器型和纹饰	铭文
带钩	S形、鸟首形、细线纹	
镜	宽带纹、短斜线纹、弦纹	铭文31字
杵臼	凸棱	
衣镜	环形穿	
撮箕	素面	
印	覆斗形、内凹、素面	有1字
哨		
漏	半环形耳衔环、半圆形兽蹄足、弦纹	
环权	圆环形、素面	
量	弦纹	
戈	圭首形、素面	
剑	倒凹字形、素面	
剑格	倒凹字形、棱形、浮雕兽面纹	
矛	窄长柳叶形、素面	
泡	方形小盖状、圆弧形、方形钮	
盖弓帽	素面	
伞弓帽	花瓣形、鎏金	
泡钉	锥状、素面	
车饰	叶片状、鎏金	
軝饰	素面	
当卢	鎏金	
衔镳	鎏金	
镳	鎏金	
小套头	凸棱	
环	鎏金	
管	圆管状	
伞柄	弦纹	

续表

名称	器型和纹饰	铭文
削	似贴银线	
锥	破损严重	

二、青铜器分期和图像分析

从海昏侯刘贺墓出土铜器的时代来判断，较特殊的为 1 件青铜卣和 2 件铜缶。这件凤鸟纹青铜卣（图 1-1），菌状钮，椭圆形器盖，盖面上有四条扉棱，器盖的四壁横向两侧各有一个兽面，在器身和提梁衔接处各有一个兽首，器身呈椭圆体，腹部下垂，高圈足。通体饰以雷纹为地，盖面和腹部饰凤鸟纹，提梁和肩部饰夔龙纹。在卣的内底部和器盖内有铭文"子 父乙"[1]。

卣为盛酒器，《尚书·洛诰》："以秬鬯二卣"[2]。《诗经·大雅·江汉》："秬鬯一卣"[3]。因此，卣是专门用于盛秬鬯的祭器。秬鬯是古代以黑黍和郁金香草酿造的酒，用于祭祀降神及赏赐有功的诸侯。

图 1-1　铜提梁卣
西周时期，口径 12.8×10.2 厘米、最大腹径 23.7 厘米、足高 6.5 厘米、通高 38.2 厘米，重 10155 克，海昏侯刘贺墓出土。（《金色海昏：汉代海昏侯国历史与文化展》[北京：文物出版社，2020 年]，第 177 页）

说明卣具有很高的等级规格，兼有礼器的功用。

这件青铜卣的时代特征鲜明，之前在宝鸡石鼓山墓地出土有数件与其形态相近的铜卣，如宝鸡石鼓山户卣乙 M3：20、户卣甲 M3：23，其整体造型、扉棱、提梁两端兽首的掌形角等均极为相近，只是局部的纹饰略有不同，应

1　江西省文物考古研究院，中国人民大学历史学院考古文博系.江西南昌西汉海昏侯刘贺墓出土铜器 [J].文物，2018（11）：6.
2　王云五.尚书今注今译 [M].屈万里注译.北京：新世界出版社，2011：108.
3　叁壹，冯蕾.诗经 [M].西安：太白文艺出版社，2010：157.

图 1-2　十二棱铜缶
战国时期，口径 18.5 厘米、最大腹径 36.6 厘米、腹深 38.3 厘米、通高 43.8 厘米，重 8340 克，海昏侯刘贺墓出土。（《金色海昏：汉代海昏侯国历史与文化展》[北京：文物出版社，2020 年]，第 233 页）

属于同一时期的器物。在美国弗利尔美术馆收藏有一件凤纹卣，扁圆体斜肩垂腹飞脊式，据马承源主编《中国青铜器》一书判断为西周早期。石鼓山墓地的时代经判定为西周时期，因此，海昏侯刘贺墓出土的铜卣的时代也应为西周时期。该西周时期的铜卣出现在海昏侯刘贺墓中，估计是刘贺生前不敢有其他的政治倾向，只能喜好收藏古物，此铜卣为刘贺珍爱之物，死后也一并入殓，作为陪葬品埋入墓中。

海昏侯刘贺墓出土有 2 件铜缶，其形制基本相同，由缶盖和缶身两部分构成，只是一件以 12 棱均分为 12 面（图 1-2），另一件为鼓腹。缶盖上及腰部均有 4 个环形立耳，可用绳索系合，防止铜缶内液体散溢。铜缶直口，方唇，微束颈，肩部有两个凸出的兽面形铺首衔环，鼓腹，在肩部、腹部和下部饰有五周涡纹、蟠虺纹等组成的纹饰带，花纹细密复杂而规整，以素面环带纹间隔，平底。在湖南益阳陆贾山、江苏六合程桥的 M1 春秋晚期吴国贵族墓葬和北京首都机场公安分局侦办"6·24"特大文物盗窃案罚没文物中，分别有 1 件出土铜缶，其形制、纹饰、耳部的装饰与海昏侯刘贺墓完全相同，唯一不同的是陆贾山和程桥出土的缶横截面同为圆形，北京"6·24"特大文物盗窃案所见的铜缶横截面是多边形的，造型与刘贺墓所出的 2 件铜缶分别对应，表现出不同的装饰技艺和审美观念。陆贾山和程桥出土的铜缶时代为春秋战国时期，并且江苏程桥墓被认定为春秋吴国贵族的墓葬，而此种类型的铜缶只在南方地区发现，是否为吴国产品有待更多考古资料的佐证。通过考古资料的印证，海昏侯刘贺墓所出土的铜缶应为春秋战国时期器物，不是汉代生产，似与上述青铜卣一样，均为刘贺生前收藏的古物，死后被用于陪葬。

三、刘贺墓出土汉代青铜器

海昏侯刘贺墓出土的青铜器，除了上述 1 件铜卣和 2 件铜缶外，其余的均为西汉时期器物，这些汉代青铜器大多数为素面，表面没有纹饰，但部分器物，如食器中的圆鼎、簋、甗、釜、缸形器、瓮，酒器中的长颈壶、带盖壶、多口壶、罍、蒸馏器，水器中的锅、盘等，腹中部均有一周宽带纹，宽带纹中间有一道弦纹，底部有一周凸棱，或直接在腹中部有一圈凸出的宽带纹，具有相同的特征，说明这些青铜器属于同一时期，并可能是产自同一地区。

此外，食器中的炉鼎、甗、缸形器，酒器中的盅、多口壶、樽、鋬、罍、蒸馏器，水器中的锅等铜器，均在肩部或腹部有 2 个铺首衔环或衔环，这也具有一定的时代特征。

宴乐之器是古代统治者炫耀其奢华生活和身份地位的标志，在海昏侯刘贺墓出土的汉代铜器中就有大量的生活、享乐之器。下面将从几个比较典型的器类对海昏侯刘贺墓出土的青铜器图像进行分析阐释。

（一）灯具

中国使用灯具的历史十分悠久，油灯作为传统的生活用具，经历了几千年的演变历史。最初，灯是从食器中的豆转化而来的，《尔雅·释器》中有"瓦豆谓之登"。郭璞注曰："即膏灯也。"[1] 我国至迟在战国时期就已经开始使用灯具照明，各地战国墓中出土了不少形状各异的灯具。秦代灯具可见一些文献记载，已出现宫灯、多枝灯等精致独特的灯具。汉代灯具在前代基础上有了很大发展，在一些铜灯的款识中自铭为"镫"或"锭"，说明当时对灯的称谓还未完全统一。从形式上看，除原有的座灯外，又出现了吊灯；从质地看，在陶灯、青铜灯之外新出现铁灯、玉灯和石灯，其中以青铜灯具最为多姿多彩。出土实物表明，汉代灯的数量显著增多，这说明它的使用已经相当普及了。这一时期灯具造型丰富多彩，造型取材广泛，制作精良，无论是人物、动物还是器物，形态都栩栩如生，达到了绝妙的境界。

图1-3 雁鱼青铜灯
西汉时期，高53厘米，长34.5厘米，海昏侯刘贺墓出土。（《五色炫曜：南昌汉代海昏侯国考古成果》[南昌：江西人民出版社，2016年]，第77—78页）

海昏侯刘贺墓出土有25件铜灯，其中13件为西汉时期常见的高座豆形铜灯，为圆形浅灯盘，腹壁微斜，灯盘中部柱形灯柱（校），上部呈竹节状，喇叭形灯座（柎），圈足。豆形铜灯的造型和商周时期的食器豆基本相同，只是在圆形灯盘的中心加有一枚支钉形的火主。而根据是否有火主，汉代的灯可分为油灯和烛灯两大类。在海昏侯刘贺墓数件豆形铜灯的灯盘外壁分别刻有"昌邑""南昌""李姬家"等铭文，可视为是铜灯的产地或生产店家的名称，说明汉代在盐铁官营的局面下，对灯具的生产有着严格的管控。

在满城1号汉墓出土的卮灯中发现有经化验确定为动物脂类的残留物，说明当时的灯油为动物的油脂。此外，在《齐民要术·种麻子篇》中引用崔寔的话说："苴麻子黑，又实而重，摘治作烛，不做麻"[1]，还有用荏作烛的，说明当时除用动物油脂外，也用植物油点灯。

海昏侯刘贺墓出土有2件青铜雁鱼灯非常特殊，灯整体呈大雁回首衔鱼伫立状，雁的体态肥润，由头颈部、身体、灯盘和灯罩4部分套合而成（图1-3）。雁的颈部修长，雁喙张开衔一条鱼，鱼头与雁喙连为一体；鱼身短肥为两件弧形灯罩；灯盘圆形、直壁，浅腹，内有两道直壁圈沿，一侧附灯柄，可控制灯盘转动；盘下有圈足，与雁背上的直壁圈沿以子母口套接；雁的身体两侧铸有羽翼，尾部很短，双足并排伫立，掌有蹼。雁的身体近似

1　（北魏）贾思勰.齐民要术校释[M].缪启愉校释.北京：农业出版社，1982：90.

长椭圆状，与颈部、鱼首中空相通，铜灯以大雁的脖颈作为导烟管，将油脂燃烧产生的烟雾导融于大雁腹部水中[1]。

这 2 件雁鱼青铜灯实际上是缸灯的一种，在西汉海昏侯刘贺墓还出土有 5 件缸灯，这 5 件缸灯与雁鱼灯的构造原理基本相同，均是通过中空的器身、导烟管连通，将烟雾导融于器身内的水中，只是其造型有较大区别。5 件缸灯的器身为三足鼎，导烟管为两个近似牛角状的弧形中空管，其造型更简单古朴。

在其他地区还出土有多件类似海昏侯刘贺墓所出土的两汉时期的雁鱼灯，如山西朔县赵十八庄一号汉墓、山西襄汾县吴兴庄汉墓、陕西神木店塔村汉墓均出土有 1 件彩绘雁鱼铜灯，目前分别在中国国家博物馆、山西博物院和陕西历史博物馆收藏。海昏侯刘贺墓出土的雁鱼灯和这 3 件雁鱼灯的造型、功能完全相同，器表均饰有彩绘，大雁、鱼的神态表现得活灵活现，制作精致、结构合理，是西汉缸灯的代表。

汉代发现的铜缸灯除了上述雁鱼灯外，在河北满城中山靖王刘胜妻子窦绾的墓中出土的鎏金长信宫灯、江苏邗泉 2 号东汉墓出土的错银铜牛灯、湖南省博物馆馆藏的牛形灯均是此时期的精品，除了造型各异外，其功能原理完全相同。特别是满城汉墓出土的长信宫灯，是汉代铜灯中最杰出的代表，通体鎏金，整体造型为一名神态恬静优雅的跪坐宫女，左手执灯，右手扶灯，宽大的罩袖如虹管，吸收铜灯燃烧时的油烟污渍，既减少空气污染，又极具审美价值。灯罩上方部分残留有少量蜡状残留物，推测宫灯内燃烧的物质是动物脂肪或蜡烛。而两件牛形铜灯体态生动，造型稍有差异，但都巧妙地把缸灯的功能充分地展现了出来。

从时代上来看，目前发现的缸灯均为两汉时期所产，在东汉晚期以后，这种造型精美、功能先进的缸灯消失不见。缸灯技艺的失传，应与东汉末年诸侯割据、三国战乱密切相关。由于汉末三国时期长达数十年的战乱，加上南北朝数百年的分裂战争，民不聊生，大批工匠流离失所，颠沛流离，失去了原来聊以谋生的生活技能的用武之地。社会的动荡，缸灯也失去了使用的环境，缸灯这种精美的灯具最终消失在历史的长河中。后人只能通过零星的考古发现，才能一睹这些精美的艺术品。

1　南昌汉代海昏侯国遗址博物馆.金色海昏：汉代海昏侯国历史与文化展 [M].北京：文物出版社，2020：122.

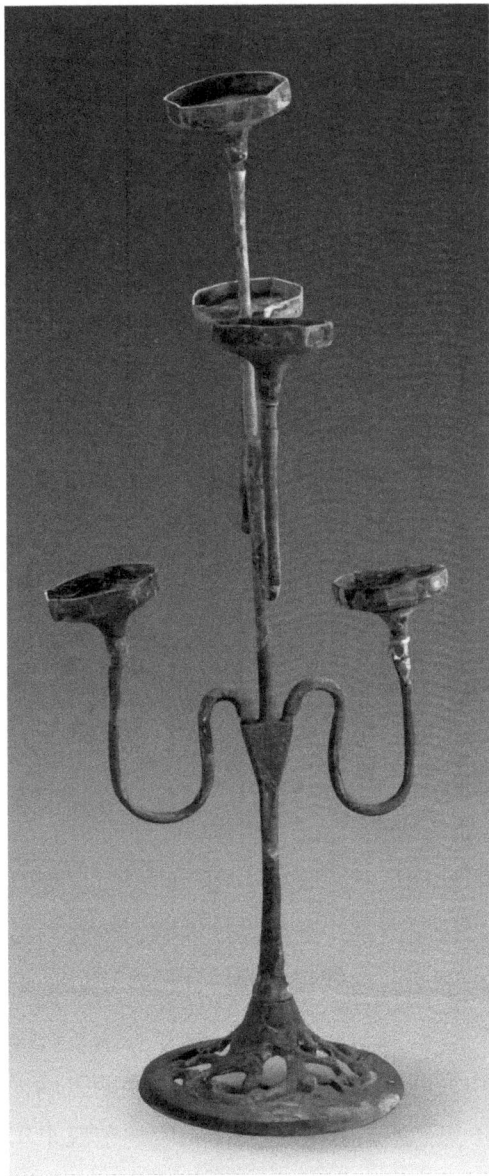

图 1-4　铜连枝灯
西汉时期，高 38 厘米，重 4250 克，海昏侯刘贺墓出土。（《金色海昏：汉代海昏侯国历史与文化展》[北京：文物出版社，2020 年]，第 175 页）

中国早期青铜灯具多燃用动植物油脂，燃烧时不可避免地产生油烟和灰烬，造成室内污染。汉代研制出精巧美观的缸灯，很好地解决了这个问题。这种带烟道的灯具，燃烧时只要关闭灯罩屏板，油烟将向上排放并沿虹管（即烟道）吸进灯腔，灯腹内储存水，烟灰溶入水中净化，保证了室内清洁，还节约了燃料。满城汉墓出土的长信宫灯灯腔内壁附有一层薄薄的白色水碱，证明此处确实有水储存。这种铜灯的灯盘一般有两层，两片弧形翳板可作灯罩，都能手动调节。当灯盘转动，翳板开合，灯光照射的方向和亮度将随之改变。这种灯具设计巧妙，各个零部件都能拆卸清洗，高效科学地采光、省油、避风、除垢，所谓取光藏烟，达到极高的艺术水平。

海昏侯刘贺墓还出土有 2 件连枝灯，整体形制像一棵树，灯柱为整体一节，灯柱顶端托一盏灯盘，枝干上下各 2 节，以榫卯结构与灯柱连接，4 个分枝上各托有一盏灯盘，灯盘为八角形。底盘圆形镂空，镂空处为两组动物形纹饰，类似龙纹（图 1-4）。

连枝灯又称树形灯，有些专为陪葬制作的连枝灯也被称作冥树灯，战国时期开始出现，在河北平山中山王墓中，出土有 1 件 15 支灯盘的铜质连枝灯。

汉代连枝灯极为盛行，以铜质、陶质最为常见。铜质连枝灯的形体多较高大，常在1米左右，下有灯座撑托树干式的灯柱，在灯柱上有规律的分层伸出多个灯盘，灯盘少则3个，多则30多个。整个连枝灯的造型，如同枝叶繁茂的大树，点亮时灯火通明，如同满树星光摇曳，一般为豪门大户的照明用具。甘肃武威市雷台汉墓出土的十三支铜连枝灯，高146厘米，宽66厘米，十字托横向四出，四端各装饰有透雕花叶各一个，象征火焰，灯柱顶端有仙人骑鹿形花饰，是汉代连枝灯的精品。

陶质连枝灯出土数量较多，造型装饰繁简不一，高度大小差异明显。有些陶质连枝灯在夸大放形的灯座上，增加一些人物和禽兽的堆塑，称为贴塑灯具，独具特色。

连枝灯在汉代流行的原因，是汉代对神仙方术的广泛信仰。在多种器物上均发现有东王公、西王母和四象神兽等形象，都是这种宗教信仰的体现。而连枝灯犹如树木的造型，很可能就象征着神话中的扶桑树一类的神树。同时，在古人的观念中，神树和鸟还都具有沟通天地人神的功能，既然神树可以上达天庭，那么自然也能够引领墓主人的灵魂飞升。

图1-5　三星堆1号神树
商周时期，树干残高359厘米，通高396厘米，三星堆遗址出土，三星堆博物馆藏。

而早在商周时期的三星堆遗址，就出土有大型的青铜神树。三星堆1号神树通高396厘米，圆形底座，树形似三山相连，有神山意味（图1-5）。每一层有3根树枝，上有花果，果枝上立着神鸟，共9只。神树的下部还悬着一条龙。目前学者多认为神树与《山海经》中"扶桑树"的描写高度吻合，可认为是"扶桑树"的形象。汉代的连枝灯和三星堆的神树形态有一定的相似之处，是其简化的形式，应当也有神树的寓意。

（二）熏炉

与连枝灯的神树造型寓意相近，博山炉也是汉代神仙方术信仰的重要产物。博山炉其实是熏炉的一种。海昏侯刘贺墓出土有铜熏炉2件，底座为一头昂首趴伏状的乌龟，龟背中间有多个由两道弦纹组成的菱形图案，上承一只衔珠曲身展翅的鹤，炉身呈钵形，腹部弧形内收成近平底，炉腹部饰一圈宽凸带，带中间有一道弦纹，炉子口炉盖不存。此件熏炉上部和常见的汉代熏炉相近，只是底座和炉柄的龟、鹤构成了龟鹤延年的吉祥寓意，可谓奇思妙想。

海昏侯刘贺墓共出土铜博山炉11件，这些博山炉器型基本相同，器盖为母口，呈镂空的山形，底层镂雕云气纹、人物纹和动物纹，上层镂雕云气纹，炉体呈半球形，肩部有一道较窄的凸出带饰，鼓腹，腹部饰一周纹饰带及云气纹，圜底，喇叭形底座，底座镂雕有两组动物形纹饰，可与底盘分离[1]（图1-6）。

图1-6　青铜博山炉
西汉时期，南昌汉代海昏侯国遗址博物馆藏，图片由南昌汉代海昏侯国遗址博物馆提供。

博山炉又名博山香炉、博山香熏等，是中国汉晋时期常见的一种焚香所使用的器具。早期多为青铜器，后出现陶瓷质地博山炉。北宋著名金石学家吕大临在其所著《考古图》一书中记载："香炉像海中博山，下盘贮汤使润气蒸香，以像海之四环。"[2]博山炉炉体呈豆形，上有盖，盖高

1　江西省文物考古研究院，中国人民大学历史学院考古文博系.江西南昌西汉海昏侯刘贺墓出土铜器[J].文物，2018（11）：18.
2　咸阳市文物考古研究所.文物考古论集2[M].西安：三秦出版社，2017：26.

而尖，镂空，呈山形，其间雕有云气纹、人物及鸟兽。在炉中焚香，香烟从炉盖的镂孔处袅袅而出，缭绕在山峦景物间，自然造成群山朦胧、众兽活动的效果，亦真亦幻，仿佛传说中的海上仙山"博山"。由此可知，博山炉的名称是源于它的造型。

汉代之前的博山炉尚未发现，目前所见最早的博山炉是在西汉时期，其出现似与汉代国外燃香原料的传入和人们的生活方式的改变有关。在西汉之前，人们燃香时是将薰草或蕙草直接放在豆式香炉中点燃，称为茅香，但茅香焚烧时烟火气很大，不适宜室内燃香。汉武帝时期，随着中央政府实力的增强，北方击败匈奴，南方于公元前 111 年派兵灭亡南越国后，南海地区的龙脑香、苏合香逐步传入中土。它的熏香方式与茅香有很大不同，即树脂类香料并不像茅香那样可以直接燃烧，而是将龙脑香、苏合香料制成香球或香饼，放置于熏炉内，用炉下炭火的高温将这些树脂类的香料慢慢点燃。这种熏香香味浓厚，烟火气又不像茅香那么大，因此广为流传。与它配合的熏香器具也随之变化，因此出现了形态各异、造型精巧、制作精良的博山炉。传说汉代刘歆著、东晋葛洪编辑抄录的《西京杂记》中就曾记载长安巧工丁缓善做博山炉，说明汉代博山炉的制造已十分普遍，并且涌现出一些成名的能工巧匠。

在河北保定满城中山靖王刘胜和妻子窦绾的合葬墓中，出土有数件博山炉，其中最具特色的是铜骑兽人物博山炉（图1-7）和错金铜博山炉。铜骑兽人物博山炉由炉盖、炉身、底座三部分组成，炉盖和炉身形

图 1-7　铜骑兽人物博山炉
西汉时期，高 23.9 厘米，宽 10.1 厘米，刘胜和妻子窦绾的合葬墓中出土，河北博物院藏。

制与海昏侯刘贺墓出土博山炉近似，盘形底座，折沿，浅腹，平底，四周饰同心圆和一组柿蒂纹。盘心一力士骑兽造型，兽作俯卧昂首张口状，力士上身赤裸，下身着短裤，腰间束带，跪坐于兽背，兽体下面有一支钉，安插于底盘上的小圆孔中。力士左手撑在兽颈部，右手上举托住炉身，并回首仰望着炉体，笑面可掬。炉身呈钵状，子母口，圆鼓腹，底部有一小圆座和力士的右手铆接在一起。炉壁饰宽带凸弦纹一周，并有云纹图案。炉盖纹饰有青龙、白虎、朱雀、骆驼、草木、云气等，用北方草原所出的骆驼替代玄武，这是很少见的例子。

满城汉墓出土的错金铜博山炉更是汉代博山炉的代表器物。这件博山炉通高 26 厘米，由炉身、盖、柄及底座组成。炉身为半圆形，其上部及器盖作尖锥状，高低起伏不平，其间有众多神兽，虎豹奔走，还有机敏活泼、神态可掬的小猴，以及逃窜的野猪，气氛紧张。细部又使用错金勾勒渲染，云气纹线条圆转，富于灵动之气。炉身下承短柄及喇叭形座。通体满布错金纹饰。柄、座错以细丝线，底缘饰金地卷云纹。此博山炉汇合飘逸流动的云气、灵动的瑞兽等，不仅反映出汉代人普遍的升仙信仰，也体现了大汉王朝"席卷天下，包举宇内，囊括四海之意，并吞八荒之心"[1] 的胸怀与气度。

据史书记载，刘胜葬于西汉武帝元鼎四年（前 113），其妻子窦绾葬于西汉元鼎四年之后，太初元年（前 104）之前，比海昏侯刘贺墓约早 40 年。但从制作工艺、精细程度、造型艺术来看，满城汉墓出土的博山炉要精致了很多，图案纹样更为复杂、生动，保存的现状也更好，说明西汉中期国力昌盛，铜器制作技艺高超，同时也应和墓葬的保存环境适宜相关。

西汉中期的广州南越王墓中出土有 11 件铜熏炉。这些铜熏炉分为单体和四连体两种，其中四连体铜熏炉有 5 件，由 4 个互不相连的小方炉合铸而成，平面呈"田"字形，可以同时焚烧不同的香料，产生复合香味。南越王墓主为西汉南越国第二代王赵眜，其在位时间为公元前 137 年至前 122年，比海昏侯刘贺墓早数十年。这些铜熏炉是最能反映南越国岭南特色的典型铜器。从造型和工艺看，南越王墓出土的铜熏炉均为素面，尚未出现博山炉造型，工艺简单，特色鲜明，和海昏侯刘贺墓中所发现的铜熏炉差

1　（清）吴楚材，（清）吴调侯编选.古文观止上 [M].沈阳：万卷出版公司，2015：185.

异较大。

海昏侯刘贺墓出土大量的
博山炉，一方面是与当时盛行
焚香的风俗有关；另一方面也
是刘贺寄情于求仙和长生，追
求出世生活的体现。

（三）铜镜

海昏侯刘贺墓出土有铜镜
5面，其形制基本相同，均为
圆形，分为三区，内区以半球
状钮为中心，钮孔为半圆形，
十二并蒂连珠纹钮座，宽缘，
钮带外饰一周凸起的宽带纹，
外有内向八连弧纹一周，其外
再饰一周短斜线纹和弦纹；中

图 1-8　清白镜
西汉时期，刻有"清白"铭文青铜镜，海昏侯刘贺墓
出土。（南昌汉代海昏侯国遗址博物馆：《金色海昏：
汉代海昏侯国历史与文化展》[北京：文物出版社，
2020 年]，第 175 页）

区为一周铭文带；外区为宽素缘[1]。只是几面铜镜的铭文不同。

第一面铜镜有残缺，内区钮座与弦纹间有乳钉纹、圆圈纹和卷草纹，中
区铸有 8 字铭文为："久不相见，长毋相忘"。

第二面为 24 字"昭明"青铜镜，在内区的连弧内对称分布四组卷涡
纹和光芒纹，铭文为："内清之（质）以昭明，光辉像夫日月，心忽穆而
愿终，然壅塞而不泄"。此面昭明镜 24 字铭文俱全，是单圈铭文中少见
的完整器物。

第三面铜镜的中区为一周 30 字铭文带，铭文为："洁清白而事君，志欢
之合明，彼玄锡之泽，恐疏远而日忘，慎美之穷皑，承欢之"（图 1-8）。

还有一面铜镜为"日光清白"铭镜，铭文为 2 层，内层铭文为："见日之光，
相忘长象（似作'长勿相忘'）"，字间填有对称的 4 组符号；外圈为 32 字铭文：
"洁清而白事君，志污之弇明，玄锡而流泽，疏而日忘，美人，外承可兑灵，
愿永思绝焉"。

1　江西省文物考古研究院，中国人民大学历史学院考古文博系.江西南昌西汉海昏侯刘贺墓出
土铜器 [J].文物，2018（11）：20.

完整的"清白镜"文字为 8 句，每句 6 字，共 48 字，铭文为"洁清而白事君，怨阴欢之弇明，焕玄锡而流泽，志疏远而日忘，慎靡美之穷皑，外承欢之可悦，慕窈窕于灵泉，愿永思而毋绝"。与完整铭文的"清白镜"相对照，此 2 面铜镜的铭文有减省、缺失和异体字现象，在铜镜铭文的字与字之间，大都加上"而"字或"の、◇"等符号，这可能是弥补铭文带布字不足的缘故，并没有实际文字含义。铜镜的铭文为工匠口头传承，因工匠大多不识字，制范时会产生减省、异体字等差错。

这 4 面铜镜铭文的书体为汉代金文的变体，似篆似隶，字体方折、规整，略呈扁形，方圆相融，与汉代铜印印文缪篆体如出一辙，可见汉代书法由篆书向隶书蜕变的端倪。

我国目前发现最早的青铜镜为齐家文化时期所产，距今已有 4000 多年。而在距今 3300 多年前的河南安阳殷墟妇好墓中，曾出土有 4 面铜镜，其中 1 面铜镜的纹饰为对十二中气太阳运动轨迹模拟的"七衡六间图"和星象分区图式，确立了此后中国铜镜圆以象天的传统。

中国的铜镜发展有四个兴盛期：战国、汉代、唐代和宋代。

战国时期铜镜作为中国铜镜发展的第一个兴盛阶段，其时代特点是胎体薄、边缘卷起、钮座大，钮梁细，多为三弦纹桥形钮。花纹分为主纹和地纹两层，纹样中山字纹被发现最多，最有特色，其余还有四叶纹、双菱纹、蟠螭纹、连弧纹等。

而西汉初期是"战国式铜镜"向"汉式铜镜"的过渡时期，此时期的铜镜沿袭战国铜镜的装饰作风，战国盛行的云雷纹地的蟠螭纹镜继续流行。这时期的铜镜用平雕手法，花纹平整，镜边简略，装饰性强，多采用底纹与主纹相结合的重叠式手法，镜背中心作圆形或矩形，有的加铸铭文，通常如"长相思，毋相忘，常富贵，乐未央"等言语[1]。

西汉中期（汉武帝至汉昭帝时期），是"汉式镜"的真正形成时期，其形制及花纹有显著特征，可归纳为圆形、薄体、平边、圆钮。铜镜装饰程式化，镜钮普遍变成半球状圆钮，山字纹镜基本不见，地纹逐渐消失。当时最流行蟠螭纹镜，还有星云纹镜、草叶镜。星云纹镜又称百乳纹镜，由蟠螭纹演变

1　中国社会科学院考古研究所．中国考古学秦汉卷 [M]．北京：中国社会科学出版社，2010：657．

而来，因密布大量乳丁而得名。草叶镜的镜体厚重，宽缘，钮座为方形，四周饰草叶纹，外缘饰十六连弧。铭文镜大量出现，如"日光镜""昭明镜""清白镜""铜华镜""日有熹镜"等，"日光镜"和昭明镜一般较小，出现在汉武帝后期；后三种一般稍大，出现年代大约在汉昭帝、宣帝时期[1]。这类铜镜因流行时间长，在汉镜中占有重要的地位。

西汉晚期（从汉宣帝至汉平帝时期），主要是西汉中期镜类和镜型的延续，变化创新不大，但流行镜类和镜型有所变化。

西汉海昏侯刘贺死于公元前59年，正是汉宣帝中期，刘贺墓出土的几件"昭明镜""清白镜"，其造型基本相同，铭文也是西汉中晚期铜镜的典型流行样式，可知这5件青铜镜均为刘贺生前使用的实用器，死后一同作为随葬品入葬。

（四）编钟

编钟是周朝兴起的一种大型打击乐器，在春秋战国至秦汉时期较为兴盛。编钟顶端呈组带形的为钮钟，为圆柄的是甬钟。这些钮钟、甬钟、镈钟按照音调的高低不同有序排列，悬挂在编钟架上。按音律敲打编钟，就可以演奏出美妙的乐曲。钟的上部称为"钲"，下部称为"鼓"，钟顶名"舞"，钟口两角为"铣"，钟唇曰"于"。

海昏侯刘贺墓共出土有编钟28件，其中为一套14件钮钟。钟钮呈长条环形，钟身呈合瓦形，钲部两侧分布有4组枚，每组9个，分3行，以篆带相隔。舞为素面，舞内壁铸有铭文一字。钟腔于口内壁4个侧鼓部均焊接楔形音梁，向上顺腔体延伸至枚区。枚为锥形乳丁状，枚上鎏金，其上刻有细线纹，枚与篆带以弦纹隔开。钟整体饰鎏金龙纹，正面鎏金纹饰清晰，背面由于敲击，鎏金部分脱落[2]（图1-9左）。

海昏侯墓还出土了14件甬钟。甬为实心圆柱形，上端有一道折棱，中段有两道相连的瓦楞纹，下端有道凸宽带，其上有旋（图1-9右）。旋作蛇身状，蛇上半身有多道平行排列的短斜直线，靠近蛇头的身部有卷纹。旋上有一个蛇头形的干，以S形卷纹下部为蛇眼，上部以及中间的水滴状旋纹为蛇顶，

1　中国社会科学院考古研究所.中国考古学秦汉卷[M].北京：中国社会科学出版社，2010：661.

2　江西省文物考古研究院，中国人民大学历史学院考古文博系.江西南昌西汉海昏侯刘贺墓出土铜器[J].文物，2018（11）：14.

图 1-9　鎏金铜钮钟（左）、铜甬钟（右）
西汉时期，海昏侯刘贺墓出土。（《金色海昏：汉代海昏侯国历史与文化展》[北京：文物出版
社，2020 年]，第 131、133 页）

蛇嘴较平。钟身为扁凸体状，舞为尖椭圆形，甬下端与舞相连的部位有一周
凸起的带饰。钲部两侧各有 3 行枚，每行 3 个，以篆带相隔。枚为半球形乳
丁状。舞、钲、枚的四周及篆上饰蟠龙纹[1]。

　　1978 年，湖北随州南郊擂鼓墩战国时代（约公元前 433 年）曾侯乙墓出
土的编钟，是至今为止所发现的成套编钟中数量最多、体量最大的一套。曾
侯乙墓编钟由 19 个钮钟、45 个甬钟，外加楚惠王送的 1 件大镈钟，共 65 件
组成。这套编钟的钟架十分高大，由长短不同的两组钟架垂直相交组成，分
为上、中、下三层，7 根彩绘木梁呈曲尺形，两端以蟠龙纹铜套进行加固，底
部有 6 个佩剑武士形铜柱和 8 根圆柱承托。镈钟的铭文标示了钟的悬挂位置
或敲击部位及其所发音的名称，它们构成了十二半音体系。曾侯乙墓出土的

---

[1]　江西省文物考古研究院，中国人民大学历史学院考古文博系. 江西南昌西汉海昏侯刘贺墓出
土铜器 [J]. 文物，2018（11）：14.

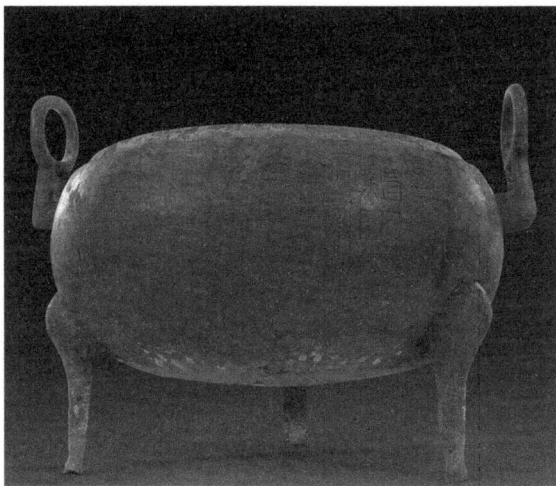

图 1-10 昌邑籍田三足青铜鼎
西汉时期，海昏侯刘贺墓出土。（《金色海昏：汉代海昏侯国历史与文化展》[北京：文物出版社，2020 年]，第 19 页）

图 1-11 "南昌"豆形青铜灯
西汉时期，通高 22 厘米、盘口径 11.5 厘米、柱高 16.5 厘米、底座直径 12 厘米（《金色海昏：汉代海昏侯国历史与文化展》[北京：文物出版社，2020 年]，第 11 页）

编钟形制简单，没有特殊的纹饰图样，表现出战国时期编钟的实用性和原始性。

海昏侯刘贺墓出土的编钟种类单一，但是钮钟的鎏金工艺、精美图案和甬钟上蛇的造型是汉代编钟的精美代表。

（五）青铜籍田鼎

海昏侯墓葬出土了昌邑籍田青铜鼎（图 1-10），上有"昌邑籍田铜鼎，容十斗，重卅八斤，第一"，墓中还有配套的青铜灯（图 1-11），刻"昌邑籍田烛定第一"字样的铭文。籍田，亦称"藉田"，古代吉礼的一种，指孟春正月，春耕之前，天子率诸侯亲自耕田的典礼。它是"祈年"（祈求丰收）的礼俗之一，寓有重视农耕之意。毛诗序："《载芟》，春藉田而祈社稷也。"周制，天子籍田一千亩，诸侯籍田百亩。《太平御览》卷五三七《礼仪部十六》引《说文》曰："帝籍千亩者，使民如借，故谓之籍。从耒，昔声。"[1]"天子升坛，公卿耕讫，啬夫下种。凡称藉田为千亩，亦曰帝藉，亦曰耕藉，亦曰东耕，亦曰亲耕，亦曰王藉。"[2]天子躬耕籍田的目的，在于"教诸侯之养也"，也就是为天下臣民作表率。

1　转引自龚克昌. 全三国赋评注 [M]. 济南：齐鲁书社，2013：225.
2　应劭撰，孙星衍. 汉官六种：汉代仪卷下：孙星衍等辑汉官六种 [M]. 中华书局，1990：182.

　　汉代"籍田",始于汉文帝,他重新恢复了这一古制。汉法重农抑商,地租极为轻微,汉文帝在前元二年(前178),定下以农为本的国策。他下诏:"夫农,天下之本也。其开藉田,朕亲率耕,以给宗庙粢盛。"[1]诸侯国也有籍田,不仅力耕,而且要举行盛大的祭祀礼仪。刘贺所持的籍田器应为昭宣朝之物。汉武帝时期,农民因战争离开土地,流离失所,民生凋敝。为招揽流民,重新恢复农事生产,汉昭帝重视农业,亲耕陇亩,劝课农桑。昌邑王国中的籍田器正是在这样的背景下产生。

　　根据资料记载,籍田之礼一般有三大仪式:宗庙祭祀、田间劳作和宴饮庆贺。宗庙祭祀指祭祀炎帝神农氏,祈求风调雨顺,五谷丰登;田间劳作是皇帝或诸侯王亲自下地扶犁,带头耕种;宴饮庆贺则是田间劳作之后,返回宫室宴饮庆贺,犒劳下地的众臣,也叫"劳酒"。《后汉书·礼仪志上·耕》简约地记载了东汉耕籍并祠神农之礼:"正月亲耕之日,执事告祠神农,以太牢祭之,百官皆从。赐三辅两百里之内孝弟力田三老帛,种百谷万斛。设置籍田仓,置籍田令、丞等专职官员。享神毕,天子、三公九卿、诸侯、百官等依次耕之。除皇帝等于首都亲耕以外,各郡国守、相等皆劝民始耕如仪",[2]将籍田的目的讲述得十分清楚。应劭《汉官仪》则记载得更为详细:"天子东耕之日,亲率三公九卿,戴青帻,冠青衣,载青旗,驾青龙,公卿以下车驾如常法,往出种堂。天子升坛,上空无际,公卿耕讫,天子耕于坛,举耒三(推)而已。"[3]张衡的《东京赋》记载了籍田礼的盛大场面:"及至农祥晨正,土膏脉起。乘銮辂而驾苍龙,介驭间以剡耜。躬三推于天田,修帝籍之千亩。供禘郊之粢盛,必致思乎勤己。兆民劝于疆埸,感懋力以耘耔春日载阳,合射辟雍。设业设虡,宫悬金镛。"[4]

　　在籍田礼器的选择上,刘贺墓出土器物中暂未发掘出农具类礼器,而出现了鼎和灯。鼎应是宗庙祭祀之器,而灯配合夜饮活动,应与"劳酒"相关。史载,汉明帝在耕于籍田时,礼毕,赐观者食。海昏侯墓出土的这件器物标注"昌邑籍田烛定第一",说明此灯为"籍田"宴饮专用品,是成套灯具中

1　李英华.中国古代政教思想及其制度研究(上)[M].北京:九州出版社,2022:320.
2　荣真.中国古代民间信仰研究:以三皇和城隍庙为中心[M].北京:中国商务出版社,2006:149.
3　龚克昌,周广璜,苏瑞隆.全三国赋评注[M].济南:齐鲁书社,2013:149.
4　中国传世文选:骈文类纂[M].王先谦编.长春:吉林出版社,1998:980.

的一件。具体数量是否和鼎的规制一样，以七套为一组，还是并无严格的礼制规定，因材料所限，无法推断。当年刘贺不仅在行"籍田礼"时有夜饮之事，甚至在称帝的二十七天里，常"与从官、官奴夜饮，湛沔于酒"——这也是他被废的罪名之一，直至在海昏侯国的除国诏书上，也写上"常饮酒醉歌"。饮酒及夜饮，是刘贺的一生之痛，也是被人诟病所在。

汉代初期的青铜器艺术呈现出很复杂的情况，其一是各地因为已处在西汉王朝的统一管辖下，文化交流比战国时方便，文化面貌的一致性就要强些；其二是原来的六国旧地都在一定程度上恢复了原有文化传统，特别是在中央朝廷直接控制的十五郡以外。但实际上汉初六国文化的复苏，主要指一些铜器的器别及其形态，传统礼器的种类已经大减，主要只有鼎、盒、壶、钫、瓺等和日用器皿混杂在一起随葬，原有那种礼器使用的严格性显然在减弱[1]。

汉代青铜器新风格最终定型于西汉中期，这是汉代青铜艺术最为典型的时期。当时青铜器主要由三种性质的作坊铸造。一是都城长安、洛阳的中央朝廷内少府属下的考工与尚方的作坊，专供禁中用物和兵器中的弩机铜廓；二是设在郡县却由中央朝廷任命管理官吏的工官作坊，其产品有的上供朝廷，有的则运销四方；三是各地的私手工业作坊，生产之物主要是商品[2]。

汉代青铜器大多素面无饰，但也有些装饰特别华丽，外带镶嵌、错金银、包金银、鎏金银、錾刻、透雕、镂空等，鎏金技术非常成熟，出现多种装饰手法并用的情况。

汉代铜器上的铭文，其制作方法主要是铜器成型后镌刻或针刻。铭文的内容主要包括：器物名称及大小、重量、容量，器物制作地、制作时间、制作数量及编号，"物勒工名"制度下制作铜器的官府手工业作坊、工官与工匠之名，铜器的制作者和使用者，制作时间、购买时间、铭刻时间等信息。

从以上海昏侯刘贺墓出土铜器情况看，汉代的铜器艺术展现出功能的生活化，应用的平民化，风格上的实用性与艺术性、浪漫主义的高度统一和制作工艺的多样化等特征。总体来说，铜器的生产出现衰落的现象。

1　中国青铜器全集编辑委员会.中国青铜器全集（第12卷）：秦汉 [M]. 北京：文物出版社，1998：8.

2　中国青铜器全集编辑委员会.中国青铜器全集（第12卷）：秦汉 [M]. 北京：文物出版社，1998：10.

第二节　玉石器中的图像

一、玉石器图像分类与统计

图像的制作，一定有或显明或隐晦的规则。构图、比例、位置、对应关系等因素，是我们解读图像的重要途径。而在墓葬中，读出图像原意之要义，更要了解器物出土时所在位置，以及与墓主之关系。要解读玉石器图像，必须将它放入墓葬系统中，进一步分析其功能，如佩戴、装饰、陪葬、祭祀等。

海昏侯墓已知出土玉器共 412 件，其中包括 2 件 5 号墓出土的玉器（不包括玉枕及部分镶嵌在青铜器或者漆器上的玉器，以及部分马蹄金、麟趾金镶嵌琉璃），40 种器形分散在墓室的不同区域。西藏椁娱乐用具库出土玉器 12 件，多为组玉佩。娱乐用具库与文书档案库之间的漆箱内出土玉器 189 件、剑饰 33 件。武库出土玉器 35 件、剑饰 34 件、玉印 1 件。主椁室分东西两室，东室外棺盖板及外侧共 4 把剑，包含玉剑饰 10 件，该室南部出土玉器 100 余件，多为青铜器、漆木器嵌饰，以及龟钮玉印、玉羽觞、韘形玉佩、玉璧等。西室玉器少，且多为青铜器、漆母器装饰物，其中有一件蟠虺纹龙首纹龙形玉饰。内、外棺之间有玉璧 3 件，1 件在木盒内；内棺内部围绕墓主人分布玉器 40 余件，有玉璧、玉枕、玉圭、玉环、玉眼罩、肛塞、玉觿、玉刀、玉印、玉带钩、玉组佩，以及玉剑饰 4 件、琉璃席 1 副。现列表分类统计如下。

表 1.2　海昏侯墓出土玉器纹饰统计表

名称	出土区域	数量	器型与纹饰	铭文
龙形石饰（残）	西回廊西藏椁娱乐用具库	2	透雕龙形	
螭形石饰	同上	1	圆雕螭形	
双狼猎猪纹石嵌饰	同上	2	双狼猎猪	
兽面纹玉片嵌饰（残）	同上	2	兽面	
独角兽石嵌饰（残）	同上	1	独角兽	
独角兽石嵌饰（残）	同上	1	独角兽	
双龙首玉璜	同上	1	双首龙纹、如意云纹、勾连云纹	
舞人玉佩	同上	1	舞伎形象	

名称	出土区域	数量	器型与纹饰	铭文
石管	同上	1	素面	
柿蒂纹云纹玉剑首	西回廊西藏椁	1	（内区柿蒂纹、外区谷纹、青玉）反面带状云纹	
玉剑珌	同上	6	素面	
石剑珌	同上	2	素面	
玛瑙剑珌	同上	5	素面	
兽面谷纹玉剑璏	同上	1	兽面纹、谷纹	
玉剑格	同上	2	素面	
龙鸟纹玉剑珌	同上	1	龙鸟纹	
玛瑙剑璏（残）	同上	2	素面	
玉剑璏	同上	1	素面	
玉剑珌	同上	1	素面	
兽面纹卷云纹玉剑珌	同上	1	兽面纹卷云纹	
兽面纹玉剑格	同上	4	兽面纹	
螭纹石剑珌	同上	1	正面深浮雕螭纹（反面浅浮雕螭纹）	
勾连乳钉纹玉剑璏	同上	1	勾连乳钉纹	
螭纹玉剑璏	同上	4	深浮雕螭纹	
柿蒂纹云纹玉剑首	同上	1	柿蒂纹、丁字云纹	
玉剑首	同上	1	素面	
柿蒂纹玉剑首	同上	1	正面小圆点、反面柿蒂纹	
蒲纹玉剑璏	同上	1	蒲纹	
凤鸟蒲纹玉剑珌	同上	1	凤鸟、蒲纹、树状纹	
素面石剑璏	同上	1	素面	
兽面纹玉剑璏	同上	1	兽面纹、卷云纹	
素面玉剑璏	同上	1	素面	

续表

名称	出土区域	数量	器型与纹饰	铭文
乳钉纹玉剑璏	同上	1	乳钉纹	
兽面螭纹玉剑格	同上	1	兽面纹、深浮雕螭纹	
玛瑙贝币	同上	24	斜贝状纹	
玛瑙贝币（残）	同上	1	素面	
半球状玛瑙嵌饰	同上	1	素面	
半圆形玉片毛坯	西回廊漆箱内	3	素面	
近直角梯形玉片	同上	2	近直角梯形、素面	
长方形玉片饰（残）	同上	2	素面	
玉片毛坯	同上	1	素面	
半圆形玉片	同上	2	半圆形、素面	
近叶形玉片	同上	2	近叶形、素面	
J形玉片	同上	5	J形、素面	
细长条形玉片	同上	2	长方形、素面	
长方形玉片	同上	5	长方形、素面	
近长方形玉片	同上	9	近长方形、素面	
近三角形玉片	同上	1	近三角形、素面	
近椭圆形灰岩石片（残）	同上	1	近椭圆形、素面	
近梯形玉片	同上	6	近梯形、素面	
长方形玉片饰（残）	同上	1	长方形、素面	
瓶状玉片	同上	1	瓶状、素面	
梯形玉片	同上	1	梯形、素面	
三角形玉片毛坯	同上	3	三角形、素面	
近椭圆形玉片	同上	5	近椭圆形、素面	
半弧状玉片	同上	3	半弧状、素面	
椭圆形玉片毛坯	同上	4	椭圆形、素面	
半椭圆形灰岩石片（残）	同上	1	半椭圆形、素面	
近半椭圆形玉片	同上	1	近半椭圆形、素面	

续表

名称	出土区域	数量	器型与纹饰	铭文
矛尖状灰岩石片	同上	1	矛尖状、素面	
近直角三角形玉片	同上	3	近直角三角形、素面	
长条形玉片	同上	2	长条形、素面	
半圆形玉片	同上	3	半圆形、素面	
玛瑙珠（残）	同上	1	素面	
近长方形玉片（残）	同上	1	近长方形、素面	
长方形玉片饰（残）	同上	1	长方形、素面	
柳叶形玉片	同上	1	柳叶形、素面	
羊角状玉片	同上	2	羊角状、素面	
牛角状玉片	同上	1	牛角状、素面	
近三角形玉片	同上	1	近三角形、素面	
五边形玉片毛坯	同上	1	五边形、素面	
刀形玉片饰	同上	1	刀形、素面	
J形玉片毛坯	同上	1	J形、素面	
J形蒲纹玉片饰（残）	同上	1	J形、蒲纹	
花瓶形玉片毛坯	同上	1	素面	
三角形玉片饰	同上	1	素面	
石英饰	同上	1	素面	
五边形玉片	同上	1	素面	
梯形玉片毛坯	同上	2	素面	
U形玉片	同上	1	U形	
近梯形玉片	同上	1	近梯形	
叶形玉片	同上	2	叶形	
鸟头形玉片毛坯	同上	1	鸟头形	
刀形切片	同上	1	刀形	
刀形玉片毛坯	同上	2	刀形	
近叶形玉片	同上	1	近叶形	

续表

名称	出土区域	数量	器型与纹饰	铭文
长条形玉片饰（残）	同上	1	长条形	
五边形玉片毛坯	同上	1	五边形	
三角形玉片	同上	1	三角形	
袋形玉片毛坯	同上	1	袋形	
凤形玉佩（残）	西回廊西藏椁	1	镂雕凤纹	
蟠虺纹涡纹玉璧			蟠虺纹、涡纹	
石圭		2	素面	
龙形玉佩（残）			透雕回首龙纹	
玉片饰（半成品）			镂空雕纹饰	
凤鸟形玉佩			透雕凤纹	
玉环首刀（残）			素面	
石环首刀（残）		2	素面	
卷云纹玉片饰（残）		1	蟠虺纹	
绞丝纹玉环（残）		2	素面	
玛瑙珠（残）		1	素面	
玉板	西藏椁西北角①层椁板下	1	素面	
兽面纹玉剑璏	西藏椁西北角①层椁板下		兽面纹	
兽面纹玉剑格	西藏椁西北角①层椁板下		兽面纹	
兽面纹玉剑璏	西藏椁西北角①层椁板下		勾连云纹、兽面纹	
兽面螭纹玉剑格	西回廊中部	2	兽面纹、深浮雕螭纹	
螭纹玉剑璏	同上		深浮雕螭纹（三只）	
兽面螭纹玉剑格	西回廊中北部		兽面纹、深浮雕螭纹	
子母螭纹玉剑璏	西回廊中北部	3	子母螭纹	
乳丁纹玉剑璏	西回廊中北部	1	乳丁纹、网格纹	
素面玛瑙剑格	西回廊中北部		素面	
素面玛瑙剑璏	西回廊中北部		素面	
子母螭纹玉剑璏	西回廊中部	1	子母螭纹	

名称	出土区域	数量	器型与纹饰	铭文
双龙纹玉剑璏	西回廊北部		双龙纹	
兽面螭纹玉剑格	西回廊北部		兽面纹、深浮雕螭纹	
子·母螭纹玉剑璏	西回廊北部		子·母螭纹	
兽面螭纹玉剑格	西回廊		兽面纹、深浮雕螭纹	
子·母螭纹玉剑璏	同上	3	子·母螭纹	
素面玉剑格	同上	1	素面	
兽面涡纹玉剑璏	同上		涡纹、兽面	
谷纹玉剑首	同上		谷纹	
兽面纹玉剑格	同上	2	兽面纹	
素面玉剑珌	同上	1	素面	
素面玛瑙剑璏	西回廊中部	1	素面	
兽面螭纹玉剑格	西回廊	4	兽面纹、深浮雕螭纹	
螭纹石剑璏	同上	1	深浮雕螭纹（三只）	
素面玛瑙剑格（残）	同上	1	素面	
素面琉璃剑珌	同上	1	素面	
半球状玛瑙嵌饰	同上	1	素面	
四棱锥钮玉印			四棱锥	一角有未刻的字
勾连谷纹玉璧	主棺枕部西侧	1	勾连谷纹	
玉圭	主棺15①号漆盒内	1	素面	
谷纹玉璧	主棺内覆面中部	1	谷纹	
龙首玉带钩	主棺内	2	龙形、长方体形、龟纹	
龙凤螭纹韘形玉佩	刘贺墓主棺	1	两侧镂空龙纹螭纹	
螭钮"刘贺"玉印	主棺内墓主人腰部	1	圆雕螭纹	印文"刘贺"
夔龙纹玉璧	主棺墓主人胸部西	1	蒲纹、夔龙纹	
夔龙纹玉璧	主棺墓主人胸部西	1	谷纹、夔龙纹	
夔龙纹玉璧	主棺墓主人胸部东	1	蒲纹、夔龙纹	

续表

名称	出土区域	数量	器型与纹饰	铭文
六棱柱水晶珠	主棺内墓主人腰部	1		
谷纹玉璧（残）	主棺覆面南侧中部	1	谷纹	
谷纹玉璧	主棺覆面北侧中部	1	谷纹	
谷纹玉璧	主棺覆面下牙齿部	1	谷纹	
谷纹玉璧（残）	主棺内枕部内侧东	1	谷纹	
玉片饰	主棺内	2	素面	
玉勒	主棺内	1	素面	
兽首玉带钩	主棺内墓主人腰部	1	兽形、琵琶形、云气纹	
三节铁芯双龙首玉带钩	主棺内墓主人腰部	1	龙形	阴刻"十二"
玉管	主棺内墓主人腰部	2	素面	
玛瑙珠	主棺内墓主人腰部	4	素面	
兽形琥珀饰	主棺内墓主人腰部	1	素面	
玉璋	主棺内	1	素面	
玉板	主棺内墓主人腰部	1	素面	
玉觽	主棺内墓主人腰部	1	素面	
谷纹玉璧	主棺覆面下31号玉璧（牙齿）下	1	谷纹	
龙凤纹玉环	主棺枕部西北	1	透雕龙纹、凤纹	
凤纹玉环（残）	主棺枕部西侧	1	透雕龙纹	
龙纹螭纹玉环（残）	主棺墓主人枕部	1	透雕龙纹螭纹	
谷纹玉璧（残）	主棺墓主人枕部	1	谷纹	
谷纹玉璧	主棺内枕部西侧	1	谷纹	
蒲纹玉璧	主棺内枕部东侧	1	蒲纹	
梯形玉片	主棺内枕部东侧	1	黑墨卷云纹、桃心纹	
玉残片（无法拼接）	主棺内枕部西侧	1	黑色弧形线条纹样	
戈形玉片	主棺内枕部北侧	1	素面	
谷纹玉璧	主棺内枕部东侧	1	谷纹	

续表

名称	出土区域	数量	器型与纹饰	铭文
双六棱台水晶珠	主棺内墓主人腰部	1		
石英嵌饰	主椁室东室南部	1	素面	
玉片	主椁室东室榻上	2	素面	
玉片毛坯（残）	主椁室东室榻上	1	墨汁龙纹样	
玉断片	主椁室东室榻上	1	素面	
玉断片（残）	主椁室东室榻上	1	素面	
玉眼罩	主椁室东室榻上	1	素面	
水滴状石英嵌饰	主椁室东室榻上	1	素面	
半球状石英嵌饰	主椁室东室南部	2	素面	
半球状玛瑙嵌饰	主椁室东室榻上	1	素面	
素面玉环	主椁室南室	1	素面	
半球状石英嵌饰	主椁室内	9	素面	
扁圆状玛瑙嵌饰	主椁室内	1	素面	
半球状玛瑙嵌饰	主椁室内	1	指甲纹	
龙凤螭纹韘形玉佩	主椁室南室（椁和板前）	1	两侧龙纹螭纹、上侧凤纹	
球状石英嵌饰	主椁室东室南部	1	素面	
半球状石英嵌饰	主椁室东室南部	1	素面	
菱形玉嵌饰	主椁室东室南部	1	素面	
龟钮"大刘记印"玉印	主椁室东室南部	1	圆雕龟形、印文"大刘记印"	
凤鸟纹玉羽觞	主椁室南	1	凤鸟纹、兽面纹	
半球状石英嵌饰	主棺椁东室榻上	10	素面	
球状石英嵌饰	主棺椁东室榻上	1	素面	
半球状玛瑙嵌饰	主棺椁东室榻上	2	素面	
水滴状石英嵌饰	主棺椁东室榻上	1	素面	
半球状石英嵌饰	主棺椁东室南部	3	素面	
水滴状石英嵌饰	主棺椁东室南部	1	素面	

续表

名称	出土区域	数量	器型与纹饰	铭文
勾连云纹玉环	主椁室南	1	勾连云纹	
龙首玉带钩	主椁室南	1	龙形、琵琶形、素面	
龙凤螭纹韘形玉佩	主椁室南室	1	两侧镂空龙凤螭纹	
螭纹玉剑璏	主椁室南	1	深浮雕螭纹	
勾连云纹玉剑璏	主椁室中部邦板上	1	勾连云纹	
兽面纹玉剑格	主椁室中部邦板上	2	兽面纹	
柿蒂纹玉剑首	主椁室中部邦板上	1	柿蒂纹、勾连乳丁纹	
兽面纹玉剑璏	主椁室中部邦板上	1	兽面纹、卷云纹	
素面玉剑珌	主椁室东室南部床榻上	1	素面	
兽面纹石剑格	主椁室东室南部床榻上	1	兽面纹	
兽面龙凤纹玉剑璏	主椁室中部邦板上	1	谷纹、兽面纹、龙凤纹	
虫珀饰	主椁室东室南部	1	内有一小虫	
龟钮玉印（无字）	主椁室东室南部	1	圆雕龟形、无印文	
玉眼罩	主椁室东室南部	1	素面	
谷纹蒲纹玉璧	主椁室东室南部	1	蒲纹、谷纹	
筒形玉饰	主椁室东室南部	1	皇冠状饰鸟纹	
凤形石饰	主椁室东室南部	3	透雕凤形	
山形玉片嵌饰	主椁室东室南部	5	阴刻短线	
山形玉片嵌饰（残）	主椁室东室南部	1	素面	
人形玉片嵌饰	主椁室东室南部	1	坐姿人像	
筒形玉饰（残）	主椁室东室南部	1	皇冠状饰鸟纹	
人形玉片嵌饰	主椁室东室南部	1	右跪左转人像	
筒形玉饰	主椁室东室南部	1	皇冠状饰鸟纹	
半球状玉嵌饰	主椁室东室南部	2	素面	
玉片嵌饰	主椁室东室南部	1	素面	
玉片	主椁室东室南部	5	素面	
玉片毛坯	主椁室东室南部	2	素面	

续表

名称	出土区域	数量	器型与纹饰	铭文
大理岩壁	主椁室东室南部	1	素面	
半球状玛瑙嵌饰	主椁室东室南部	1	半球状、素面	
半球状玉嵌饰	主椁室东室南部	4	半球状、素面	
菱形玉片嵌饰	主椁室东室南部	1	菱形、素面	
半球状石英嵌饰	主椁室东室南部	1	半球状、素面	
琉璃嵌饰	主椁室东室南部	1	素面	
玛瑙嵌饰	主椁室东室南部	1	素面	
玉剑首	主椁室主棺盖板上	1	网格纹、卷云纹、深浮雕穿云螭	
兽面螭纹玉剑格（残）	主椁室主棺盖板上	1	兽面纹、深浮雕螭纹	
子母螭纹玉剑璏（残）	主椁室主棺盖板上	1	子母螭纹	
夔龙纹玉环	主棺东侧	1	单首双体夔龙纹	
素面玉环（残）	主棺东侧	2	素面	
蒲纹玉璧	主椁室	1	蒲纹	
谷纹玉璧	主棺南	1	谷纹	
半球状青玉嵌饰	主椁室东室南部	1	素面	
半球状玉嵌饰	主椁室东室南部	1	素面	
子母螭纹玉剑格（残）	主棺外椁上剑匣西侧	1	兽面纹、深浮雕螭纹	
子母螭纹玉剑璏	主棺外椁板上面	1	子母螭纹	
玉片饰（残）	主椁室东室南部	1	龙纹墨样	
肛塞	内棺	1	圆柱谷纹	
琉璃席	内棺	1	修复中	

玉器，向来为世所重，商周之际，唯帝王诸侯才能赏玩。春秋以来，以"士"为代表的知识分子也开始佩玉。《礼记·玉藻》中记载"君子无故，玉不去身，君子于玉比德焉"[1]，并且认为玉有七种高尚品德。商周起统治者以玉比德，雕玉盛行于世。汉武帝时，张骞"凿空西域"，和田玉等大量优质玉材进入

1　白坤.礼记选读[M].杭州：浙江古籍出版社，2013：16-18.

中原。因政治和宗教需要，仿古制雕玉，又成为一时风气。由汉武帝到新莽，祭祀用玉格外多。大型青玉璧刻云纹或者蒲纹，外沿刻夔凤虬龙，雄浑质朴。大型玉璜和玉玦刻镂极精工，仍不如周代自然。张衡《东京赋》描写皇帝的装束："冠通天，佩玉玺，纡皇组，要干将。"[1] 同汉代政治一样，公元 1 世纪左右，好玉之风和雕玉技术衰落，直到唐代才恢复。文献记载曹丕、吴质等人曾用玉具剑做礼物赠答，但不知古礼，幸得王粲在博学的蔡邕处学习过，才恢复典礼中的玉佩剑仪。近年曹植墓出土数种玉佩，皆制作简朴可为证。这反映了人类特定历史阶段垄断视觉权力的愿望。巫鸿认为"礼器艺术品总是需要以当时最先进的技术来制作，这些作品通常是以珍贵与稀少材料制成，而且需要耗费具有技术的工匠的大量劳力，它们往往集各种不同类型的符号（包括原料、形状、装饰和铭文）于一身，以便表达其内涵。"[2] 艾伦·迪萨纳亚克（Ellen Dissanayake）强调艺术发展的一个潜在动力是对"特殊物品"的欲望。她讲道："从民族学角度来看，如同制造特殊物品一样，艺术可以含括相当的幅度，产生从最伟大到最平庸的结果。但仅仅是制作本身既不是创造特殊物也不是创造艺术。一个片状石器除非是利用某些手段使它变得特殊。这或许是投入比正常需要更多的加工时间，或许是把石料中隐藏的生物化石磨出来，以增加物品的吸引力。一个纯粹功能性的碗或许在我们的眼中并不难看，但由于它没有被特殊化，因此并不是艺术的产物。一旦这只碗被刻槽、彩绘或经其他非实用目的的处理，其制造者便开始展示出一种艺术行为。"[3] 玉器身份特殊，为政者以玉作为祭祀的礼器，并对形制颜色有严格规定。图像学介入之后，我们拟将玉器回归到图像本位观察，尤其是它的纹饰形式，不急着将它比附于中国思想文化。

　　玉器图像系统比较单纯，有仿铜器的现象。有兽面纹玉剑格（图 1-12 左），兽面纹玉剑璏（图 1-12 右），素面玉剑珌等。当然，玉器的兽面纹显得简略疏阔。不过，刘贺墓也有繁密的浅浮雕式的蟠虺纹、卷云纹和谷纹玉器。史书记载："初，汉高祖入关，得秦始皇蓝田玉玺，螭虎钮。文曰'受天之命，皇帝寿昌'高祖佩之，后代名曰传国玺。"[4] 所以，汉人崇尚螭虎，汉代是螭纹最辉煌的

1　马燕鑫.张衡作品研究 [M].北京：商务印书馆，2019：252.

2　（美）巫鸿.超越大限 巫鸿美术史文集：卷 2[M].郑岩编.上海：上海人民出版社，2019：109.

3　（美）巫鸿.超越大限 巫鸿美术史文集 卷 2[M].郑岩编.上海：上海人民出版社，2019：94.

4　（唐）房玄龄等.晋书：卷 1[M].北京：大众文艺出版社，1999：121.

图 1-12　兽面纹玉剑格（左）、兽面纹玉剑璏（右）
西藏椁武库出土。(《江西南昌西汉海昏侯刘贺墓出土玉器》[2018 年第十一期]，第 67 页图版 3)

时期，龙纹、凤纹、螭纹三英争丽，装饰了众多精美的玉器。从表 1-2 统计中可以看出，刘贺墓玉器中螭纹较多，玉剑璏中子母螭纹饰就有 14 件。

　　刘敦愿先生指出，"青铜器上的动物纹样，这些纹样大都具有宗教神话方面的意义，所以才著之鼎彝，登于庙堂，否则是不可能。试对比象形文字所见动物种类的何等丰富与青铜器上的装饰纹样的屈指可数，正见这些纹样的运用大约是有严格限制的。既然如此，必然在一定程度上妨碍了创作者的自由发挥，这是不言而喻的。与此相反，商周时期的一些小型的玉雕，属于一般装饰品与玩好，似乎就不大受限制，因而在纹样种类的选择与艺术表现手法上，就比较自由一些，因而也就容易出现更为灵巧的制作。"[1] 不仅商周时期的玉雕如此，刘贺墓的玉器亦匠心独运，异常精美。

　　二、玉器图像功能与文化内涵

　　1. 龙凤形玉饰

　　刘贺墓出土了三件龙形玉饰。其中一件蟠虺纹龙首纹龙形玉饰为立体盘曲，质地为和田白玉，器表饰蟠虺纹、龙首纹、鳞纹，因形似旧玉琮改制受到了极大的关注（图 1-13）。古人信奉天圆地方，用圆形玉璧祭天，方形玉琮祭地。玉琮是新石器时代良渚文化最重要的一种礼器，具礼仪功能。至春秋战国，渐趋式微。在满城 1 号墓中，前代遗留的琮更被改造成玉柙上的生殖器，亵慢之至。刘贺墓的这件玉饰气势磅礴，有皇室威仪，应为礼器。能拥有玉琮的人多为权卿重臣，一件如此大的玉琮改制器，制作精良，设计独特，纹饰繁密，玉工才智之高，用时之长，可想而知，曾经拥有这件器物的人必

1　刘敦愿. 商周时期的象形文字、纹样与绘画 [J]. 美术史论，1983（2）：22-23.

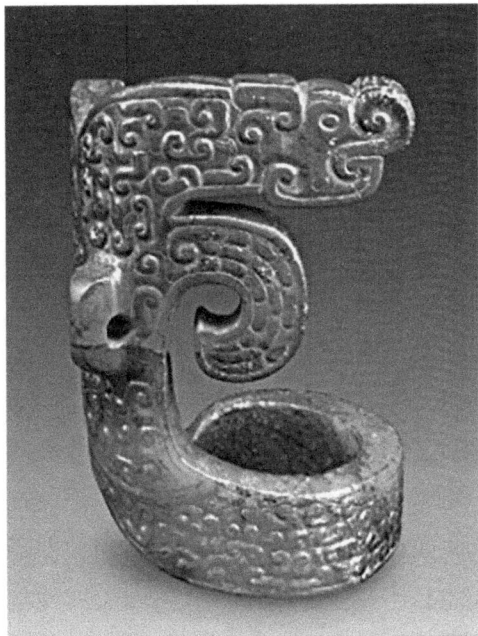

图 1-13　蟠虺纹龙首纹龙形玉饰
（《江西南昌西汉海昏侯刘贺墓出土玉器》[2018年第十一期]，第 63 页。）

定身份十分显赫。玉器改制的现象，除了是修补残器的目的外，更为主要的是将古旧的形式翻改新样。张昌平经研究指出："形制、纹饰较之原器均发生了极大的变更，改制后的半琮、镯形器、龙形佩也显然不再具有原来玉琮的功能，推测至战国时期，玉琮已经不再为社会生活所需，当时不仅不再生产琮类器，而且将早世传留下来的玉琮，也改作他用。"[1]

就龙形玉饰而言，蟠虺纹龙首纹龙形玉饰为春秋末期至战国早期的龙纹，作为盖钮的龙形石饰则轻盈灵动，龙口含珠，上下颌卷曲，叶形耳，分支长鬃毛，正是西汉中期玉龙的典型特征。汉代迷信神仙方术之说，追求长生不老，从长沙马王堆汉墓帛画可知，龙作为百兽之首，可连接天、地、人、魂、神，指引灵魂进入仙界，因而备受推崇。刘贺墓还出土了 3 件凤鸟形石饰，风格写实，首尾俱足，仅用阴线示意身体部位，形象简洁。其凤首高昂，尾羽上翘，显得灵动典雅，同满城汉墓 2 号墓漆尊凤形盖钮一样，都是西汉流行的立凤形象。自古以来，凤所承载的不仅是神性，更有诸多逸德。在考古发掘中，王公贵族的墓葬，龙凤形玉饰越多越精美，证明墓主的身份越尊贵。刘贺曾贵为天子，墓中出土大量龙凤纹饰的器物说明他身份之贵重。在早期中国，礼仪用器对哲学、神学意味的承载，不受其体量大小所限制，小器具也能成为崇高而神圣的象征体。如巫鸿所言："那些看起来并不那么令人震撼的古代玉器、铜器和蛋壳陶器，实际上有着堪与高耸入云的埃及金字塔相比拟的政治、宗教和美学意义。"[2]在刘贺墓这些琳琅满目的玉器中，玉剑饰是最吸引人的，

1　张昌平. 曾侯乙墓玉器的改制 [J]. 中国历史文物，2008（01）：9-14.
2　（美）巫鸿：中国古代艺术与建筑中的"纪念碑性"[M]. 李清泉，郑岩等译. 上海：上海人民出版社，2009：2.

数量达到了 92 件，近玉器总数的 1/4，所占比重最大。

2. 玉具剑

在我国，自先秦至晋，男子法服盛装时均须佩剑。汉代继承了这一传统。自汉高祖刘邦斩蛇起义后，汉代的皇帝无不佩剑。两汉时期，征战不已，沙场建功，赐爵封侯，习武为世所重，尤为重剑，且追求剑饰的精美华贵。常见的剑饰材料有金、银、木等，但规格最高的非玉饰莫属。汉代王室官吏皆随身佩剑，身份高贵者则佩戴最豪华的玉具剑。一套完整的玉具剑包括玉剑首、玉剑格、玉剑璏和玉剑珌。玉剑首、玉剑格是剑身的装饰，玉剑璏和玉剑珌是剑鞘上的装饰。董仲舒《春秋繁露》："剑之在左，青龙之象也；刀之在右，白虎之象也；黻之在前，赤乌之象也；冠之在首，玄武之象也。四者人之盛饰也。"[1]《汉书·隽不疑传》记载："不疑冠进贤冠，带櫑具剑，佩环玦，衣博带，盛服至门上谒。门下欲使解剑，不疑曰：剑者君子武备，所以卫身，不可解，请退。"[2]

关于玉具剑，文献记载未明确其用途，刘向《说苑》："（楚）襄成君始封之日，衣翠衣，带玉璏剑，履缟舄，立于游水之上。"[3] 玉璏剑便是指玉具剑，应该具有礼仪性质，用于特定场合。《说苑·反质篇》说："经侯往过魏太子，左带玉具剑，右带环佩，左光照右，右光照左。"[4] 战国时可能已有这名称（通行本作"左带羽玉具剑"，羽字衍。《北堂书钞》卷一二八《艺文类聚》卷六七引《说苑》皆无羽字）。剑上的玉具最完备时共有 4 件，严师古注引孟康所说的"摽首镡卫尽用玉为之也（璏）"，其中首和镡装在剑上，而摽和璏装在鞘上。王侯所用玉具剑多为皇帝所颁赐，有时也赐给前来朝贡的异族，有示恩宠、显汉威的意图。《汉书·匈奴传》载："单于正月朝天子甘泉宫，赐玉具剑。"王莽曾经欲赠玉具剑给孔休，孔休百般辞让。《汉书·王莽传》记载："莽疾，休侯之，莽缘恩义，进其玉具宝剑，欲以为好，休不肯受。莽因曰'诚见君面有瘢，美玉可以灭瘢，欲献其璏耳。'即解其璏，休复辞让。莽曰'君嫌其贾邪？'遂椎碎之，自裹以进休，休乃受。及莽征去，欲见休，

1　（汉）董仲舒. 春秋繁露 [M]. 周琼编. 呼和浩特：远方出版社，2005：37.

2　（汉）班固. 汉书（下）[M]. 长沙：岳麓书社，2009：814.

3　（汉）刘向. 说苑校证：卷十一 [M]. 北京：中华书局，1987：277 页.

4　（汉）刘向. 说苑校证：卷十一 [M]. 北京：中华书局，1987：277 页.

休称疾不见。"[1]

汉代诸侯王陵墓中，都出土过不少玉具剑。第一代昌邑王刘髆墓，出土的铁剑有华丽的玉具，在剑柄处更缠以金丝为饰，同时出土的还有 2 把玉具铜剑，其形制则继承了西周青铜剑的特点。满城汉墓出土了 10 多件铁剑，也有玉具剑，最为完整华丽。广州象岗山南越王墓墓主著玉衣，腰身两侧佩戴 10 把铁剑，革鞘已朽，玉剑具犹存。刘贺墓出土的青铜剑和钢铁剑，多达 49件，其中绝大部分是贵族使用的玉具剑。这些器物工艺技术较战国精良，玉饰数量大增，器面除雕琢兽面、云纹、谷纹外，尤以浮雕螭纹最具特色。在外棺棺盖上有 8 件玉剑饰，除玉剑首外，都饰有螭纹。夔龙纹玉环被发掘时在棺椁侧边，极有可能是从棺盖上滑落的。夔龙纹象征王权和神权，自商代起，装饰在青铜礼器上，代表着至高无上的权威与尊贵。螭纹玉饰剑与夔龙纹玉环共同放置在主棺棺盖上，有威严震慑之意，也是高贵身份的表征。刘贺主棺中出土的两把玉具剑，剑柄上还缠绕着金丝。其中的一把剑长 68.5 厘米，重 1129 克，剑格作倒 "凹" 字形，圆形剑首，素面，精美异常。刘贺墓出土最多的是各类金器，而不是玉器，这一点反映了墓葬的规模尚未达到帝王级别，仍然遵从列侯的规制。

3. 玉圭

刘贺墓出土 3 件圭。1 件玉圭（编号 M1：1878_15）（图 1-14），位于内棺南部，尖首长方形，放置在头箱精美的漆盒内，素面，通体抛光。2 件石圭（编号 M1：732-3-223，M1：732-3-224），位于西回廊西藏椁，素面，器型较小。周代分封时以玉为符信，身份等级不同，玉器形制也不同。《周礼·春官·大宗伯》载："以玉作六瑞，以等邦国：王执镇圭，公执桓圭，侯执信圭，伯执躬圭，子执谷璧，男执蒲璧。"[2]《考工记·玉人》"玉人之事，镇圭尺有两寸，天子守之；命圭九寸，谓之桓圭，公守之；命圭七寸，谓之信圭，侯守之；命圭七寸，谓之躬圭，伯守之。"[3] 此外，圭的等级还体现在不同等级贵族所持圭的纹饰有差异，如《周礼·春官·大宗伯》郑玄注："镇圭者，盖以四镇之山为之瑑饰""桓圭盖亦以桓为瑑饰""身圭、躬圭，盖皆象之

1　（汉）班固. 汉书（下）[M]. 长沙：岳麓书社，2008：1511.

2　（清）李光坡. 周礼述注 [M]. 北京：商务印书馆，2019：207.

3　闻人军. 考工记译注 [M]. 上海：上海古籍出版社，2008：77.

以人形"[1]。据古玉器专家刘云辉先
生研究，考古出土的玉圭虽然在形制
和大小上有区别，但与文献记载不
符。[2]无论如何，玉圭图像样式的差别，
被为政者借用，赋予了政治属性的差
别。但从实际考古挖掘看，周代玉圭
多为素面。董仲舒在《白虎通义》中
虽有"天子执瑁以朝，诸侯执圭以观
天子"[3]的记载，从文献和出土实物
来看，汉代玉圭多用作祭祀，不能证
实为礼器。刘贺墓的这件青玉圭器型
厚重，素面无纹，被十分谨慎地存放
在精致的漆盒内，陪伴它的还有一件
有孔的玛瑙珠，可见受重视度。[4]《周
礼》载：青圭礼东方，应为礼器。头
箱的青铜盒内有玉管和其他玉饰，与
青铜牌饰和两件一大一小青铜尖矛配

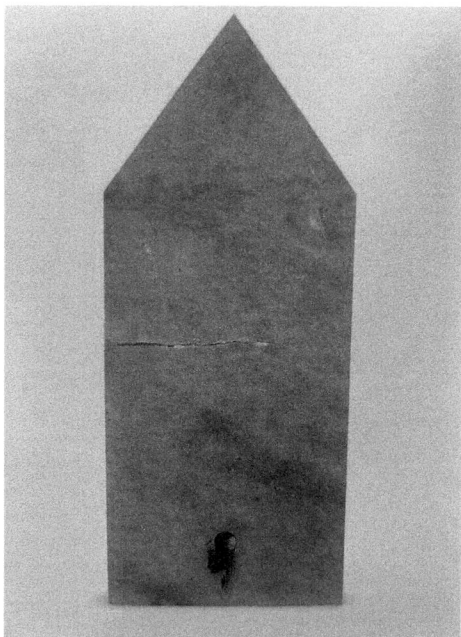

图 1–14 玉圭
长 16.12 厘米、厚 0.81—0.89 厘米、孔径 0.61
厘米。（《金色海昏：汉代海昏侯国历史与文
化展》[北京：文物出版社，2020 年]，第 28 页）

对，小心翼翼，珍而重之。凡此种种，我们认为素面玉圭是祭祀神灵和宗族
的礼玉，彰显了刘贺的皇室身份，也符合他列侯的规制。西回廊出土的两件
石圭，类似无孔小圭，但器表有穿孔，孔内有物残留，应是装饰玉。

4. 玉璧

《周礼·春官·大宗伯》说："以玉作六器，以礼天地四方；以苍璧礼天，
以黄琮礼地。"[5]玉璧作为"六瑞之首"，向来造型稳定。两汉时期，玉璧的
发展步入文化史巅峰，工艺之纯熟、选料之精美、纹饰之丰富、用途之广泛
都堪称经典。

两汉玉璧承袭了先秦以来的功能，首要功用为祭祀时的礼玉。此外，还

1　（汉）郑玄注，（唐）贾公彦疏.周礼注疏 [M].上海：上海古籍出版社，2010：680.
2　刘云辉.周原玉器 [M].北京：中华文物学会，1996：265-273.
3　齐豫生，夏于全.白虎通义：菜根谭 [M].长春：北方妇女儿童出版社，2006：54.
4　李双君.江西南昌汉代海昏侯墓出土玉器 [D].厦门：厦门大学，2017：39.
5　（清）李光坡.周礼述注 [M].北京：商务印书馆，2019：188.

图 1-15　谷纹、蒲纹玉璧

主棺柩内、外棺之间的南部出土。(《江西南昌西汉海昏侯刘贺墓出土玉器》[2018 年第十一期]，第 59、68 页。)

有瑞玉的功能。汉代百官朝贺时用璧，纳聘皇后也用璧，《后汉书·皇后纪下》记载，桓帝纳梁皇后，"聘黄金二万斤，纳采雁璧乘马束帛"。[1] 两汉还形成了以玉璧殓尸以求长生的葬玉制度。汉代玉璧大多出土于大型诸侯王墓中，数量不等，比如，西汉时期的广东南越王墓中发现玉璧 47 件，山东昌邑王刘髆墓中发现玉璧 28 件，东汉初期中山简王刘焉墓发现玉璧 23 件。内棺盖上的玉璧往往是整个墓葬中最好的玉璧（之一）。西汉诸侯王一级贵族墓随葬 20 件以上玉璧，而作为列侯的刘贺墓共出土玉璧 23 件（内棺玉璧 16 件），逾制（列侯墓为 1—3 件），但从玉璧形制看，均为出廓璧，不是诸侯王才能使用的特殊形制。有 1 件位于西藏椁文书档案库与娱乐用具库之间，其余全部位于主椁室内。主棺（包括主棺和内外棺之间）放置的 19 件玉璧未经扰动，纹饰清晰，有谷纹、蒲纹（图 1-15）、夔龙纹、勾连纹、涡纹，有一件带铭文外沿阴刻"午三十九"，承载了丰富的文化内涵。谷纹、蒲纹玉璧是战国至两汉比较流行的玉璧纹饰，制作工艺简单。夔龙纹玉璧纹饰构图复杂。

汉代玉璧多为礼仪用器，用于祭祀或朝觐。《史记·孝武本纪》载："皇帝始郊见泰一云阳，有司奉瑄玉嘉牲荐飨。"集解引孟康曰："璧大六寸谓之瑄。"[2] 勾连纹玉璧和谷纹玉璧出土于刘贺枕部东侧，直径分别为 13.9 厘米和 14.1 厘米，恰好为汉尺六寸，虽然充当殓葬之用，但尊贵至极，可能曾是

1　（南朝宋）范晔. 后汉书：上 [M]. 长沙：岳麓书社，2008：156.

2　（汉）司马迁. 史记 [M]. 北京：中华书局，1959：470.

祭天玉璧，象征极高权力和地位，有沟通上天，以玉祭祀天神之意，可能是刘贺称帝时或昌邑王时期的旧物。

刘贺墓内外棺之间南部出土的蒲纹玉璧和涡纹玉璧材质为和田青玉，尺寸适中，刻纹精细，抛光较好，很可能是瑞玉，作朝觐之用。其不设在墓主人身体周围，而放置在内外棺之间，应该不是殓尸璧，也不是明器。因为内棺殓尸璧都为和田白玉，蒲纹玉璧还备有盒子。而内棺中的 16 件玉璧，分布在刘贺身体上下部位，是玉璧殓葬的体现。尤其是刘贺面部漆木面罩上下的两件玉璧，正反两面浅浮雕饱满谷纹。《周礼·春官·典瑞》有"子执谷璧"的说法，郑注："谷，善也，其饰若粟纹然。"[1] 所谓"饰若粟纹"，是指璧面琢磨排列有序的凸起的许多小乳丁，看似一颗颗的粟粒，所以称之为谷纹璧。春秋战国时玉璧才以谷纹为饰。有学者考证，谷有"生"之义，"玉璧上的孔正是为死者之魂升天留下的通道"[2]，表达尸体不朽，渴望永生的期待。关于以璧殓尸，古代文献中有明确记载。《周礼·春官·典瑞》："驵圭、璋、璧、琮、琥、璜之渠眉。疏璧、琮以殓尸。"[3] 汉代高官贵族同样有此习俗，《汉书·霍光传》记载："光薨，……（帝赐）璧珠玑玉衣。"[4]

5. 韘形佩

韘是由实用器转变为礼器。《诗·小雅·车攻》："决拾既佽，弓矢既调。"毛传："决，钩弦也。"[5] 决又名韘。由于"古代张弓时用右手的拇指勾弦，而将食指、中指压住拇指，所以张弓时用以护指的指套——韘，乃固定在右手的大拇指上"[6]。到西周时，韘已转为礼仪化的配饰。如《诗·卫风·芄兰》毛传所说："韘，玦也，能射御则佩韘"，表明此人有资格充当武士。制韘的材料一般用王棘或骨角，也有玉制的。最早的玉韘出自商代妇好墓，是缚于腕部的短管。内侧有缺口，用于勾弦。到了汉代，韘形佩的主体造型有椭圆形和合尖向上拱起的鸡心形，两侧附益透雕的卷云纹，繁复华丽。该类玉器造型多变，成装饰品后，有很多不同的样式。有的凤尾演化为连云型，有的中间圆孔缩小，整体变窄长，刀锋拉长，形似玉韘与玉结合体。《礼记内则》

1　（清）李光坡.周礼述注 [M].北京：商务印书馆，2019：207.

2　罗波.汉代玉衣与升仙思想初探 [J].文物春秋，1994（03）：55-56.

3　（清）李光坡.周礼述注 [M].北京：商务印书馆，2019：209.

4　（汉）班固.汉书（下）[M].长沙：岳麓书社，2009：783.

5　郭超，夏于全.传世名著百部之诗经 [M].北京：蓝天出版社，1998：223.

6　孙机.汉代物质文化资料图说 [M].上海：上海古籍出版社，2011：423.

图1-16左，龙凤纹韘形佩，长9.8厘米、宽7厘米、孔径3.3厘米；
图1-16中，龙凤纹韘形佩，长8.6厘米、宽7.9厘米、孔径3.5厘米；
图1-16右，龙纹韘形佩，长11.1厘米、宽8.3厘米、厚0.38—0.5厘米，
《金色海昏：汉代海昏侯国历史与文化展》[北京：文物出版社，2020年]，第177—179页）

谓"子事父母"[1]所用的"事佩"中有韘和玦。刘贺墓共出土韘形佩3件。

　　刘贺墓出土3件韘形佩，靠近主棺位置，是他生前所用器物，均镂雕龙凤螭纹，玉质精美，雕琢精良。龙凤纹韘形玉佩为心形韘体，中孔圆大，顶部出尖，圆孔下位弧形凹面，阴刻云气纹，两侧和顶段均镂空，边缘出廓，左侧透雕龙纹，右侧透雕螭纹，上侧透雕凤鸟纹，皆有婉转回旋之动态美，显现出韵律美和整体感（图1-16左）。根据目前的资料，汉代的韘形佩一般镂雕双龙、龙凤、龙螭这些纹样，龙凤螭集中镂雕于一身的非常少见，这也反映出刘贺的特殊身份。

　　另一件韘形佩和前件设计趋同，以勾转单元设计出环绕的神龙、凤鸟以及螭虎。但全器呈圆璧形制（图1-16中）。蜿蜒的神龙张口含珠，直抵主体向上的收尖；收尖左侧为回首的凤鸟，正伫立在韘形佩三角形弦勾处，将弦勾隐于其中；而凤鸟收尾处是攀缘的螭虎，其直贯而上的动势与右侧婉转的神龙形成动态平衡之美。

　　龙纹韘形佩（图1-16右）设计独特：

　　　　和田白玉，有黄色沁。片状，中间一圆孔。中间一棱并于顶部
　　　　出尖，上半部卷云纹，下半部阴刻云气纹。边缘出廓，左侧镂空雕龙纹，
　　　　水滴眼，张口獠牙，口含龙珠，鬣毛后飘；右侧镂空雕螭纹，梯形头，
　　　　曲耳，圆眼，直鼻。龙纹和螭纹躯体细长弯曲，穿越韘体，分支长卷尾，

1　白坤.礼记选读[M].杭州：浙江古籍出版社，2013：175.

腿部肌肉发达，二爪锐利，周边饰云气纹。龙纹身饰勾云纹，螭纹阴刻细长中脊线并饰平行双弧线。[1]

前两件的龙、凤、虎和龇形佩主体彼此相互独立分离。本件的龙、虎和龇形佩主体则时而交叠，时而穿透云气化为龙虎，尾部和主体上刻划的层叠云气相互交融，使作品浑然一体。在此设计中，龙和虎如同悠游于氤氲云漫的太虚仙境之中，平面里隐隐彰显了空间感和动态张力。这几件玉佩各擅胜场，难说何者更加精妙。

6. 玉舞人

玉舞人起源于战国，盛行于汉代，长袖折腰，舞姿翩跹。此件玉舞人高约9厘米，宽约3厘米，厚约0.4厘米，玉质温润，由上等和田玉雕刻而成，两面抛光，温润细腻，十分精湛。上下两端各有一个半圆穿孔，专供系佩，为玉组佩的一部分。玉舞人面容秀丽，身着曲裾，收腰紧窄，扇形盘髻雕刻精细，两鬓发丝垂肩，凸显

图1-17　舞人玉佩
高约9厘米，宽约3厘米，厚约0.4厘米，西藏椁娱乐用具库出土。（《五色炫曜：南昌汉代海昏侯国考古成果》[南昌：江西人民出版社，2016年]，第164页）

女性秀发之美。衣袂线条流畅，飘带上纹饰华丽精致。汉代玉舞人一般服装简洁，没有过多纹饰，只用简单的几道阴刻线来表示，面部没有细节刻画，整体朴实无华。这件玉器虽是刘贺墓出土，但与汉代玉舞人迥然不同，应为战国晚期的作品（图1-17）。

7. 凤鸟纹玉耳杯

这件鸟纹玉耳杯有灰黑、灰褐色沁，由整块白玉玉料雕琢而成，椭圆形，壁较薄，浅弧腹，平底。外壁两侧有月牙形耳。内壁光素无纹。底部阴刻凤鸟纹，围绕主纹双勾椭圆形阴线。外绕一周纹饰带，带内阴刻两组对称的凤鸟纹和

1　南昌汉代海昏侯国遗址博物馆.金色海昏：汉代海昏侯国历史与文化展[M].北京：文物出版社，2020：178.

图 1-18　凤鸟纹玉耳杯

高 3.1 厘米、长径 12.3 厘米、短径 7.8 厘米。（《金色海昏：汉代海昏侯国历史与文化展》[北京：文物出版社，2020 年]，第 162—163 页）

云气纹。外壁两端浅浮雕兽面纹。其余阴刻鸟云纹、云气纹和柿蒂纹，外底阴刻一只与内底相似的抽象凤鸟纹。耳面饰左右对称的凤鸟纹。耳杯玲珑剔透，纹饰精美，整体打磨抛光处理较好（图 1-18）。

《西京杂记》记载："汉帝送死皆珠襦玉匣。匣形如铠甲。连以金镂。武帝匣上皆镂为蛟龙鸾凤龟龙之象。世谓为蛟龙玉匣。"[1] 这是汉代玉衣较早见诸记载的文献。玉衣是汉代皇帝和诸侯王等贵族死后入葬的一种高级葬服，玉衣在文献记载中多称"玉匣"，也有玉衣的记载，《汉书·霍光传》载："光薨……璧珠玑玉衣"[2]。汉朝人迷信玉能使尸体不朽，《汉书·杨王孙传》载："口含玉石，欲化不得，郁为枯腊，千载之后，棺椁朽腐，乃得归土，就其真宅。"[3] 玉衣的出土一般会伴随着玉九窍塞，东晋葛洪《抱朴子》记载："金玉在九窍，则死人为之不朽。"[4] 玉衣制度大约在汉初初具雏形，到东汉正式确立，到曹魏黄初三年（222）曹丕作《终制》："丧乱以来，汉氏诸陵无不发掘，至乃

1　（汉）刘歆 . 西京杂记译注 [M]. 上海：上海三联书店，2013：39.
2　（汉）班固 . 汉书（下）[M]. 长沙：岳麓书社，2009：783.
3　（汉）班固 . 汉书（下）[M]. 长沙：岳麓书社，2008：1081.
4　（晋）葛洪 . 抱朴子内篇 [M]. 长春：吉林人民出版社，2005：52.

烧取玉匣金缕，骸骨并尽"[1]，玉衣制度正式废除。刘贺玉印以龟为钮，却书"大刘记印"；未私置玉衣，玉席却用金缕；列鼎制度已覆，却在主棺旁置十鼎。如此种种，似乎可以看到一个处在无奈境遇中内心矛盾，渴望认同的桀骜刘贺。墓中的种种现象，包括大量饰以龙和凤鸟的器物，也许都是其对尊严的最后挽留，也更是丝毫不懈怠于彰显尊贵，虽未僭越，然有逾矩之嫌。

第三节 漆器中的图像

在刘贺墓出土器物中，漆器是大类，能辨识器形者 1100 余件，其余多为漆木器残件或漆皮残块。日常生活用具有耳杯 567 件、盘 159 件、奁 14 种、卮 31 件，樽、盒、几案、凭几、床、仗、棋盘不等，乐器有钟架、琴、瑟禁等，另有彩车、模型乐车，以及绘制孔子与其弟子画像和记载他们生平的衣镜。大量漆器残片上有"昌邑七年""昌邑九年""昌邑十一年"等铭文。这批珍贵的漆器，很多带有金属装饰，器型丰富，纹饰精美，制作精湛，工艺繁复，集中反映了西汉中期皇家贵族的奢华生活，也展示出汉朝工匠制作漆器的最高水平。因漆器破损较多，现场观展能见到的漆器数量有限，我们结合江西文物考古研究院已公开发表的《江西南昌西汉海昏侯刘贺墓出土漆木器》进行研究。

一、漆器图像分类与统计

漆器图像纹饰统计表如下。

表 1-3　海昏侯墓出土漆器纹饰统计表

名称	数量	器型与纹饰	颜色	铭文
御酒杯	3	朱绘双点纹、云气纹	表髹黑漆里髹朱漆	内底刻"食官慎口"、外底刻"御酒杯"
素面杯	15	素面无纹饰	表髹黑漆里髹朱漆	
曹字杯	301	素面无纹饰	表髹黑漆里髹朱漆	内底书"郭野曹"
李具杯（大）	121	涡状云纹、三角勾连云纹、带状纹饰、勾连涡云纹、仙鹤纹	表髹黑漆里髹朱漆	朱漆书"李具"

1　夏传才.建安文学全书：曹丕集校注[M].夏传才、唐绍忠校注.石家庄：河北教育出版社，2013：185.

续表

名称	数量	器型与纹饰	颜色	铭文
李具杯（小）	127	涡状云纹、三角勾连云纹、带状纹饰、勾连涡云纹、仙鹤纹	表髹黑漆里髹朱漆	黑漆书"李具"
朱漆卮	1	云气纹、三角纹和变形鸟纹纹饰	通体髹红漆	
黑漆卮	1	云气纹、鸟头纹	表髹黑褐色漆、里髹朱红色漆	
小卮	11	三角形和变形鸟头纹	外髹黑漆、内髹红漆	
御酒盘	3	云气纹、三角点纹、器表折壁处有一圈凸弦纹	外髹黑漆、内髹朱漆	外底上刻"名曰寿，御酒承盘此聚完，日乐无患"
绪银盘	35	素面无纹饰		
素面盘	119	素面无纹饰		
医工盘	2	素面无纹饰	表髹黑褐色漆、里髹红漆	内底上朱漆书写"医工五，药汤"
绪银碗	3		表髹黑漆、里髹红漆	外底刻"绪银椀十枚"
庞氏碗	25		表髹黑漆、里髹红漆	外底圈足上刻"庞氏"二字
勺	22	云气纹、变形鸟头纹、大云气纹	正面髹红漆	
壶	7	云气纹、三角形纹	表髹黑漆、里髹朱漆	外底刻"甲子"
樽	8	圆柱形，口沿有银扣，腰部和底部各有一圈银箍，底部嵌三个青铜熊足，两侧有一对铺首衔环金箔纹饰	表髹黑漆、里髹朱漆	
奁	65	铺首衔环嵌有银扣，内髹红漆，底部绘云气纹，所有纹饰除云气纹和珠鳖纹之外，均由金箔剪成		

续表

名称	数量	器型与纹饰	颜色	铭文
笥	31		表髹黑漆、里髹红漆	残损严重，仅存漆皮，未见完整器，仅计依文字能识别出个体者。器表上一件朱漆书"私府髹木笥一合，用漆一斗一升六籥，丹臾、丑布、财用、工牢，并直九百六十一。昌邑九年造，卅合。"另一件朱漆书"私府髹丹木笥一合，用漆一斗二升七籥，丹犹、丑布、财物、工牢，并直六百九十七。昌邑十一年造作，廿合。"
带钩盒			盒外皆髹黑漆，内髹朱漆，通体素面无纹饰。	
漆墨盒		盒盖外表饰三角形纹、变形鸟头纹，中央饰四叶柿蒂纹，盒身素面无纹饰。	通体髹黑漆	
漆砚盒	1	呈蟾蜍形		
匜	1		外壁用红黑两色描绘云气纹纹饰带	
案	8	残损严重，可识别出的纹饰有云气纹，三角形和变形鸟头纹。		
几	2	素面无纹饰		
杖	7	通体浮雕有龙形装饰，部分区域刻绘有虎形图案。		
棋盘	1	刻划马、鹿、天鹅	正面髹黑漆，绘朱线方格，反面髹青灰色漆，刻划有文字与图案	刻"昌邑""礼乐""御口"
衣镜	1			
弩	1		通体无髹漆	
盾	40	损毁严重，形制不明，漆皮绘有人物、动物。黑漆边框上涂金粉		黑漆书"私府髹丹画盾一，用漆二升十籥，胶筋、丹臾、丑布、财用、工牢，并直五百五十三，昌邑九年造，廿。"

续表

名称	数量	器型与纹饰	颜色	铭文
剑鞘与剑盒	数量不明	龙形剑盒刻绘有龙首、龙身、龙足	表髹黑漆，用红漆绘龙鳞。	
绞线轴	13	鎏金，三角形蕉叶纹，心三角形蕉叶纹，若干组平行线纹，勾云纹，菱形几何纹饰带		
瑟禁	2	红漆绘有云气纹，云气纹周围各有两圈红漆方框边线	通体髹黑漆	朱漆书"第一，卅五弦瑟，禁长二尺八寸，高七寸。昌邑七年六月甲子，礼乐长臣乃始，令史臣福，瑟工臣成、臣定造。"
瑟支脚	2	通体髹黑漆		
摇铃筒	2	彩绘三角形蕉叶纹，彩绘红线		
钟架	残块	毁损严重，浅黑色漆描云气纹	通体髹朱漆	
木俑	210	木俑形制多样，富有个性，且均有不同程度的残损		

　　秦汉时代是中国古代历史上的一个重大转折时期，继三代青铜器之后（尤其是西汉时代），漆器因使用轻便与华丽色泽，成为新的社会宠儿，是社会崇尚的"物质文化"的"代表"。其工序之繁复，价格之昂贵，一个漆杯需用"百人之力"，一件屏风需要"万人之功"（《盐铁论·散不足》），只有富贵之家才能享用。在西汉早期，宫室百官同制京师，各诸侯王国都有各自管辖的官营漆器生产与管理机构，海昏侯墓所出精美漆器与铭文见证了西汉漆器制造的辉煌历史。物勒工名，"昌邑七年""昌邑九年""昌邑十一年"的纪年铭文表明，这些漆器是由设在昌邑王府的官营作坊（私府）生产的，分别为生产（收储）机构、制作工艺、成本价值、物主及其他记录。虽然汉武帝太初元年（前104）发布诏令"改正朔，易服色""而色尚黄"。但海昏侯墓漆器仍以红色为主调，艳丽的正红与正黑相配，光亮照人。《韩非子·十过篇》："尧禅天下，虞舜受之，作为食器，斩山而财之，削锯修之迹，流漆墨其上，输之于宫为食器，诸侯以为益侈，国之不服者十三。舜禅天下而传之于禹，禹作为祭器，墨染其外，而朱画其内……觞酌有采，而樽俎有饰。"红黑两色依旧是海昏侯墓出土漆器的主

打色调，红色活泼跃动，黑色沉寂冷静。漆器纹饰内容丰富，基本不见战国晚期楚墓中常见的蟠螭纹、云雷纹、方格纹、网纹等，代之以云气纹、三角形纹、鸟头纹、神话传说和花草纹，形象生动，色彩瑰丽，奇情异彩，把人们带入了现实与奇幻交织的图像世界。其中一件龙纹漆盘保存完好，最为华美，黑色底子

1-19　龙纹漆盘
汉代，高 4 厘米、直径 18 厘米。（《五色炫曜：南昌汉代海昏侯国考古成果》，[南昌：江西人民出版社，2016 年]，第 175 页）

上用红漆描绘着团龙纹。三条龙回旋往复，有日月星辰相伴，风雨云朵相随，构图巧妙，线条精致，色彩艳丽（图 1-19）。

海昏侯墓漆器还有着艳丽的纹饰，流动而变幻莫测的线条，洒脱而飘逸。植物纹中柿蒂纹流行，多为银质箔片。花瓣纹、卷草叶纹也常见于漆器装饰上。几何纹中云气纹尤具特色。海昏侯墓的漆画简直就是一个云的世界，曲线、长线、细线幻为一体（图 1-20）。云纹是具体的形象，而由抽象线条构成。究其原因，或许是对天人关系的态度发生转变所致，从春秋以前的"畏天命"到孟子的"天人相与"、庄子的"天人合一"、荀子的"天人相分"，思想变得自由开放，加之楚人好鬼神，俊逸飘洒，依附于漆器上的云气加凤鸟纹正好成为楚人浪漫激情抒发的对象。汉代云气纹得到了最大程度的张扬。汉人好黄老之术，信神仙，云气纹中加画各种神禽异兽，羽人和神仙，构成了一种名叫"云虡纹"的新纹样，取吉祥守护、辟除邪厉之意，成为汉代漆器上的主体纹饰。

图 1-20　漆长方案
汉代，缘高 8.8 厘米、长 70 厘米、宽 38.2 厘米。（《金色海昏：汉代海昏侯国历史与文化展》，
[北京：文物出版社，2020 年]，第 157 页。）

　　西汉中晚期是漆器工艺发展史上的黄金期，植物纹中柿蒂纹流行，多为银质箔片。花瓣纹、卷草叶纹常见于漆器装饰上。凤鸟纹也是一种常见的纹饰，比战国时更加图案化。西汉中期以后，人们尊崇儒家，信奉道教，这时期凤纹图案或写实或虚实相映，常常变成云鸟幻为一体的世界。变体云纹勾连交错，像凤的翅、尾、爪，又像花枝叶蔓，曲线与色块、色带互相组合。龙纹不凶猛，常穿梭于云纹之中，与云纹交缠，飘逸洒脱。

　　当漆器上的装饰图像达到一定的艺术高度时，图像意义会超过它的使用价值，因为人们关注的不再是器物本身，而是那些有视觉冲击力的图像内容。潘诺夫斯基（Panofsky, E.）说，艺术品是"要求人们对其进行审美感受的人工制品"，"实用品和艺术品的分界线就在于创作者的意图"[1]。海昏侯墓出土漆器上的图像内容有图案和图像两种，图案继承了楚文化原有的因素，几何纹更加活泼，植物纹明显多于战国早期，人物故事类纹样逐渐增多，这时期舞蹈纹、羽化升仙等人物故事纹各具时代特点。以动物类纹饰为例，先秦漆器动物类图像那短促劲健的线条、激烈的格斗厮杀、

1　（美）潘诺夫斯基. 视觉艺术的含义 [M]. 傅志强译. 沈阳：辽宁人民出版社，1987：17.

图 1-21 扣银贴金人物动物纹漆笥
高 8 厘米、长 19.5 厘米、宽 7 厘米。(《金色海昏：汉代海昏侯国历史与文化展》[北京：文物出版社，2020 年]，第 171 页)

紧张的气氛都给人以深刻印象。而刘贺墓出土器物上所见的云虡纹，线条流畅，羽人意态闲适，优雅而从容地追逐奔鹿，再也没有那种大规模的格斗、一触即发的猎杀场景（图 1-21）。

在漆器制作中，凡带金属之类特殊装饰的，都非常尊贵。在刘贺墓悬挂钟虡的朱漆彩绘木架上，就有成对的长方形青铜套头，每对套头均用错金工艺雕刻出活灵活现的青龙、祥云等图案，尽显王侯风范（图 1-22，1-23）。汉代漆器如漆奁、漆笥、漆耳杯等，往往在漆器的口沿或底缘等处装上金属箍，称为扣器。薄弱的口沿得到强化，耀眼的金属光泽与漆器的亮丽相互辉映，产生了一种新的美感。这些装配有金银错的扣器，兼具礼器的崇高身份，环绕在高等级贵族的身边，与之相伴，甚至与主人一道随葬。

刘贺墓出土的银扣黑漆碗中，一只漆碗针刻隶书铭文"绪银十枝"，

图 1-22　鎏金龙纹青铜编磬套头
高 10.6 厘米、长 27.9 厘米、宽 4.9 厘米。(《金色海昏：汉代海昏侯国历史与文化展》[北京：文物出版社，2020 年]，第 150 页)

图 1-23　鎏金龙纹青铜钮钟套头
高 11.5 厘米、长 27.5 厘米、宽 4.6 厘米。(《金色海昏：汉代海昏侯国历史与文化展》[北京：文物出版社，2020 年]，第 151 页)

说明共有 10 只。《说文·系部》："绪，丝端也。纻或从绪省。"[1]《说文句读》："纻亦通作绪。"绪即纻，夹纻胎银扣漆器。《说文·金部》："扣，金饰器口。"[2]《后汉书·邓皇后纪》："其蜀汉扣器九带佩刀，并不复调。"原注："扣音口，以金银缘器也。"[3]《盐铁论·散不足》："今富者银扣黄耳。"[4] 指的就是涂金饰银的漆耳杯。卫宏在《汉旧仪》中说："太官尚（上）食，用黄金扣器，中官（疑为中宫）私官尚（上）食，用白银扣器，如祠庙器云。"汉代太官为少府属官，是主管皇帝膳食的官员，中宫私官是负责皇后膳食的官员。黄金扣器是所有扣器中最高的等级，汉代规定只有皇帝才能使用。白银扣器仅次于黄金扣器，只有皇后、太子可使用。在汉代最豪华的漆器上，还出现了一种使用特殊材料——金箔制作的彩绘，贴金箔，也叫"金箔贴花"。汉代漆器本身价值昂贵，一个漆杯需用"百人之力"，一件屏风需要"万人之功"，贴花工艺繁复费时，能

1　（汉）许慎，思履.说文解字图解详析 [M].北京联合出版公司，2014：355.

2　傅举有.中国历史暨文物考古研究 [M].长沙：岳麓书社，1999：247.

3　（晋）司马彪，（梁）刘昭注补.后汉书：卷 1-34[M].长春：吉林人民出版社，1995：226.

4　（西汉）桓宽.盐铁论：全文注释本 [M].乔清举注释.北京：华夏出版社，2000：179.

图 1-24 银扣三子漆奁
母奁高 10 厘米、直径 24.5 厘米。（《金色海昏：汉代海昏侯国历史与文化展》，[北京：文物出版社，2020 年]，第 167 页）

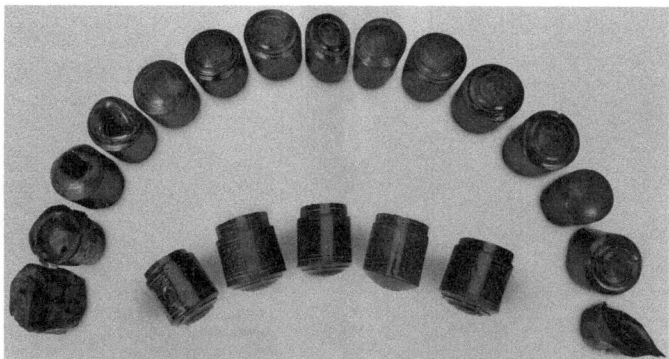

图 1-25 多子漆奁
通高 5.5—6 厘米、口径 4—4.5 厘米。（《金色海昏：汉代海昏侯国历史与文化展》，[北京：文物出版社，2020 年]，第 169 页）

使用金银这类贵金属贴花漆器的人都是非富即贵。《后汉书·舆服志》记载："贰毂两辖，金箔缪龙，为舆倚较。"[1] 即帝王漆车用金箔片贴饰蛟龙图案。长沙马王堆、湖北云梦大坟头、江陵凤凰山等汉墓都随葬了大批精美的漆器，完好如新，种类齐全，但用金箔装饰的漆器仅有马王堆 1 号墓出土的双层九子奁。刘贺墓的漆奁（图 1-24，1-25）规格更高，不但镶银边、贴金饰、嵌宝石等，还刻有汉代王侯才专用的云虡纹。海昏侯内棺头部发现了多个漆箱，漆箱中有精美漆笥，有一件扣银贴金人物动物纹漆笥（图 1-26），由盝顶式盖和长方体器身组成，器表用金箔制成兔、羽人、仙鹤、豹子、流云等图案，正是云虡纹，彰显了刘贺的高贵身份。虽然长沙陡壁山曹撰墓出土了有金箔贴花的九子奁以及十一子奁，此墓比长沙马王堆汉墓晚，发掘简报中的描述过于简单，无法了解此金箔贴花工艺的具体情况。

刘贺墓出土的漆器彩绘，使用金箔贴饰柿蒂纹、羽人纹、动物纹、天象纹、几何纹等图像（图 1-26），这些纹饰寄寓了汉人的审美情趣，反映了当时人们的信仰、宇宙观，以及对天人关系的思考。针对漆器装饰题材的寓意，我们撷取一些典型纹样进行解读。

---

1 （南朝宋）范晔. 后汉书：下 [M]. 长沙：岳麓书社，2008：1284.

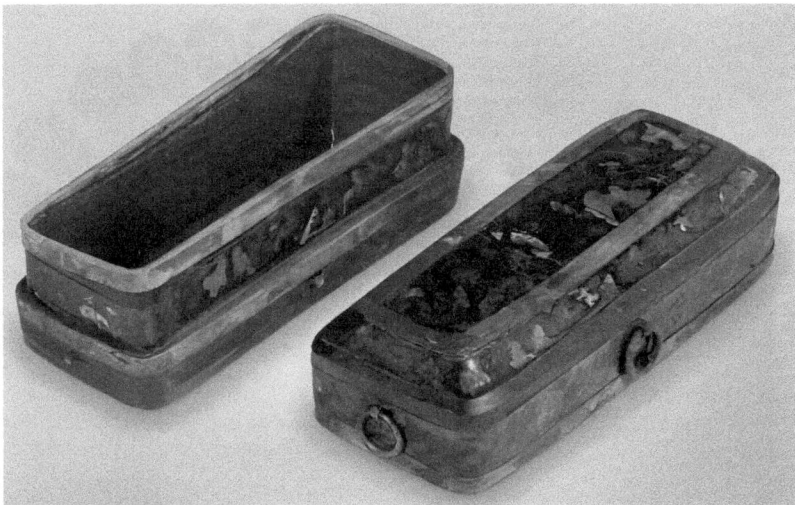

图 1-26　扣银贴金人物动物纹漆笥
高 8 厘米、长 19.5 厘米、宽 7 厘米（《金色海昏：汉代海昏侯国历史与文化展》，
[北京：文物出版社，2020 年]，第 170 页）

1. 柿蒂纹

柿蒂纹，起源于商周时代，兴盛于春秋战国，流行于秦汉，普遍流行于日用器物的装饰与画像石中，也称四叶纹，是以柿子蒂的形状作为构图的基本元素，塑造出四瓣、三瓣甚至两瓣的纹饰。刘贺墓中出土的漆木器柿蒂纹较多。在此墓挖掘之初，有专家就指出："柿蒂纹是这批漆木器纹饰运用的主要造型，还有许多种变体花纹，绘出了很多抽象图案，但它们的母体都是柿蒂纹。这也意味着，西汉海昏侯墓的标志，也可能会采用柿蒂纹。"众所周知，柿蒂纹一般用于圆形构图，如漆盘、铜镜、伞盖等。根据器物造型变化，刘贺墓也出现了变形的柿蒂纹，在一方砚台盒盖上，由于漆盒呈长方形，柿蒂纹也拉长了，类似"如意"造型。

除了漆器以外，在刘贺墓出土器物中，柿蒂纹还被用于瓦当、铜镜、玉具剑等装饰。如陶质瓦当中间圆圈内便是柿蒂纹，周围是卷云纹，还有柿蒂纹云纹玉剑首（图 1-27）。

我们知道，图像学解读分为三个层次。第一层次为前图像志，即辨认艺术作品里的元素。第二层次为图像志，即解读图像所再现的故事。这一层次的解读，要求解读者具有宗教、文化和历史的知识背景，因为这一层次的图像实为文化符号。第三层次是图像学，即解读图像所蕴藏的深层意义，探讨作品与当时文化语境的关系。《酉阳杂俎》一书写道："木中根固，柿为最。俗谓之柿盘。"[1] 汉代以后，陶器、玉具剑上的装饰纹样已不多见，但服饰上有了柿蒂纹。白居易《杭州春望》："望海楼明照曙霞，护江堤白踏晴沙。涛声夜入伍员庙，柳色春藏苏小家。红袖织绫夸柿蒂，青旗沽酒趁梨花。谁开湖寺西

图 1-27　柿蒂纹云纹玉剑首
直径 4.4 厘米、高 1 厘米，南昌汉代海昏侯国遗址博物馆藏。

南路，草绿裙腰一道斜。"句下有注："杭州出柿蒂花者尤佳也"[2]，可见杭州织绫中有"柿蒂"纹样。此外，宋吴自牧《梦粱录》卷十八提到"绫柿蒂"，元陆友《墨史》卷下提到日本有墨"如柿蒂形"，郎瑛《七修类稿》卷三一有诗"多君肯念还京客，为织春袍柿蒂绪"[3]。

　　这样一个汉代多见的纹饰，按常理本无足深论，但在刘贺墓葬中如此多地出现，可谓标志性纹饰。按索绪尔的理论，符号的关系既是约定性的，又是任意性的。由于社会语境、文化背景的制约，符号有其稳定性。但符号的能指和所指之间，其实并无本质上的逻辑关系。因此，同一个符号在不同的语境中，会产生不同的意义。鉴于刘贺所处的特殊境况，有必要做一番图像学的考察。

　　柿蒂纹起源极早，以往常见装饰于汉代铜镜、墓室天井、墓门上。汉代人营建墓葬时，就将墓葬看作一个宇宙模型，墓顶象征着天穹。汉代装饰纹样多样，在构成形式上追求对称与均衡。柿蒂纹因其形状，完整对称的结构

1　（唐）段成式.酉阳杂俎[M].北京：团结出版社，2018：570.

2　师长泰.白居易诗选评[M].西安：三秦出版社，2008：238-239.

3　（明）郎瑛.七修类稿[M].上海：上海书店出版社，2001：392.

指向四方的四瓣花叶，与传统文化中"四方""四神""四象""四季""四时"等概念相对应，被认为是古人宇宙观符号性的表现，称作"古代宇宙图式中的天穹之花"[1]。柿蒂纹多装饰在墓室顶部的中央，被视为宇宙中心的存在，它可以沟通人的生死。墓主通过柿蒂纹，能达到升仙重生的愿望。柿蒂纹作为升仙之门突出了汉画像的升仙主题，折射出汉代人的升仙之梦。此前，学者最早讨论的是铜镜上的柿蒂纹。湖南长沙出土的西汉鎏金"中国大宁"铜镜上的篆书铭文："圣人之作镜兮，取气五行，生于道康兮，避去不祥。中国大宁兮，子孙益昌，黄裳元吉，有纪纲。"说明了柿蒂纹的地位和含义。从"舜作食器""禹作为祭器""殷人食器雕琢，觞酌刻镂"等描述可见，漆器在当时不仅是人们用于日常生活的器皿，还充当着祭器、礼器的用途。有学者指出，"汉代漆器的装饰纹样中侧面反映了汉代盛行阴阳五行的思想和厚葬之风的风俗，汉代人对长生不老的追求也在漆器的装饰纹样中有所表现，这些传统的文化内涵，为汉代漆器的装饰艺术多样性提供了可能。"[2]

练春海研究发现，在汉代墓葬图像中，但凡有胜纹出现的地方，通常也会伴随着柿蒂纹的出现，胜纹有时与柿蒂纹构成对称图形或轮流出现，有时与柿蒂纹进行重组，因此，在汉代的四川地区，胜纹可能被视作一个与柿蒂纹有关的符号。"如果说柿蒂纹代表了'天'，那么胜纹则很可能也代表与天相关的事物。"[3]

一般认为，汉代铜镜才有铭文，但王趁意所藏两件战国大四瓣花纹镜却有铭文。李零识读为："芳华（蔓）长，名此曰昌"[4]，考证其意为方花的蔓很长，绵延不绝，象征着子孙蕃昌，所以可称之为"昌"，认为柿蒂纹名为"芳华纹"。"方华"即方花，意思是标志四方的花。[5]"芳华（花）"之说为我们提供了新的解读思路。

"芳华"屡见于古代诗赋，不胜枚举。如屈原《楚辞·九章·思美人》："芳与泽其杂糅兮，羌芳华自中出。"[6]宋玉《登徒子好色赋》："臣观其丽者，因称诗曰：'遵大路兮揽子袪'。赠以芳华辞甚妙。于是处子恍若有望而不

1　张朋川.宇宙图式中的天穹之花——柿蒂纹辨[J].装饰，2002（12）：5.

2　李平.木器的霓裳——汉代漆器装饰艺术形式美的探究[D].浙江农林大学，2018：1.

3　练春海.器物图像与汉代信仰[M].北京：生活·读书·新知三联书店，2014：230.

4　李零.方华蔓长，名此曰昌——为"柿蒂纹"正名[J].中国国家博物馆馆刊，2012（07）：36.

5　李零.方华蔓长，名此曰昌——为"柿蒂纹"正名[J].中国国家博物馆馆刊，2012（07）：36.

6　（战国）屈原，（战国）宋玉.楚辞[M].廖晨星注译.武汉：崇文书局，2020：130.

来，忽若有来而不见。"[1]湖南长沙出土的西汉鎏金"中国大宁"铜镜上有柿蒂纹图样和篆书铭文，"圣人之作镜兮，取气五行，生于道康兮，避去不祥。中国大宁兮，子孙益昌，黄裳元吉，有纪纲"，证明了柿蒂纹的图像志含义。这里有两点值得关注。一是此纹饰"子孙益昌""名此曰昌"，都指向"昌"，"昌"是古代吉语，玺印、镜鉴、砖铭多有之，常与富、贵连言。[2]富是有钱，贵是有势，昌训盛，常指多子多孙。如汉镜铭文"子孙蕃昌"，就是指多子多孙。这两句连起来读，意思是说，方花的蔓很长，绵延不绝，它象征着子孙蕃昌，故可呼之为"昌"。刘贺本为二代昌邑王，刘贺墓出土器物上，有大量带"昌邑"的铭文。"昌邑"是刘贺一族逝去的荣耀和繁华旧梦，永远的情结，是念兹在兹的东西。二是此纹饰名芳华，借以喻美人。史书记载，刘贺祖母李夫人"妙丽善舞"，如其兄李延年所唱"北方有佳人，绝世而独立。一顾倾人城，再顾倾人国。宁不知倾城与倾国？佳人难再得"[3]。她死后，汉武帝曾作十篇《悼李夫人赋》寄托无尽的哀思"是邪，非邪？立而望之，偏何姗姗其来迟"[4]其中"惜蕃华之未央""芳杂袭以弥章"[5]，恰与"芳华"意境相吻。汉武帝一生多内宠，后宫佳丽多至数千人，但正如史学家翦伯赞所说，是李夫人"最好的丈夫"，对她格外的眷顾与宠爱。《西京杂记》卷二"搔头用玉"条记载："武帝过李夫人，就取玉簪搔头。自此后，宫人搔头皆用玉，玉价倍贵焉"[6]，可见李夫人当年受宠程度。她死后，武帝以皇后的葬仪规格厚葬她。霍光作为奉车都尉、光禄大夫，为人沉静详慎，出则奉车，入侍左右，出入禁闼二十余年，小心谨慎，未尝有过，甚见亲近。他深悉武帝之心，缘上之意，效法武帝当年合葬窦太主与董君的用心，追尊李夫人为孝武皇后，同享后世子孙的祭祀。刘贺因此成为特殊意义上的嫡孙，这或许也是他虽被废黜仍能全身而退的重要因素，从霍光亲自护送刘贺到长安昌邑府邸并洒泪而别的举动可知一二。安伯托·艾柯认为"基于以前建立的社会规制，能够代表其他事物"[7]

1　（清）姚鼐纂.中国古典文学名著百部 古文辞类纂：下 [M].北京：中国戏剧出版社，2002：824.

2　李零.方华蔓长，名此曰昌——为"柿蒂纹"正名 [J].中国国家博物馆院刊，2011（07）：39.

3　许渊冲译.汉魏六朝诗选 [M].北京：五洲传播出版社，2018：220.

4　张新科，尚永亮.先秦两汉文观止 [M].西安：陕西人民教育出版社，2019：442.

5　（汉）班固.汉书（下）[M].长沙：岳麓书社，2008：1475.

6　（汉）刘歆等.西京杂记译注 [M].上海：上海三联书店，2013：109.

7　段炼.艺术学经典文献导读书系：视觉文化卷 [M].北京：北京师范大学出版社，2011.

的任何一种实体，便可称之为符号。在这样的历史背景之上，再来细绎刘贺墓柿蒂纹之大量使用，隐然似有深意。

2. 羽人纹

刘贺墓的彩绘漆盒上，还出现了羽人形象（图 1-21），其间夹杂着梅花鹿等神兽，琦玮谲诡，飞扬流动，组成了人神杂处，变幻多端的图像世界。在汉代墓室中时常可以看到一种身生羽翼的特殊形象，似鸟似人，这就是汉代图像中独特的艺术造型——羽人。它既是仙人的符号，又是不死的象征。汉代人认为成仙，就要有一番身生羽翼的过程，即"羽化而登仙"[1]，所以称为"羽人"。汉代是神仙思想最为盛行的时代，羽人图像异常丰富。《山海经》《楚辞》《庄子》《论衡》《淮南子》《列仙传》等历史文献都提到过羽人。王充在《论衡》中称"身生羽翼，变化飞行，失人之体，更受（爱）异形。"《楚辞·远游》云："仍羽人于丹丘兮，留不死之旧乡。朝濯发于汤谷兮，夕晞余身兮九阳。"[2]《山海经·海外南经》："羽民国在其东南，其为人长，身生羽。一曰在比翼鸟东南，其为人长颊。"[3]（非楚地，而为楚人的向往之所）汉乐府民歌《长歌行》曰："仙人骑白鹿，发短耳何长。导我上太华，揽芝获赤幢。"[4]《汉乐府·折杨柳行》："与我一丸药，光耀有五色。服药四五日。身轻生羽翼。"[5]《博物志·外国》："羽民国民，有翼，飞不远。"[6]《论衡·道虚篇》："好道学仙，中生毛羽，终似飞升。"[7]

对羽人的研究，前辈学者有过重要解释。徐中舒先生认为，羽人与西方的带翼天使相关联，羽人深目高鼻，属于西方人种。[8]孙作云认为羽人乃中国固有之传统，脱胎于《山海经》中山东半岛及周边地区东夷文化的鸟崇拜。[9]贺西林《云崖仙使——汉代艺术中的羽人及其象征意义》一文，则更进一步认为，汉羽人可以追溯到楚羽人。[10]有学者认为羽人源自中国东南沿海地区，并非楚

1　（宋）苏轼. 苏轼集 [M]. 汪超导读，汪超注译. 长沙：岳麓书社，2019：200.
2　（战国）屈原辑. 楚辞 [M]. 哈尔滨：北方文艺出版社，2018：89.
3　（西汉）刘歆. 山海经 [M]. 北京：北京燕山出版社，2001：216.
4　（宋）郭茂倩. 乐府诗集：上、下 [M]. 上海：上海古籍出版社，2016：406.
5　（宋）郭茂倩. 乐府诗集：上、下 [M]. 上海：上海古籍出版社，2016：492.
6　（晋）张华原著，祝鸿杰译注. 博物志全译 [M]. 贵阳：贵州人民出版社，1992：42.
7　（东汉）王充. 论衡上 [M]. 呼和浩特：远方出版社，2007：98.
8　徐中舒. 徐中舒历史论文选辑 [M]. 北京：中华书局，1998：292.
9　孙作云. 孙作云文集——中国古代神话传说研究（下）[M]. 开封：河南大学出版社，2003：561-641.
10　贺西林.《读图观史：考古发现与汉唐视觉文化研究》[M]. 北京：北京大学出版社，2022：29.

人生活的江汉区域，而是越人所生活的区域。文献的记载也为我们大体勾勒出羽人的具体形象：身生毛羽，能够飞升，深目玄鬓，面生异骨，或遨游四海，或漫步高山，吸风饮露，不食五谷，掌不死之药，是死者灵魂的接引者。就已发表过的考古发掘资料来看，海昏侯墓中的羽人图像至少有三处：扣银贴金人物动物纹漆笥两处，铜当卢上一处。如漆笥所见，在祥云缭绕的仙境，一羽人肩生两翼追逐梅花鹿。一羽人已骑鹿奔跑，毛发清晰，飞扬生动。在刘贺墓出土铜当卢中，也有羽人图像。当卢顶端是一只华美的朱雀，朱雀下方两条青龙缠绕组成四个圆圈，羽人肩生两翼，手执龙头，徜徉在第一个圆圈内。在汉代墓葬语境中，马被神化为"天马"，当卢是精美的马饰，此处刻画羽人，有着由其导引，以天马载之而升仙之意。另一件漆盒也有疑似羽人图像，仔细观察正搏击的两人，都带羽翼，呈飞升之状，背后云气飘荡。此外，据参与海昏侯刘贺墓文物整理工作的专家所述，在海昏侯的棺木之上，也出现了羽人形象。

贺西林认为："结合图像与文献，可以认为汉代羽人肩负三项神圣使命，即：一、接引升仙，赐仙药；二、行气导引，助长寿；三、奉神娱神，辟不祥。"[1] 汉武帝时期之所以让使者和五利将军扮成羽人形象，其实就是希望通过这种神秘化的仪式，能达到由羽人接引升仙的目的。顾颉刚认为："仙的中心观念，即长生不老和自由自在。"[2] 羽人作为飞仙，是永生与自在的典范。汉代的很多画像，都描绘了羽人悠然自得的精神状态。西汉时期崇尚神仙，羽人身有羽翼既能飞行，又能乘龙引凤、驾驭天马、神鹿飞升，因此羽人纹大量流行，出现在汉代墓室画像及出土器物中。

3. 朱鸟纹

刘贺内棺棺盖上也有残留的云虡纹漆画，在棺盖南部的中央，镶嵌着一只朱红色的鸟（图1-28），昂头、展翅、束尾。偌大的棺盖，只剩这只朱鸟孤零零地立在那里。《楚辞·惜誓》云："攀北极而一息兮，吸沆瀣以充虚。飞朱鸟使先驱兮，驾太一之象舆。苍龙蚴虬于左骖兮，白虎骋而为右腓。"[3] 朱鸟是单独先飞的，引导着墓主人灵魂踏上升仙之旅。其实，在一些较高等级的汉墓墓顶或者葬具棺盖上，往往装饰朱鸟，如西安理工大学西汉墓顶壁

1 贺西林.汉代艺术中的羽人及其象征意义[J].文物，2010（07）：46-55.
2 顾颉刚.《庄子》和《楚辞》中昆仑和蓬莱两个神话系统的融合.中华文史论[M].上海：上海古籍出版社，1979：35.
3 郭超，夏于全.传世名著百部：楚辞[M].北京：蓝天出版社，1998.

图1-28　海昏侯刘贺墓内棺朱鸟纹
（王金中：《精美绝伦：海昏侯墓中的吉祥纹饰》[北京：中国日报网，2017年3月14日]）

画也彩绘朱鸟。不过，《西安理工大学西汉壁画墓发掘简报》称其为朱雀，并描述如下："券顶是一幅墓主灵魂所处的仙境天界。仙禽、瑞兽均飞向墓门方向。南端正中为一展翅飞翔的朱雀，东西两侧各有1龙，东侧龙前有日，日中有金乌，西侧券顶中部有月，月中有玉兔、蟾蜍，后部券顶东西两侧各有1仙鹤，西侧仙鹤之下有2只展翅飞翔的鸿雁，其间布满云气纹。"[1]鸟头及飞翔方向同刘贺墓棺盖朱鸟一样，均为南方（亦即墓门或棺首处），似乎在明确标识对北方——幽冥之都的远离。

4. 几何纹

刘贺墓彩绘漆器中不少金箔制成的几何纹饰，简单中富有深意。如一件漆笥的下半部，装饰着连续的三角纹。这些三角纹，都有大致相似的图案或纹饰，似乎在表达着某些自然界的现象。三角形纹又称"锯齿纹"，是从半坡图案花纹中的鱼头演化而来，在原始彩陶和商周青铜器中，三角纹内框往往填以雷纹，连续排列成锯齿状，在汉画像石中也被大量使用，有强烈的装饰效果。菱形纹由两个三角形结合而成，反复排比形成二方连续纹样。现在研究认为，三角纹和菱形纹都是由鱼纹演变而来的，是原始鱼纹由写实到抽象的结果。闻一多先生认为，鱼具有强大的繁殖能力，在原始彩陶中往往象征男女交欢，阴阳和合。汉画像中简化的三角纹和菱形纹的源头正是彩陶中对顶鱼纹的图案化。它们具有深刻的文化内涵，有延续生命，子孙后代繁衍不息的寓意。"每一个文明或文化的艺术作品都有其各自的特点、功能、含义和社会背景"[2]，遗憾的是"我们不能像人类学家在美洲、澳洲所做的工作

1　西安市文物保护考古所.西安理工大学西汉壁画墓发掘简报[J].文物，2006（05）：18.

2　（美）杨晓能.另一种古史：青铜器纹饰、图形文字与图像铭文的解读[M].北京：生活·读书·新知三联书店，2008：10.

那样，一一把各类几何纹样的象征意义完全弄清楚。"[1]

5.动物纹

彩绘漆器中用金箔描绘的动物可以分为两类，一类来自现实生活，一类出自神话传说。刘贺墓中的梅花鹿很多，立体的有青铜席镇、青铜偶车马器以及麟趾金，但都是雕塑作品。真正意义上的梅花鹿纹是装饰在漆盒上的金箔画和青铜错金银衡饰件上。汉代把鹿视为瑞兽，《述异记》上说，鹿能够活到一千岁，通体皆呈苍色，再过五百年变白色，活到两千年时又变为黑色。漆盒上的金箔画虽然只是残片，但仍然可以见到3只梅花鹿，它们各个部位比例准确，形象逼真。刘贺墓青铜错金银衡饰件上共有6只梅花鹿，全部呈现飞奔状，旁边有起伏的云纹。

第四节　金器中的图像

一、金器图像分类与统计

我们根据江西省文物考古研究院、北京大学考古文博学院《江西南昌西汉海昏侯刘贺墓出土部分金器的初步研究》一文统计如下。

表1-4　海昏侯墓出土金饼纹饰统计表

名称	出土区域	数量	器型	纹饰	铭文
墨书金饼		1			
金饼	主椁室西室北部	145	圆形，柿饼状	V形或△形戳记	"郭""□□""五""下六""□八"，"租重二朱"，"弓""下八""巨□""巨""三下""九"，"上五""上十四""张□"，"禾""郭四□五十□五"，上""中""下""上二""上三""中甲""下三"，"由"（或"甲"）"市""士""贝""重""巨""周""长"
金饼		41		既无戳记亦无刻划	
金饼		1		錾刻"去六朱下十二朱"	

---

[1]　王纪潮.论战国秦汉漆器在中国艺术史上的地位[J].江汉考古，1995（01）:52-57.

表 1-5　大马蹄金字款纹饰统计表

名称	出土区域	数量	器型	纹饰	字铭
大马蹄金		9		镶嵌物缺失	铸上字
大马蹄金		4			铸下字
大马蹄金		4		镶嵌物碎裂	贴中字

表 1-6　小马蹄金字款纹饰统计表

名称	出土区域	数量	器型	纹饰	字铭
小马蹄金		1		镶嵌物缺失；口沿处外围纹饰自上而下依次为赶珠丝、麦穗丝、巩丝、码丝	铸上字
小马蹄金		12		镶嵌物缺失，口沿处外围纹饰自上而下依次为赶珠丝、麦穗丝、码丝	铸上字
小马蹄金		3		镶嵌物缺失，口沿处外围纹饰自上而下依次为赶珠丝、麦穗丝、码丝	铸中字
小马蹄金		3		镶嵌物缺失，口沿处外围纹饰自上而下赶珠丝、麦穗丝、巩丝	铸中字
小马蹄金		1		镶嵌物缺失，口沿处外围纹饰自上而下赶麦穗丝、巩丝	铸中字
小马蹄金		3		镶嵌物缺失，口沿处外围纹饰自上而下麦穗丝、巩丝	贴中字
小马蹄金		1		镶嵌物缺失，口沿处外围纹饰自上而下赶珠丝、麦穗丝、码丝	贴中字
小马蹄金		1		镶嵌物缺失，口沿处外围纹饰自上而下赶珠丝、麦穗丝、码丝	铸下字
小马蹄金		1		镶嵌物缺失，口沿处外围纹饰自上而下依次为赶珠丝、麦穗丝、巩丝	铸下字
小马蹄金		4		镶嵌物缺失，口沿处外围纹饰自上而下依次为麦穗丝、巩丝	贴下字
小马蹄金		1		镶嵌物缺失，口沿处外围纹饰自上而下依次为赶珠丝、麦穗丝、码丝	无字

表 1-7　麟趾金字款纹饰统计表

名称	出土区域	数量	器型	纹饰	铭文
麟趾金		12		镶嵌物缺失，口沿处外围纹饰自上而下依次为麦穗丝、巩丝、麦穗丝，花蕾状凸起处组合为赶珠丝环、金珠	铸上
麟趾金		1		镶嵌物缺失，口沿处外围纹饰自上而下依次为麦穗丝、巩丝、麦穗丝、码丝毫，花蕾状凸起处组合为赶珠丝环、金圈	铸上字
麟趾金		4		镶嵌物缺失，口沿处外围纹饰自上而下依次为麦穗丝、巩丝、麦穗丝、码丝，花蕾状凸起处组合为赶珠丝环、金圈	铸中字
麟趾金		2		镶嵌物稍有粉化，口沿处外围纹饰自上而下依次为麦穗丝、巩丝、麦穗丝，花蕾状凸起处组合为赶珠丝环、金珠	铸中字
麟趾金		1		镶嵌物缺失，口沿处外围纹饰自上而下依次为麦穗丝、巩丝、麦穗丝、码丝，花蕾状凸起处组合为赶珠丝环	铸中字
麟趾金		4		镶嵌物缺失，口沿处外围纹饰自上而下依次为麦穗丝、巩丝、麦穗丝，花蕾状凸起处组合为赶珠丝环、金珠	铸下字
麟趾金		1		镶嵌物稍有粉化，口沿处外围纹饰自上而下依次为麦穗丝、巩丝、麦穗丝、码丝，花蕾状凸起处组合为赶珠丝环、金珠	无字

二、母题纹饰的内涵

刘贺墓出土金器有 478 件，约 115 公斤，形制有金饼、金板、马蹄金与麟趾金等（图 1-29）。因仅有金饼墨书"南海海昏侯臣贺元康三年酎金一斤"，可以确定是为酎金礼而制，其余黄金的用途则暂难确定。不过有两种造型特别引人注目。一种铸成马蹄状，唤作"马蹄金"。另一种则铸成尖足蹄状，形似鹿蹄，底部触地，顶部一圈细巧金丝线纹饰带，做工精致，形态骄矜，名为"麟趾金"（图 1-30）。一些保存较好的马蹄金与麟趾金，除了用掐丝工艺做出精致的花边，还镶嵌了在当时极为贵重的琉璃薄片。有专家认为，所谓汉代麟趾金和马蹄金应该称之为麟趾金、褒蹄金则应更为恰当、准确。[1]

按时间推断，这些马蹄金极有可能得自刘贺之父昌邑王刘髆，作为御赐

1　赵惠群，后晓荣．汉代金币的三个问题——从海昏侯墓出土的金币谈起 [J].地方文化研究，2019（5）．

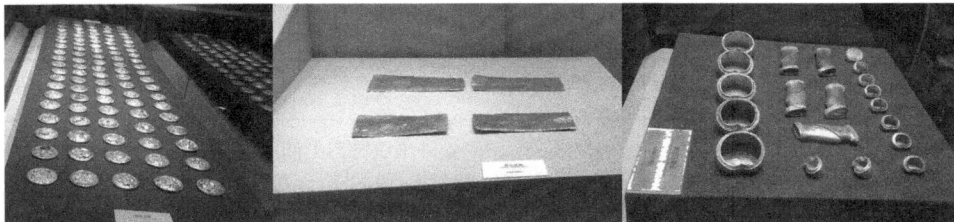

图 1-29　金饼、金板、马蹄金与麟趾金
笔者摄于南昌汉代海昏侯国遗址博物馆

图 1-30　马蹄金（左）、麒麟金（中）、墨书金饼（右）
南昌汉代海昏侯国遗址博物馆藏。（《金色海昏：汉代海昏侯国历史与文化展》[北京：文物出版社，2020 年]，第 211—212、207 页。）

金币，是权利身份、地位的象征，印证了"汉武帝班赐诸侯王"的历史事实。《汉书·武帝纪》太始二年（前 95），"三月，诏曰：'有司议曰，往者朕郊见上帝，西登陇首，获白麟以馈宗庙，渥洼水出天马，泰山见黄金，宜改故名。今更黄金为麟趾、褭蹄以协瑞焉。'因以班赐诸侯王。"[1] 东汉应劭在为《汉书》作注时指出："获白麟，有马瑞，故改铸黄金如麟趾、褭蹄以协嘉祉也。古有骏马名要褭，赤喙黑身，一日行万五千里也。"

格罗塞（Ernst Grosse）曾在其《艺术的起源》中讲："狩猎部落由自然界得来的画题，几乎绝对限于人物和动物的图形，他们只挑选那些对他们有极大实际利益的题材……原始狩猎者以捕获动物为生，对植物很少注意，因而在文明人中丰富、美丽的植物纹样，在狩猎人的装潢艺术中缺绝无仅有的理由了。从动物变迁到植物装饰，是文化史上的重大进步——从狩猎变迁到农耕的象征。"[2] 仔细观察，可以看到在惊艳世人的麟趾金上，镶嵌着一圈异常精美的图案，其中有两道麦穗纹，麦穗饱满，泛着金色的光泽，让人联想

1　（汉）班固. 汉书 [M]. 西安：太白文艺出版社，2006：36.
2　（德）格罗塞. 艺术的起源 [M]. 蔡慕晖译. 北京：商务印书馆，1984：116.

起麦浪起伏的丰收年景。无独有偶，在海昏侯墓出土的 4 件青瓷双系罐上（图 1-31），各有两至三道麦穗纹，精巧地装饰在壶身上。中华民族是世界上最早进入农耕社会的民族之一，因此，对于五谷丰登、国泰民安的期盼，是千百年来的愿景。麟趾金和马蹄金，是汉武帝为了显示祥瑞，命人铸造后赏赐给诸侯王的。而青瓷双系罐，是最早出现的瓷器，稀少而珍贵。海昏侯刘贺墓出土的贵重器物大量出现麦穗纹和谷粒纹，真实反映了西汉时期重农抑商的政策。

图 1-31　青瓷双系罐
高 41 厘米、口径 15.4 厘米、腹径 37 厘米、底径 16.9 厘米。（《五色炫曜——南昌汉代海昏侯国考古成果》[南昌：江西人民出版社，2016 年]，第 48 页）

　　海昏侯刘贺墓出土金器数量巨大、工艺精美，超越了许多同时期的诸侯王墓，其背后所蕴藏的信息量巨大。海昏侯刘贺墓出土金器涉及的诸多问题，如金饼戳记、刻划痕的释义及用途，马蹄金、麟趾金铸或贴"上""中""下"的含义及其与纹饰、内嵌物、含金量的关系等，还有待后续研究来揭示。这批金器的出土，对研究西汉时期金器的生产方式、制作工艺、等级制度、随葬制度等均具有重要意义。

第五节　陶器中的图像

　　据杨军《南昌市西汉海昏侯墓》书中统计，海昏侯刘贺墓出土有陶瓷器约 500 件，有日用器皿和建筑材料等。日用器皿有陶罐、陶鼎、青瓷罐、青瓷壶、漆皮陶壶等，建筑材料有板瓦、筒瓦、瓦当、滴水等。[1]

1　江西省文物考古研究所，南昌市博物馆，南昌市新建区博物馆.南昌市西汉海昏侯墓 [J].考古，2016（7）：45-62.

陶器分为泥质灰陶和印纹硬陶两种，以泥质灰陶居多，印纹硬陶次之，并有少量漆衣黑陶。器型较单一，只有鼎、簋、罐、壶、灯等。

如方格纹陶鼎，为子母口样式，盖呈半圆形，顶部有长条形盖钮，颈部有3个乳丁状凸起，顶部至腹部饰五周同心圆弦纹，其下饰斜方格纹。器身为子口，长方形外附耳，近口沿处饰一圈弦纹带，腹部近似直壁，三蹄足，通体饰斜方格纹。

方格纹陶簋除为圈足外，材质和其他形制同陶鼎基本相同，只是表面没有任何附加饰件。

陶罐，斜方唇，颈较短，圆肩，圆腹，在肩部和腹部有数周较细密的凹弦纹，在部分陶罐罐身下部饰有交错绳纹，平底。

豆形陶灯，侈口，浅腹，灯座呈喇叭状，柄粗而短，器物表面施有黑色陶衣，但多有脱落。

建筑材料中见诸报道的有绳纹筒瓦和柿蒂纹瓦当。筒瓦截面呈半圆形，唇端素面，筒径、尾端大于唇端，唇端向内收敛形成瓦榫，榫沿弧形，面饰绳纹。

瓦当为泥质灰陶，瓦当面以两周同心圆凸弦纹将其分为内外两区，圆心为1个凸起乳丁，内区装饰柿蒂纹，外区以凸起单线十字分为四格，在四格内分别装饰两条轴对称卷云纹。

筒瓦是中国古代建筑中覆盖在房屋顶部的一种瓦，用来阻挡雨水的渗透。用瓦铺设屋顶时，板瓦仰铺在屋顶之上，筒瓦覆于两行板瓦之上。筒瓦呈半圆筒状，由筒形坯对剖后烧制而成。而瓦当则是用以覆盖保护建筑檐头筒瓦前端的建筑构件。

海昏侯刘贺墓所发现的筒瓦和瓦当纹饰相对简单，均为汉代常见的卷云纹，样式单一，未发现带有文字或四神图案的样式，与其时代特点基本相吻合。

印纹硬陶，分为陶罐和双系壶两种，陶罐口微侈，尖唇，圆肩，弧腹，平底，罐身装饰有斜方格纹。坯体由泥条盘筑而成，经过拍打或滚压整形消除泥条缝隙，提高坯体的致密度，以免在干燥收缩和烧成收缩过程中干裂。外表纹饰为拍印或滚印而成，烧成温度高、吸水率低、质地坚硬。

印纹硬陶双系陶壶，侈口，平沿，尖唇，束颈，溜肩，肩部有2个系，球形腹，足部为圈足，陶壶从口部向下分别装饰凸弦纹、凹弦纹、波浪纹和斜方格纹。这件陶壶为模仿青铜礼器形制而制成的仿铜陶礼器，是具有一定礼制效应的陶器。

海昏侯刘贺墓出土的泥质灰陶和北方所常见的有所不同，北方的泥质灰陶多为素面，表面没有任何纹饰；而海昏侯刘贺墓出土的泥质灰陶大量饰方格纹、弦纹等纹饰，和同墓所出的印纹硬陶纹饰相近，应是受到南方地区印纹硬陶文化的影响。

海昏侯刘贺墓陶器中最为人瞩目的是青瓷双系壶（罐）（图1-31），此壶造型和纹饰和普通陶罐基本相同，盘口，方唇，束颈，圆肩，圆腹，平底，壶身装饰有弦纹（或可称为麦穗纹）。有学者根据海昏侯墓出土的青瓷器认为，"海昏侯墓中的这3件青瓷双系壶，有可能将中国制造瓷器的历史推进到西汉中期"，并称其为"开天辟地第一瓷"[1]，对此王春斌教授和笔者有不同意见。

2016年3月，首都博物馆呈展的这件青瓷双系壶高约40厘米，为喇叭口、颈部较短粗、划弦纹和水波纹，肩部有三道弦纹，2个半环形的耳（系）对称位于第一、二道弦纹上，器耳上饰叶脉纹，在耳的下端贴塑斜线纹铺首，腹部圆鼓，足部为矮圈足，无法判断是平底或凹底。该双系壶釉色为青黄色，整体来看施釉不均匀，口部、颈部及下腹部釉均已脱落，露出底胎，胎体呈赭石色；肩部和上腹部釉层堆积较厚，釉层厚薄不匀，有聚釉现象，釉流至下腹部形如蜡滴状。该双系壶肩部还竖向刻划有"大囗吉者"四字（囗疑似"其"字），字体不甚工整，经查："大其"可引申为赞扬；"吉者"，指福善之事，此四字应为吉祥语，或为赞美福善之事的意思。

其实，类似海昏侯刘贺墓出土的青瓷器在我国考古遗存中已经多次发现，如20世纪50年代在河南洛阳烧沟汉墓群174号汉墓中出土1件被称为"半瓷小壶"的釉陶壶[2]；1956年在江苏南京栖霞山及其附近汉墓出土的东汉时期釉陶壶[3]；1958年浙江杭州古荡朱乐昌墓出土的汉代中叶釉陶壶[4]；1965年江苏仪征石碑村汉代木椁墓出土的9件东汉中期釉陶壶[5]；1981年安徽芜湖市贺家园3座西汉后期墓出土的25件釉陶壶[6]；1987—1989年浙江龙游东华山西

1　王金中.管窥汉代文明之光——海昏侯墓出土文物探析 [OL].
2　洛阳区考古队.洛阳烧沟汉墓 [M].北京：科学出版社，1959.
3　葛家瑾.南京栖霞山及其附近汉墓清理简报 [J].考古，1959（1）：21-23.
4　浙江省文物管理委员会.杭州古荡汉代朱乐昌墓清理简报 [J].考古，1959（3）：150-152.
5　南京博物院.江苏仪征石碑村汉代木椁墓 [J].考古，1966（1）：14-20.
6　王步毅.芜湖市贺家园西汉墓 [J].考古学报，1983（3）：383-402、419-428.

汉晚期墓群出土的 50 件原始瓷壶[1]；1992 年河南洛阳金谷园墓 IM337 出土的 8 件西汉晚期釉陶壶[2]；以及 2008 年山东滕州市染山汉画像石墓该墓出土的 7 件原始青瓷器，其中有大壶和小壶各 2 件等[3]。特别是在滕州市染山汉画像石墓，墓中发现有大量玉衣片，根据墓葬规制、出土器物及史书记载，推定该墓墓主应是元鼎五年（前 112）坐酎金被免去爵位的郁郎侯刘骄，则该墓的年代应为西汉中期。刘骄身份等级比刘贺稍低，埋葬时间稍早，其出土器物对海昏侯刘贺墓的研究有一定的参考作用。从以上遗址公布的当时称之为釉陶或原始青瓷的描述和图片来看，与海昏侯刘贺墓出土的青瓷壶形制十分近似，并且大多数是壶和瓿搭配出现。由于海昏侯墓发掘报告中没有对出土的陶瓷进行具体描述，不知是否有瓿存在。

有鉴于考古材料中青釉瓷（陶）、原始青瓷、釉陶等称谓的混乱，有学者专门提出：这些釉陶器连同过去在洛阳地区发现的同类器物都可能是直接来自南方的产品，应称为"南方釉陶"，或称之为"原始瓷"，主要是指长江下游原吴越地区生产的釉陶器，其陶质、釉色、器形及装饰花纹均有自己独特的风格和传统[4]。而釉陶则一般指在西汉武帝时期开始出现，东汉晚期骤然消失，大量流行于北方地区墓葬中的低温铅釉陶。

一、汉代原始青瓷的烧制窑场

目前我国已发现的生产原始瓷的窑场，主要集中在浙江省德清县、余杭区、诸暨市、上虞区、余姚市、慈溪市、鄞州区、龙游县等地，其他地区则仅有江苏省宜兴市丁蜀镇有所发现，这些地区在商周时期均在吴越国的统治范围内。

为了探索中国原始瓷起源与成熟青瓷的起源两大问题，自 2007 年起，浙江省文物考古研究所、故宫博物院、德清县博物馆组成联合考古队，对浙江省德清地区原始瓷窑址进行多次发掘、清理。2009 年，浙江省文物考古研究所专门成立了"瓷之源——浙江早期瓷窑址考古调查、发掘与研究"课题组，重点对浙江省北部以湖州市德清县为中心，包括湖州吴兴区南部地区在内的东苕溪流域先秦时期原始瓷窑址开展调查与研究。2012 年，"瓷之源"课题

1　朱士生.浙江龙游县东华山汉墓 [J].考古，1993（4）：330-343.
2　洛阳市第二文物工作队.洛阳金谷园东汉墓（IM337）发掘简报 [J].文物，1992（12）：14.
3　滕州市汉画像石馆.山东滕州市染山西汉画像石墓 [J].考古，2012（1）：34-52.
4　杨哲峰.关于洛阳金谷园汉墓 IM337 的年代——兼论洛阳地区出土的南方釉陶 [J].华夏考古，2003（2）：77-79.

作为一个项目正式列入国家"指南针计划"专项项目库，其目标是"运用现代科学技术开展原始瓷起源及先秦原始瓷制作技术发展综合研究"，进行我国瓷器起源课题的多学科综合研究[1]。

通过多年的考古调查、发掘与研究工作，以德清为中心，包括湖州南部地区在内的东苕溪流域先秦时期原始瓷窑址的分布与特征已初步显露。据报道，该地区已发现窑址150多处，这是其他任何一个地区无法比拟的。[2]窑场一般建在有瓷石矿藏的山坡上，窑址范围都不大。德清地区发现有10余处西周晚期至战国时期的龙窑窑床，而火烧山窑址发现的西周晚期龙窑窑址是目前已发掘的最早的原始瓷龙窑遗址。德清原始瓷窑址群其时代从夏商时期开始，历经西周、春秋、战国各个时期，连绵不绝，这在国内也是绝无仅有的，被誉为我国"瓷之源"当之无愧。

先秦时期的原始瓷制瓷技术发展到战国时期，达到了一个顶峰。出土的器物种类极其丰富，除一般的碗、盘、杯、盅、盂、钵、盒、碟等日用器外，还大量生产仿青铜礼器和乐器，以及少量的兵器与工具。亭子桥战国时期原始瓷窑址多数产品胎釉结合良好，质地坚硬，扣之发音清脆，釉面匀净莹润，玻光感强，不论是成型工艺，还是烧成技术，还是产品质量，堪称原始青瓷中的精品，其物理性状甚至已完全可与东汉成熟青瓷媲美。[3]此时期原始瓷胎质细腻坚致，反映其瓷土的淘洗技术达到了新的高度；施釉均匀、胎釉结合好、基本不见生烧与完全剥釉现象，釉色青翠，玻璃质感强；器物种类丰富多样，大量的器型一直延续至汉代；装烧技术成熟，窑具大量出现，在支烧具方面，汉代所有的器类此时已基本出现[4]。

然而鼎盛时期的德清地区原始瓷生产，在战国中晚期随着越国被楚国灭亡，迅速走向衰落，并没有直接演变为成熟青瓷。在德清地区除发现大量战国中晚期窑址存在外，还有一定数量西汉至东汉早期窑址，从目前考古材料来看这是本区域内独有的，对于探索原始青瓷到成熟青瓷的演变具有重要意

1　沈岳明，郑建明，陈元甫."瓷之源"课题与瓷器起源研究的重大进展[N].中国文物报，2014.8.1.

2　沈岳明，郑建明，陈元甫."瓷之源"课题与瓷器起源研究的重大进展[N].中国文物报，2014.8.1.

3　德清县博物馆编.德清博物馆文物珍藏[M].杭州：西泠印社出版社，2010.

4　瓷之源十周年纪念活动暨第四届"瓷之源"学术研讨会[EB/OL]（2018.12.14）.http://pic.people.com.cn/n1/2018/1214/c159992-30467136-5.html.

义。但是从德清地区发现的西汉时期原始瓷来看，未见与海昏侯刘贺墓出土的青瓷类似的器物，其烧制窑口尚需查证。

根据浙江省绍兴市上虞区曹娥江及其支流地区、慈溪市上林湖两岸等地50 余处东汉晚期窑址的发掘情况，部分窑址中发现原始瓷和瓷器共烧的现象，部分窑址制瓷技术已经相当成熟，已是真正的瓷窑。所出土的瓷器青釉釉层均匀，釉色青翠，胎釉结合紧密，瓷器的质量较高，已经达到真正瓷器的标准[1]。因此可以认定，我国最晚在东汉晚期已经可以生产真正意义上的瓷器了。

二、汉代原始青瓷的特征

从考古发掘情况来看，我国的原始青瓷在夏商时期即有发现，主要集中在长江下游以南的吴越境内，即今江苏、浙江省境内，黄河中下游的广大地区很少发现，并且多数原始瓷和印纹硬陶在同一个窑场烧制而成。由于战国末年各国之间不断兼并战争，吴越地区的原始瓷生产受到很大的冲击，我国烧制原始瓷的工艺曾一度失传与中断，致使秦汉时期的原始瓷器无论在品质还是工艺上都出现了退化现象。

从考古所发现的汉代原始青瓷的情况来看，汉代原始瓷胎土为高岭土，虽有部分瓷片断面胎质细腻，呈灰白色，细洁坚硬，显示原料中氧化铁含量较低，烧成温度也较高，已经接近瓷器的胎质。但多数原始瓷胎呈灰色或深灰色，胎质粗松，吸水率高。中国科学院上海硅酸盐研究所曾对汉代原始瓷片进行过检测，其氧化铝的含量为 17.5% 和 18.5%，氧化铁含量为 1.73% 和 3.01%。[2] 一般来说，坯体中的氧化铝含量越高，要求烧成温度越高，而当窑温不足时，坯体烧成后疏松。铁含量高，则呈色深，在氧化焰中烧成，胎呈深红或紫色；在还原焰中烧成，则呈深灰或近灰色。汉代青釉陶的烧制温度在 1200—1300 摄氏度之间，火候较高，在还原气氛中烧成。由于胎料中含氧化铁，在烧成后期经过二次氧化，胎表无釉的部位露紫色或赭色。

原始瓷所施釉仍属石灰釉，此时期釉中的着色剂为铁，施釉普遍采用刷釉法，即在器物的口部、肩部或内底刷釉。高温中釉的黏度降低，容易流动，多数釉色不匀，并常常发生聚釉成蜡泪状。现存器物多肩部施釉，釉层较厚，呈青绿、青黄或黄褐色，颈部和下半部露胎。从以上对汉代原始瓷的研究来看，

1　冯先铭 . 中国陶瓷 [M]. 上海：上海古籍出版社，2001.
2　李家治 . 中国科学技术史：陶瓷卷 [M]，北京：科学出版社，1998.

原始瓷的胎质、釉质、烧成温度等特征都接近青瓷，但是从严格的意义上来说，汉代的原始瓷在胎体烧结程度、胎釉结合程度等方面与真正意义上的瓷器尚存在一定的差距。

参考冯先铭主编的《中国陶瓷》一书中对于汉代原始瓷的分期描述，西汉初期的壶，侈口、长颈、扁圆腹、高圈足，肩部的双耳多数作半圆形，耳面印人字纹或叶脉纹，也有将耳做成绹纹，肩部划弦纹与水波纹。这时期的原始瓷器多数做成仿铜礼器的式样，器形端庄，制作比较精细。西汉中期的壶，口圆出，颈较短，变成喇叭形，腹较深，底部由早期的高圈足变成矮圈足，甚至出现平底，肩部除装半环形直耳外，也有铺首衔环的。西汉晚期原始瓷的壶多数作喇叭口、短颈、椭圆腹、平底，在半环形的耳上，或贴铺首，或贴"S"形堆纹，肩部常常贴凸旋纹三道，旋纹之间的肩部或划水波纹[1]。从海昏侯刘贺墓出土的青瓷器形制来看，应和西汉中、晚期原始瓷的形制基本相符，也与刘贺于公元前59年去世的时间段相吻合。

综上所述，海昏侯刘贺墓所出土的青釉瓷还存在胎料筛洗不够精细，胎体表面有小凸起，烧制温度控制不佳，聚釉和脱釉现象较严重，釉色不匀等现象，尚具有一定的原始性，从本质上来说尚未完全达到瓷器的标准，将其称为"华夏第一瓷"为时尚早。但是在部分方面比普通原始瓷的烧制水平要高，属于原始瓷烧制中偶然出现的高端产品，处于由原始瓷器向瓷器过渡关键时期的重要实物证据。

第六节 器物图像与汉代信仰

战国时神仙思想开始流行，人们都希望死后成仙，秦始皇亲自到泰山封禅，还派人去海外求取长生不老的仙药。汉代承袭秦代，汉代帝王更热衷于源于道家和荆楚巫术的神仙学说，谶纬[2]之风流行。汉武帝求神若渴，期望能与上帝和后土交会，还有自古以来被认为是只有完成帝业的人才能实现的仪式——封禅之仪。元封元年（前110）汉武帝在拜祭了华山、嵩山之后，继续向东巡幸，

1 冯先铭.中国陶瓷[M].上海：上海古籍出版社，2001.
2 谶纬说，是一种根据解释自然变化的阴阳五行思想来预言未来的学说。谶、纬，原本是各自独立的概念。谶也被称符命、符图，可以是自然现象本身，也可以是因自然现象而出现的文字，具有能够预言未来的特点。因此，人们也称之为符谶或者图谶。

于四月登临泰山效仿秦始皇完成了封禅大典，也效仿秦始皇派徐福出海寻求仙药。《后汉书·方术传》载："汉自武帝，颇好方术，天下怀协道艺之士，莫不负策抵掌，顺风而届焉。"他们建通天台、柏梁台、承露盘、仙阁灵宫，饰以瑞兽、云气等，认为这样能使自己更加接近神仙，得到神仙的帮助，实现长生不老或引魂升天的愿望。因此，海昏侯刘贺墓出土器物中，四神图案、云气图案大量出现在陶器、玉器、青铜器上面。这既是汉代普遍追求神仙信仰的反映，也是吉祥观念的图像表达。通览刘贺墓出土器物，我们发现其图像内容十分丰富，从自然到人文，再到天象，可谓包罗万象，但装饰最多的就是吉祥纹饰，蔚为大观，从中可见汉代的普遍信仰和社会观念。

一、普遍信仰和祥瑞心态

汉代是中国社会的大变化时期，也是图像艺术高度繁荣的时代。汉代艺术是既包罗万象又浑然一体的大一统美术，同时也是极度精微的艺术时期。从现实层面看，汉代是中国历史上大一统王朝的确立期。以天人感应为君权神授的依据，以祥瑞灾异作为上天垂示的神迹，以图谶作为天意的暗示物。汉代图像艺术因此与代表神意的祥瑞、图谶相交融，成为天人相交的媒介，也具有神秘主义性质。司马迁在《史记·天官书》开启了祥瑞灾异论的先河，他列举了汉代一系列重大事件与天象的呼应关系，如："汉之兴，五星聚于东井。平城之围，月晕参、毕七重。诸吕作乱，日蚀，昼晦。吴楚七国叛逆，彗星数丈，天狗过梁野；及兵起，遂伏尸流血其下。元光、元狩，蚩尤之旗再见，长则半天。其后京师师四出，诛夷狄者数十年，而伐胡尤甚。越之亡，荧惑守斗；朝鲜之拔，星茀于河戍；兵征大宛，星茀招摇：此其荦荦大者。"[1] 不仅史书有记载，当时工艺或艺术品也有所反映。1995 年，新疆尼雅古城出土汉代织锦，上绣"五星出东方利中国"八字，将上天祥瑞转化成了人间性的艺术表达。

在汉代，对祥瑞的记载最早可追溯到汉高祖刘邦政治神话中的"芒砀云气"。文帝时期在成纪县出现过一条黄龙，此后黄龙就成了汉朝廷的标志。祥瑞的出现在武帝、宣帝和王莽统治时期达到了高潮。根据《宋书·符瑞志》记载，两汉被视为祥瑞的动植物及天象不下 32 种，有麒麟、神雀、飞马、赤雁、黄鹄、芝草、宝鼎、陨石、神光、虹气、孛星、无云而雷等。宣帝时最主要的神兽是凤凰、五色鸟和神爵，凤凰在不同地方出现了 50 多次。本始元

1　（汉）司马迁. 史记 [M]. 北京：中华书局，1999：1157.

年（前73）五月，"凤皇集胶东、千乘"。本始四年（前70）"凤皇集北海安丘、淳于。"地节元年（前69）二月，"凤皇集鲁郡，群鸟从之。"另外还有白鹤、五色鸟、前赤后青鸟、神爵、白虎、黄龙、铜人生毛和甘露等。王莽时期，五年之中竟出现了700多项各种各样的祥瑞。[1] 在汉武帝时期，它已真正主导国家意识形态介入现实政治并进入民间信仰层面。元光元年（前134）武帝便向大臣垂问天人之应："三代受命，其符安在？灾异之变，何缘而起？……何修何饬而膏露降，百谷登，德润四海，泽臻草木，三光全，寒暑平，受天之祐，享鬼神之灵，德泽洋溢，施乎方外，延及群生？"同年又问："星辰不孛，日月不蚀，山陵不崩，川谷不塞；麟凤在郊薮，河洛出图书。呜乎，何施而臻此与！"元光五年（前130）复问："盖闻上古至治，画衣冠，异章服，而民不犯；阴阳和，五谷登，六畜蕃，甘露降，风雨时，嘉禾兴，朱草生，山不童，泽不涸；麟凤在郊薮，龟龙游于沼，河洛出图书……今何道而臻乎此？"以上三问基本奠定了祥瑞灾异在国家政治宣传中的地位。在器物方面，汉画最重要的表现对象是被视为神器的宝鼎，其代表性画作是广见于汉画像砖石中的同题画"泗水捞鼎图"。从武帝开始，《鼎录》中汉代帝王"获鼎""铸鼎"的记载十分丰富，这其实是"祥瑞"心态的直接投射。之所以捞鼎，本意不在鼎，而是乘龙上天的可能性。"天垂象，见吉凶"，祥瑞是对治国理政的奖励和肯定，灾异代表警告和惩罚。有汉一代，此类记载不胜其数，每当有重大祥瑞出现，新诗就要吟唱，而帝王也往往会更改年号。如汉武帝的元鼎，汉昭帝的元凤，汉宣帝的神爵、五凤、甘露、黄龙，等等。班固在《两都赋序》中曾讲："大汉初定，日不暇给。至于武宣之世，乃崇礼官，考文章……白麟、赤雁、芝房、宝鼎之歌，荐于郊庙。神雀、五凤、甘露、黄龙之瑞，以为年纪。"《白麟》《赤雁》《芝房》《宝鼎》之歌，按《汉书·武帝纪》，均为武帝所作的歌诗，从题目即可看出是对祥瑞的吟诵。元狩元年（前122）冬十月，御驾至雍，祭祀五帝，获得白麒麟，作《白麟之歌》。《汉书·孝武本纪》："元狩元年，冬十月，行幸雍，祠五畤，获白麟，作《白麟之歌》。"元封二年（前109）"六月，诏曰：甘泉宫内产芝，九茎连叶，上帝博临，不异下房，赐朕弘休，其赦天下，赐之阳都，百户牛酒，作《芝房之歌》。"

"四年（前113）春，贰师将军广利斩大宛王首，获汗血马来。作《西极

1　参见顾颉刚.汉代学术史略[M].上海：商务印书馆，1935：123.

天马之歌》。"

"六月，得宝鼎后土祠旁。秋，马生渥洼水中。作《宝鼎》《天马》之歌。"

另按《汉书·礼乐志》，其中所录的《郊祀歌》十九章也是祥瑞诗。而两汉帝王层出不穷的"罪己诏"，则以地质灾害为前提。尽管祥瑞理论是天人之间的交流方式，但实际上也是人与人之间的一种对话方式。当汉武帝发布敕令，宣称"麟凤在郊薮，河洛出图书"，实际上是骄傲地向臣民宣告，国家治理得很好，不要捣乱。如果百姓中出现了流言，或者树倒复起，或言大水相至，幼女入宫，它们的意思是国祚衰败，大难将至。当一个大臣认为皇帝或皇后做错了事，他只需说："皇后桑蚕以治祭服，共事天地宗庙，正以是日（指家庙祭祀之日）疾风自西北，大寒雨雪，坏败其功，以章不乡，宜斋戒辟寝，以深自责。"[1] 刘贺一生大起大落，多次遭遇妖祥事件，这些不祥之兆的记载，似乎预测了他的命运，坐实他政治昏聩，不得上天护佑、万民拥戴。"昭帝时，昌邑王贺遣中大夫之长安，多治仄注冠，以赐大臣，又以冠奴。刘向以为近服妖也。时王贺狂悖，闻天子不豫，弋猎驰骋如故，与驺宰人游居娱戏，骄嫚不敬。冠者尊服，奴者贱人，贺无故好作非常之冠，暴尊象也。以冠奴者，当自至尊坠至贱也。"[2] 刘贺无故而作奇装异服，有违礼制。刘贺曾经见过一只白色无尾大狗，脖颈以下似人，头戴"方山冠"。刘贺询问郎中令龚遂，龚遂认为此天戒，奉劝他远离佞臣。他还曾见"熊罴"出入宫廷，见似鹈鹕或者秃鹙的水鸟集于昌邑王宫殿，[3] 这些都是危亡之象。此外，《汉书·五行志之下》记载：昭帝时，上林苑中大柳树断仆地，一朝起立，生枝叶，有虫食其叶，成文字，曰"公孙病已立"。又，昌邑王国社有枯树复生枝叶。睦孟以为，木阴类，下民象，当有故废之家公孙氏从民间受命为天子者。昭帝富于春秋，霍光秉政，以孟妖言，诛之。后昭帝崩，无子，征昌邑王贺嗣位，狂乱失道，光废之，更立昭帝兄卫太子之孙，是为宣帝。

1　（汉）班固.汉书（上）[M].长沙：岳麓书社，2009：297.

2　（汉）班固.汉书（上）[M].长沙：岳麓书社，2009：564.

3　《汉书·邑哀王传》："见大鸟，飞集宫中。"五行志中之下："有鹈鹕，或曰秃鹙，集殿下，王使人射杀之。"师古曰："鹈鹕即污泽也。一名淘河。腹下胡大如数升囊，如群入泽中，抒水食鱼，因名秃鹙，亦水鸟也。"按：夷鸹即鹈鹕。《说文》："鹈鹕，污泽也。从'鸟'，'夷'声。'鹈'或从'弟'。"以问郎中令龚遂。龚遂对曰：'夷鸹野鸟，入宫，亡之应也。'其后昌邑王竟亡。"（汉）王充撰，黄晖校释.论衡校释.北京：中华书局，1980：711-712.（汉）班固.汉书.北京：中华书局，1962：2766.

宣帝本名病已。京房《易传》曰："枯杨生，枯木复生，人君亡子。"[1]昌邑王国社有枯树复生枝叶，对应刘贺被迎立皇帝之事；虫食柳叶排列成文，对应武帝曾孙汉刘病已继任之事。《汉书·五行志》评刘贺结局："贺既废数年，宣帝封之为列侯，复有罪，死不得置后，又犬祸无尾之效也。"[2]这便是表明，海昏侯刘贺能有此下场，早年的"犬祸"已有征兆。"

从汉武帝三问与董仲舒、公孙弘等人的回答，基本奠定了祥瑞灾异在此后两汉政治生活中的地位，也为汉代政治如何以审美（艺术、图像）方式呈现提供了样本。汉代学者对礼器的理解与设计更多是停留在"信仰层面"，建立一套简便易行，"达古今之宜"的图像谱系。从"汉武帝之问"起，祥瑞开始主导国家意识形态，干预现实政治，并进入民间信仰层面。这在海昏侯墓出土器物的图案装饰和图像内容上都有所反映。

二、魄力雄大与煌煌盛美

海昏侯墓葬中的黄金众多，而且不仅含量高，而且做工精湛，装饰纹样细致巧妙，说明西汉是中国封建社会文化、经济发展的初步上升时期。这段时期的工艺美术发达，在中国工艺美术史上占据非常重要的地位。汉代工艺文化名扬天下，汉代社会的一元体系与大国身份孕育着激昂向上、自信雄大的精神。特别是汉代丝路的开通，成就了汉人兼容天下与胸怀世界的雄大美学情怀与世界眼光，也铸造了汉人"规天矩地"与"象天法地"的恢宏艺术法度，从而形成了汉代雄奇艳采的艺术风格与盛大的文化气象。"汉风"是对这段时期艺术风格的最经典化的概括；"汉器"是汉代社会对外经济贸易盛况的特征化表述。

从海昏侯墓出土的文物来看，有玉器、漆器、铜器等，说明我国汉代工艺在艺术性与技术上均达到了非常高的水平，甚至有的是今天还无法仿制的珍贵物品。有人认为汉代的艺术风格是雄大，如汉代漆器工艺非常精湛，漆屏风甚至出口到日本，受到日本人的青睐。日本平安时代的才女清少纳言这样评价："《坤元录》的御屏风，觉得真是很有意思的名字。《汉书》的御屏风，却觉得很雄大的。再又每月风俗的御屏风，也有意思。"[3]鲁迅先生也曾说："遥想汉人多少闳放，新来的动植物，即毫不拘忌，来充装饰的花纹……

1　（汉）班固.汉书（上）[M].北京：团结出版社，1996：231.

2　（汉）班固.汉书（上）[M].长沙：岳麓书社，2009：277.

3　（日）清少纳言.枕草子[M].北京：北京联合出版公司，2018：375.

汉、唐虽然也有边患，但魄力究竟雄大"。[1] 可见，"雄大"是汉代工艺美术的重要风格特征。

西汉时期不仅开辟西北古道丝路，还开通南方海上丝路航线。使古代中国文化与贸易走向世界，更具有深远的政治含义与国家身份象征。通过丝路向海外输出的雄奇审美气度与艳彩文化特质，给世界人民带来无限的对中国的诗学想象与美学神往。

汉代工艺美术发达，有三个基础性背景或必要性前提：一是社会制度的保障；二是文化思想的稳定；三是手工业者的管理。

在社会制度层面，为了巩固政权，稳定社会秩序，西汉初期汉高祖采取了休养生息与劝课农桑的措施，它为农业与手工业的发展提供了政治保障。大量手工业者是手工业兴旺发达的人力基础。西汉社会在诸侯分权的背景下实行封建中央集权制度，从历史上看，这个由大一统的社会格局所规定，由天地之大和王道之大所构成的大的境界，最终形成了汉代统一的大汉意识。西汉大部分时期国家统一，保持了一定范围内的经济繁荣，它是维系农业与手工业稳定发展的重要制度保障。汉代的金、铜、玉、漆等手工业原料生产受到官府的限制，但高利润在一定程度上又刺激了手工业的发展。因此，汉代出现了大量玉器、铜器、漆器等艺术精品，这些艺术品通过丝绸之路外销，成为丝绸之路上的文化使者。

在文化思想层面，汉代社会是秉承儒道并用发展的哲学思想，它为手工业发展提供了思想文化基础。汉初由于常年战乱经济薄弱，加之老庄哲学美学思想是社会文化主流，所以统治者实行"与民休息，凡事简易"的政策。汉景帝曾特地下诏说："雕文刻镂，伤农事者也；锦绣纂组，害女红者也。"[2]文景之治后经济上有了积累，绮丽、雕饰之风又起，错彩镂金之器盛行，愈演愈烈。史载汉成帝、汉哀帝都曾下诏禁奢靡，尚简约。《汉书·成帝纪》载汉成帝建始四年（前29）诏曰："方今世俗奢僭罔极，靡有厌足。公卿列侯亲属近臣……或乃奢侈逸豫，务广第宅，治园池……而欲望百姓俭节，家给人足，岂不难哉……其申敕有司，以渐禁之。"[3]《汉书·哀帝纪》载哀帝绥和二年（前7）诏曰："制节谨度以防奢淫，为政所先，百王不易之道也……

1　鲁迅. 鲁迅全集 [M]. 北京：人民文学出版社，1973：183.

2　（清）王符曾. 古文小品咀华 [M]. 北京：文津出版社，2021：79.

3　（汉）班固. 汉书 [M]. 北京：中华书局，2007：82.

齐三服官、诸官织绮绣，难成，害女红之物，皆止，无作输。"[1]可见，器物装饰之奢华消费已经引起帝王的重视，也从另外一个侧面透露出汉代工艺品装饰的奢华程度，以至于皇帝本人都开始限制奢华消费，以防过分消耗国家财力而造成社会动荡。

在手工业生产层面，西汉政府有专门的管理机构及其专业手工艺人，这为汉代手工业的生产与发展提供了条件。汉代有专门的玉器、金属器、漆器等生产专属地，官府派人管理，并拥有大量的手工艺人，专职为汉代贵族提供所需生活器具。因此，汉代时期的装饰是"错彩镂金"，体现的风格是"煌煌盛美"。

1　（汉）班固.汉书[M].北京：中华书局，2007：86.

第二章　钟虡图像与云虡纹

第一节　钟虡图像

钟虡又叫"钟簴"，指饰以猛兽形象悬挂乐钟的格架。编钟和编磬均为打击乐器，需要悬挂在金属或木质构架上，用演奏工具敲打，使之发出动听悦耳的金石之声。悬挂编钟和编磬的构架由立柱和横梁组成，各有其特定的名称，立柱叫"虡"，横梁叫"笋"。在虡和笋上都有漂亮的装饰，或为彩绘，或为雕铸。南昌海昏侯刘贺墓北藏椁中就发现有编钟、编磬，以及与其伴出的 4 件编钟架座和 2 件编磬架座，均为实用器。

海昏侯刘贺墓新近出土了 14 件钮钟、10 件甬钟、4 件钟虡、2 件磬虡，以及铁编磬、錞于、钲、瑟、琴、排箫、建鼓和乐俑等乐器，堪称 21 世纪的中国音乐考古大发现。其中公开展示了 2 架精美的青铜钟虡。一件铜质编磬架座，兽首似龙，昂首仰视，背上有凸出的脊和双翼，四肢微屈，跪伏于地面；另一件兽首类似驼、马等形象，吻部偏长，口多闭合，或有微张，眉弓突出，双耳长且较为尖锐。

这 6 件虡架座出土于北藏椁乐器库，钟虡是 4 件两套，底座造型各异。龙形底座 1 套，底座前胸和尾都伸出贴地以达到稳定作用；卧马形底座 1 套，马蹄下有长方形铜板贴地。磬虡底座 1 件，有破损，为卧马形。这 6 件钟虡，均有竹节状立柱竖立在底座兽的脊背处，底座为实心的兽；腹底部是椭圆形的平面；底座兽为龙的形象；背上有凸出的脊和双翼，四肢微屈；尾部向下，末端

图 2-1　青铜磬虡
西汉时期，通高 29 厘米、长 40.5 厘米，海昏侯
刘贺墓出土。（《五色炫曜：南昌汉代海昏侯国
考古成果》[南昌：江西人民出版社，2016 年]，
第 113 页）

图 2-2　青铜钟虡
西汉时期，通高 29 厘米、长 40.5 厘米，海
昏侯刘贺墓出土。（《五色炫曜：南昌汉代
海昏侯国考古成果》[南昌：江西人民出版社，
2016 年]，第 115 页）

为桃圆形，能贴于地面；腹前部有一条凸脊，贴于地面，用于稳固（图 2-1、图 2-2）。

钟虡上出现的这类带有双翅、似龙似马，非骡非鹿的形象，非常怪异，作为早期中国墓葬出土器物，如何解读、阐释其形象和意义是一个充满困难而又无法回避的问题。我们试着从这一新见的钟虡翼兽图像出发，对其名称与意义进行浅释，并对其源流与形象变化加以梳理。

一、钟虡架座与礼乐制度

海昏侯墓钟磬架座的神兽属于流传有序的有翼兽图像，最早见于 1978 年湖北随县出土的战国曾侯乙墓钟虡磬虡 2 件，形象怪异，蛇、鹤颈、龟身、鸟翅、兽足，完全是文献所载之传统造型（图 2-3）。

《周礼·春官·小胥》载："正乐县之位，王宫县，诸侯轩县，卿、大夫判县，士特县，辨其声。"[1] 郑玄注曰："乐县，谓钟磬之属县于笋虡者。"[2] 可见，钟、磬悬挂于架上才构成乐悬之制，乐器架及其装饰也是礼乐制度的一部分。因而，重视和讲究笋虡刻饰是先秦礼乐器制度的一个重要内容。《周

1　（清）李光坡.周礼述注 [M].北京：商务印书馆，2019：231.
2　（清）李光坡.周礼述注 [M].北京：商务印书馆，2019：231.

图 2-3 曾侯乙编磬
战国时期，高 109 厘米、长 215 厘米。(《中国设计全集 [文具类编乐器篇]》[北京: 商务印书馆，2012 年]，第 14 页)

礼·考工记》"梓人为笋虡"一节中对笋虡的造型原则和礼制规范有明确的记载："天下之大兽五：脂者，膏者，裸者，羽者，鳞者。宗庙之事，脂者、膏者以为牲，裸者、羽者、鳞者以为笋虡。""国之大事，唯祀与戎"[1]，乐为金石之声，以赢者、羽者、鳞者作"笋虡"，悬"钟磬"，并不要求用动物实体，取其形似，使笋虡装饰与乐器的音乐性能结合，各尽其妙。赢属"有力而不能走，则于任重宜；大声而宏"[2]，用于装饰钟虡，就如猛兽嘶吼，音域洪亮；编磬较编钟为轻，羽属"小体骞腹""恒无力而轻，其声清阳而远闻"[3]，用于装饰磬虡，吉祥鸟见，天下升平；鳞属"小首而长，抟身而鸿"[4]，为钟、磬支架的笋部所通用。《考工记》郑玄注曰："赢者，谓虎豹貔螭，为兽浅毛者之属。羽，鸟属。鳞，龙蛇之属。"[5] 赢同倮（裸），《大戴礼记·易本命》"倮之虫三百六十，而圣人为之长"[6]，人也是赢属中的一种母题；羽属，不仅指鸟类，还包括鸟兽合体的有翼神兽。

江苏盱眙大云山西汉江都王陵 2012 年出土了 1 套青铜钟磬（图 2-4），为明器，伴出的钟虡架座是一对青铜卷唇兽，磬虡架座则是一对青铜翼兽，与《考工记》所定赢、羽二属功能相符。此青铜翼兽与海昏侯墓所出钟虡翼兽相类（图 2-5），兽首似龙，昂首仰视，通体饰云气纹，背部孔洞插置圆柱

1 王守谦，金秀珍，王凤春译注. 左传全译：上 [M]. 贵阳：贵州人民出版社，1990：673.
2 崔高维校点. 周礼 [M]. 沈阳：辽宁教育出版社，1997：84.
3 崔高维校点. 周礼 [M]. 沈阳：辽宁教育出版社，1997：84.
4 崔高维校点. 周礼 [M]. 沈阳：辽宁教育出版社，1997：84.
5 （清）李光坡. 周礼述注 [M]. 北京：商务印书馆，2019：458.
6 黄怀信. 大戴礼记译注 [M]. 上海：上海古籍出版社，2019：335.

图 2-4　铜编钟
西汉时期，大云山西汉江都王陵 1 号墓出土。（《大云山西汉江都王陵 1 号墓发掘报告（四）》
[北京：文物出版社，2020 年]，彩版三〇五）

图 2-5　编磬底座
西汉时期，大云山江都王陵 1 号墓出土。（《大云山西汉江都王陵 1 号墓发掘报告（四）》[北
京：文物出版社，2020 年]，彩版三二五）

形的虡（残损），连虡通高 86.5 厘米，头顶长双角，胸部长须及地，两肋各饰三道劲健有力的羽翼，尾长而细，爪足，前肢跪坐，后肢蹲踞。《旧唐书》记载"乐悬，横曰簨，竖曰虡。饰簨以飞龙，饰趺以飞廉，钟虡以挚兽，磬虡以挚鸟，上列树羽，旁垂流苏，周制也。"[1] 由此可见，出土文物与文献互证，有翼神兽装饰乐器支架由来已久。

在史籍中，钟磬多并称，汉代钟磬架座有时无明显区分，本文合并论述。从出土实物看，如海昏侯墓般造型精美的钟虡翼兽多见于西汉中前期王侯级别墓葬，如西汉四王墓，且其中的洛庄汉墓、马王堆 3 号墓出土的钟磬架座也有造型简易的几何形。正如《礼记·檀弓》对明器的界定："对于事死如生，之死而致死之，不仁而不可为也；之死而致生之，不知而不可为也。是故，竹不成用，瓦不成味，木不成斫，琴瑟张而不平，竽笙备而不和，有钟磬而无簨虡，其曰明器，神明之也。"[2] 部分王侯墓葬有钟磬随葬但并未见钟虡架座，有的还出现了陶制钟虡。西汉中期之后中央集权加强，这种编列完整的钟磬大型编悬乐器在汉墓中已较鲜见，似与吴楚七国之乱、推恩令等一系列削藩政策推行，诸侯王势力受削减有关。不过，自汉武帝执政始，作为一种流传有序的艺术母题，钟虡神兽又有了新的装饰功能，成为长安仙观的标志和象征之物。汉武帝先后去过 75 次的甘泉宫，就有赋曰："金人仡仡其承钟虡兮，嵌岩岩其龙鳞。扬光曜之燎烛兮，垂景炎之炘炘。配帝居之县圃兮，象泰壹之威神。"[3] 两汉班固的《西都赋》也有赋为证："于是左城右平，重轩三阶。闺房周通，门闼洞开。列钟虡于中庭，立金人于端闱。"东汉以来，形制巨大的钟虡又出现在帝王陵园，据《伏侯古今注》记载，从汉光武帝原陵至质帝静陵等，几乎都设有钟虡，只是位置略有不同。西汉时甘泉、建章等宫室中多陈以高大的钟虡铜人，以彰显帝王威仪。永平十七年（74），汉明帝把元会仪、饮酎礼、部分宗庙祭祀礼合并，推行"上陵之礼"，这一历史性转变使东汉陵寝礼制性建筑得以增加，帝陵钟虡由此设置。自此陵寝开始有隆重的祭拜祭祀仪式，皇帝亲率公卿百官直接上陵朝拜祭祀，宗庙就显得不那么重要了。明帝死后，不起宗庙，陵寝的规模开始扩大，并增设寝殿和石殿，形制巨大的钟虡也随之出现。考古挖掘也证实帝陵封土东侧有石殿，

1　（后晋）刘昫等.旧唐书：卷一——卷三五 [M].长春：吉林人民出版社，1995：683-684.

2　（元）陈澔.礼记 [M].金晓东校点.上海：上海古籍出版社，2016：84.

3　（清）姚鼐纂.古文辞类纂评注：下 [M].合肥：安徽教育出版社，1995：1878.

功能相当于西汉时期的陵庙,南侧有钟虡,即陵园举行祭祀的大殿。《后汉书·礼仪志》载:"钟鸣,谒者治礼引客,群臣就位如仪"[1],以钟鸣作为这一大型典礼活动开始信号,体现出钟虡所特有的享祭功能,陵寝在祭礼中的地位也大大提高。

乐器架座及其装饰是与古代乐悬制度相伴而生的,对此,常乐《汉代乐器架座的考古学研究》一文对形制分类、出土器物做过详细梳理,亦探讨了其中反映的尚乐、辟邪、升仙等汉代观念。虽然史书中无明确记载,但我们可以判断,以钟磬为代表的乐悬制度曾推行了很长的时间。《魏书·乐志》记载道武帝拓跋珪于天赐三年(406)曾重修礼乐,目的是"和神人、协三才,宁万国"[2]。在这里,"诸畏兽"和麒麟、凤凰、仙人、长蛇、白象、白虎、鱼龙、辟邪、鹿马仙车等项并列,是一种独特的宫廷乐舞类型,一如汉晋之旧。《魏书·乐志》记载:"[天兴六年(403)]冬,诏太乐、总、鼓吹增修杂伎,造五兵、角觝、麒麟、凤皇、仙人、长蛇、白象、白虎及诸畏兽、鱼龙、章辟邪、鹿马仙车、高絙百尺。长趫、缘橦、跳丸、五案以备百戏。大飨设之于殿庭,如汉晋之旧也。"[3]结合汉代画像砖石来看,大型乐舞表演场面几乎都出现了。但诸畏兽一项却面目不清,一则文献无记载,二则图像不典型。至北魏孝武帝,"废八而悬七"[4]之举在朝廷上君臣间还引发了大争论:爰创七音。持林钟作黄钟,以为正调之首。诏与绍远详议往复,于是遂定以八为数焉。授小司空。高祖读史书,见武王克殷而作七始,又欲废八而悬七,并除黄钟之正宫,用林钟为调首。绍远奏云:"天子悬八,肇自先民,百王共轨,万世不易。下逮周武,甫修七始之音。详诸经义,又无废八之典。且黄钟为君,天子正位,今欲废之,未见其可。"[5]后高祖竟(废)(行)七音。

二、翼兽造型与图像母题

常乐根据功能将汉代乐器架座主要分为钟磬架座、鼓座和其他乐器架座三大类。

1　(南朝宋)范晔,(晋)司马彪.后汉书:下[M].长沙:岳麓书社,2009:1075.
2　(北齐)魏收.魏书:五[M].长春:吉林人民出版社,2005:1647.
3　(北齐)魏收.魏书:五[M].长春:吉林人民出版社,2005:1649.
4　(唐)令狐德棻等.二十四史全译:周书[M].上海:汉语大词典出版社,2004:310.
5　(清)严可均.全后周文[M].北京:商务印书馆.1999:163-164.

关于动物形钟、磬架座形制特点，常乐认为兽首的变化是最为明显的，可分为驼马型兽首与猛兽型兽首，并将海昏侯墓钟虡翼兽形象归为第一类，即驼马型兽首，认为"西汉中期之后，此类陶翼兽在细部呈现出更为丰富的变化。大云山江都王陵 1 号墓所出编钟铜架座神兽，兽首似驼似马，未见双翼，双耳竖立，背部有峰，上有方銎，前肢跪坐，后肢蹲踞。墓中还出有编磬铜底座，兽首似龙，昂首仰望；两侧饰勾云纹状双翼，前肢跪卧，后肢蹲伏，背部中间有用于安插立柱的铜管。海昏侯刘贺墓所出铜钟虡翼兽形象与此相类。东汉时期，咸阳市出土的陶翼兽器座也是，形貌与龙首原汉墓所出陶翼兽相似，可知此类兽形乐器架座一直延续至东汉时期。"[1] 此观点甚是有趣，亦是海昏侯墓、江都王陵这一类钟虡翼兽形象的问题所在。

（一）与东汉"辟邪"造型的比较

在现今发现的东汉"辟邪"中，有两件器物与海昏侯墓出土虡座翼兽形象极为相似，一为陕西宝鸡市北郊东汉墓出土的辟邪式器座，另一件为美国洛杉矶县立艺术博物馆藏东汉陶质彩绘辟邪。比较两者造型，羽翼立体丰满，卷云纹式样的羽毛刻画清晰可见，与海昏翼兽异同之处在于前者头上无角，颈后、背部分别有一方形、圆形插孔，可知同为置物架座；而后者头上有双角，亦是器座造型，却无插孔，似为镇物、摆件。李零指出，后者这件彩陶辟邪属于东汉辟邪的典型式样，当时的陶器座很多都是采取这种形式。从出土资料判断，战国秦汉时代已可见翼兽形器座，但是它们在当时的用途并不清晰，而东汉时期的器座，"特别是四川地区出土的陶器座，有些是所谓"摇钱树"的器座（除辟邪式，也有作带翼马或带翼羊式，四川出土的带翼羊即是绵羊）"。[2]

有关汉代的"辟邪"形象，历来论者多以东汉至六朝神道石刻为典型，认为其即是带翼狮虎的形象。而伴随海昏侯这件文物的出土，则为我们理解辟邪造型的形象演变提供了另一种思路和重要参照。而当我们沿着"架座"这个线索，继续考察同类型的实物，可以发现以下 3 件彩陶器物，归纳为两

1　常乐. 汉代乐器架座的考古学研究 [J]. 中原文物，2019（05）：107-117.
2　刘东. 中国学术：总第 5 辑 [M]. 北京：商务印书馆，2001：090. 相关研究亦可参见 Suan N. Erickson. Money Trees of the Eastern Han Dynast. Bulletin of the Museum of Far Eastern Antiquities，no. 66（1994），pp. 5-115.

种实例。一是西汉早期的器物，分别为陕西西安龙首原 92 号西汉墓出土和美国芝加哥艺术研究所博物馆收藏的翼兽器座；一是属于东汉的例子，为陕西咸阳市出土的翼兽器座。以驼马类动物作为翼兽的造型主题，海昏侯墓出土的另一件钟虡即为实物，而较早的例子可以追溯至秦代，陕西西安北郊秦墓出土。

（二）与螭龙造型的比较

螭，是传说中的一种与龙有关联的神兽。据说它是龙的子孙，因其造型多呈盘曲蜿蜒或攀缘匍匐状，故曰蟠螭纹。《说文》释螭曰："若龙而黄……无角曰螭"。[1] 因此，目前世人多将一种与龙相似而无角的四足神兽视为蟠螭，并根据它面如虎形的面貌，将其称之为"螭虎"，甚至还有人认为，螭的原型很可能是壁虎。有关螭纹的流传，学者根据考古资料指出，玉器上的螭纹在汉代盛极一时，至魏晋渐衰，隋唐只有少量出土，宋代螭纹复苏并流行至今。汉代螭纹的应用常见于汉代的玉器，器型又以小型玉饰、小摆件为主（以玉剑具上的高浮雕螭纹最为典型），造型表现为头部正面俯视形象的类虎神兽。

从头部、躯干、尾三部分观察螭纹的细节特征，头部的腮、耳、角；躯干部分的翼、足；尾部造型，这六处细节，属于螭纹中使用性较广，且不易受到制作粗糙、使用磨损等因素影响的辨识特征，亦可以视作汉代螭纹的主要辨识特征。

有关螭纹中的"角"，古代文献释义中对螭的描述是无角的。东汉许慎《说文解字》释螭曰："若龙而黄，北方谓之地蝼。从虫离声。或云无角曰螭。"[2] 按蔡邕注《史记》："天子玺白玉螭虎钮"，[3] 陕西出土的汉初"皇后之玺"印上的钮便是无角的螭，这印证了典籍中的记载。但是，据研究者最新的统计结果，整个汉代时段玉器的螭纹中，带"角"螭纹的比例约占 20%。汉代可见最早的螭纹是无角的，而能够与文献对应的"螭虎"也是无角的。角这一特征代表了神兽的神圣属性，螭纹的角很可能是从龙纹中借鉴过来的。

有关汉代螭纹中的"翼"，在汉代玉器中，龙、马、羽人、"辟邪"神兽等都可能带翼，螭纹更不例外。翼作为"羽化而登仙"的象征，在笃信神

1　（汉）许慎.说文解字 [M].上海：上海古籍出版社，2007：673.

2　（汉）许慎.说文解字 [M].上海：上海古籍出版社，2007：673.

3　（汉）司马迁.史记 [M].长沙：岳麓书社，1988：189-190.

仙方术之说的汉代，具有明显的时代特征。螭纹中的"翼"在汉代与"角"接近，均代表着神性。螭纹带翼除了其为神兽外，还可能是受龙纹、凤鸟纹影响，它不仅有"龙"角，也被安上了"凤"翼。汉代的各类神兽特征有一定的趋同性，螭纹便是"重灾区"。考古资料中对螭纹的命名有"螭虎""螭龙""蟠螭""蟠龙""独角怪兽""蟠夔""蟠虺"等。

（三）与独角兽造型的比较

海昏侯墓之中，还有一种动物造型，与此钟虡翼兽造型关系密切，即所谓"大角羊"的图像。大角羊，根据一部分学者的意见，即是指古代文献中所谓"符拔"（又写作"扶拔""桃拔"）。[1] 据法国汉学家沙畹研究，"符拔"一词译自古希腊文"boubalis"，意为羚羊之类，即叉角羚。[2] 叉角羚和我们熟悉的蒙古草原上的羚羊不同，分布于非洲和欧亚大陆，非洲巨大的角斑羚肩高 1.75 米。雄性叉角羚都长有独特的向后弯曲的角，雌性叉角羚大部分无角。孙机指出，孟康认为符拔有角的说法是正确的。既然符拔是叉角羚，而叉角羚大部分雌性无角和雄性有角，也不能说《后汉书·西域传》中"无角"的说法完全是错的，只是当时人们见到的符拔数量不多又不相同罢了。汉代铜镜有的铸有带角的灵兽，并有题铭称其为"天禄"，据汉镜题铭，双角者为天禄，独角者为辟邪。[3] 林梅村认为汉代灵兽天禄的原型即汉代被称为"符拔"的叉角羚，而独角兽辟邪则来自另一种西域动物。[4]

据《汉书》《后汉书》记载，两汉时期，符拔主要来自乌弋、安息、月氏。乌弋国其地"暑热莽平，其草木、畜产、五谷、果菜、食饮、宫室、市列、钱货、兵器、金珠之属皆与罽宾同，而有桃拔、狮子、犀子"。[5] 颜师古《汉书》注引三国魏孟康曰："桃拔一名符拔，似鹿，长尾。一角者或为天鹿，两角者或为辟邪。"[6]《后汉书·章帝纪》记载，章和元年（87），"月氏国遣使献狮子、扶拔"。[7]《后汉书·和帝纪》记载，章和二年（88），"安

1　张道一.狮子艺术：造型原理的一个动物典型[M].南京：东南大学出版社，2018：009-010.

2　E.Chavannes, *Six inscriptions chinoises de l'Asie Centrale d'apres les estampages de M.ch.-E. Bonin*, Paris, Imprimerie Nationle, 1902, p.232

3　孙机.汉代物质文化资料图说[M].北京：文物出版社，1991：420.

4　林梅村.汉唐西域与中国文明[M].北京：文物出版社，1998：96-97.

5　（汉）班固.汉书（下）[M].长沙：岳麓书社，1993：1694.

6　（汉）班固.汉书卷73—100下[M].长春：吉林人民出版社，1998：2594.

7　（南朝宋）范晔.后汉书[M].西安：太白文艺出版社，2006：027-028.

息国遣使献狮子、扶拔"[1]。《后汉书·班超传》记载，月氏国曾通过班超向汉朝"贡奉珍宝、符拔、狮子"[2]。《后汉书·西域传》记载，安息国"章帝章和元年（87），遣使献狮子、符拔。符拔形似麟而无角。"[3]乌弋、安息、月氏三国，彼此接壤或邻近，均是分布于伊朗高原至恒河流域一带的中亚及印度、西亚地区的古代西域国家。《汉书·西域传》记载：

> 乌弋山离国，王去长安万二千二百里。不属都护。户口胜兵，大国也。东北至都护治所六十日行，东与罽宾、北与扑挑、西与犁靬、条支接。

> 安息国，王治番兜城，去长安万一千六百里。不属都护。北与康居、东与乌弋山离、西与条支接。土地风气，物类所有，民俗与乌弋、罽宾同。

> 大月氏国，治监氏城，去长安万一千六百里。不属都护。……东至都护治所四千七百四十里，西至安息四十九日行，南与罽宾接。土地风气，物类所有，民俗钱货，与安息同。[4]

将羊的形象作为原型，演绎为独角兽造型，汉代还有所谓"一角之羊"的灵兽名唤"觟䚡"者。《论衡·是应》篇说："今府廷画皋陶、觟䚡也。儒者说云：觟䚡者，一角之羊也，青色四足，或曰似熊，能知曲直，性知（识）有罪。皋陶治狱，其罪疑者，令羊触之。有罪则触，无罪则不触。斯盖天生一角圣兽，助狱为验，故皋陶敬羊，起坐事之。此则神奇瑞应之类也。"[5]邢义田指出，这里所说的觟䚡，"即文帝时未央宫承明殿所画的獬豸。汉代自天子以至地方守令皆司狱讼，因此这种能辨疑罪的神兽图像就在宫省和地方官衙出现了"。在汉代中西文化交流的大背景之下，与独角兽、麒麟有关的动物原型，尚有印度犀牛与长颈鹿，亦是来自上述地域。

跟龙有东西方两种版本一样，西方也有一种类似麒麟的神兽，即"独角兽"（unicorn），其形如白马，额前有一个螺旋角，代表高贵、高傲和纯洁。

1　（南朝宋）范晔. 后汉书 [M]. 西安：太白文艺出版社，2006：028-029.
2　（南朝宋）范晔. 后汉书 [M]. 西安：太白文艺出版社，2006：347.
3　（南朝宋）范晔. 后汉书 [M]. 西安：太白文艺出版社，2006：682-683.
4　（汉）班固. 汉书 下 [M]. 长沙：岳麓书社，1993：1694-1695.
5　（东汉）王充. 论衡 [M]. 长沙：岳麓书社，2015：219.

西方独角兽的原型已被公认为是印度犀牛[1]，而在西汉时期，"黄支之犀"正是被视为与"九真之麟"相同的四方奇物。东汉班固《西都赋》借"西都宾"之口，盛夸西汉上林苑集中了四方奇物，其文称：

> 西郊则有上圃禁苑，林麓薮泽，陂池连乎蜀汉，缭以周墙，四百余里。离宫别馆，三十六所。神池灵沼，往往而在。其中乃有九真之麟，大宛之马，黄支之犀，条支之鸟。逾昆仑，越巨海，殊方异类，至于三万里。[2]

西汉时期，中国境内仍有犀牛，而上林苑所谓"黄支之犀"[3]，则是来自域外，即黄支国。扬雄《校猎赋》写天子上林苑中狩猎："钩赤豹，牵象犀。"[4]其于《交州牧箴》则云："大汉受命，中国兼该。南海之宇，圣武是恢。稍稍受羁，遂臻黄支。牵来其犀，航海三万。"[5]《汉书·平帝纪》记载："元始二年（2）春，黄支国献犀牛。"《汉书·地理志》记载："平帝元始中，王莽辅政，欲耀威德，厚遗黄支王，令遣使献生犀牛。"[6]《后汉书·南蛮传》："逮王莽辅政，元始二年，日南之南黄支国来献犀牛"[7]王莽上太后《奏羌豪内附书》中夸耀："黄支自三万里贡生犀。"[8]《汉书·王莽传》："肇命于新都，受瑞于黄支。"[9]黄支国，又称建志补罗，距长安三万里，汉平帝元始年间，王莽以重金馈赠黄支王，换取黄支国入贡生犀，先是以此宣耀、颂扬太后功德，后又将黄支之犀作为自己新朝受命的祥瑞。黄支国自"武帝以来皆献见"，

1　公元前 398 年，古希腊作家克泰西亚斯（Ctesias）第一个对这种神奇动物写下记录："印度生活着这样一种野驴，它们和马驹大小相仿，甚至还要更大些。它们有着雪白的身体，绛红的头部，以及深蓝色的眼睛，额头正中长有一根两肘长的独角。"（There are wild asses in India the size of horses and even bigger. They have a white body, crimson head, and deep blue eyes. They have a horn in the middle of their brow）详《克泰西亚斯：印度记（*Ctesias: On India*）》，（Andrew Nichols 英译及笺注，布卢姆兹伯里 [Bloomsbury] 出版社，2011）近代有学者认为，西方独角兽的真正原型，不是印度野驴，而是印度特有的独角犀。

2　（清）姚鼐纂.古文辞类纂评注：下 [M].合肥：安徽教育出版社，1995：1926.

3　孙晓云.中国赋：上 [M].南京：江苏凤凰美术出版社，2019：125.

4　（南朝梁）萧统.中国古代诗文经典选本：昭明文选：第 1 册 [M].北京：华夏出版社，2000：229-232.

5　（南朝梁）萧统.中国古代诗文经典选本：昭明文选：第 1 册 [M].北京：华夏出版社，2000：229-232.

6　（汉）班固.汉书（上）[M].长沙：岳麓书社，1993：691-746.

7　（南朝宋）范晔.后汉书 [M].西安：太白文艺出版社，2006：658.

8　（汉）班固.汉书（下）[M].长沙：岳麓书社，1993：1509-1572.

9　（汉）班固.汉书（下）[M].长沙：岳麓书社，1993：1509-1572.

故地今有二说，一说在印度南部，距马德拉斯西南约 56 公里处，一说为斯里兰卡岛，可知此犀牛是通过海上丝路传入的。林梅村《天禄辟邪与古代中西文化交流》一文考证，天禄、辟邪艺术形象在中原兴起始于东汉桓、灵之际，与中西方文化的蓬勃交流有关，辟邪的动物原型或许是西域犀牛。[1]

古人将犀牛视为镇物辟邪的异兽。傅咸《犀钩铭》："兽曰元犀，处自林麓，食惟棘束，体兼五肉，或有神异，表灵以角。含精吐烈，望如华烛，置之荒野，禽兽莫触。"[2] 所谓"食惟棘束""表灵以角"，根据《抱朴子·登涉篇》的记载，古代南方之人以通天犀犀角有驱鸟、祛湿、祛毒之功效，"南人……以此犀角著谷积上，百鸟不敢集"、[3]"大雾重露之夜以置中庭，终不沾濡也"，[4] 又解释犀角祛毒之原因，"其为兽专食百草之有毒者，及众木有刺棘者，不妄食柔滑之草木也"。[5]《晋书·温峤传》记载，有一次大臣温峤经过武昌的牛渚泊，听说水潭中有精怪。别叫人燃犀下看，照见水中精灵穿衣戴帽，车马出行。后遂以"犀照通灵"比拟洞察奸邪。司马相如《上林赋》述南方之兽，谓"穷奇象犀"，以"穷奇""象""犀"三兽并称。"穷奇"者，是与饕餮、梼杌等并列的四凶之一。《左传·文公十八年》记载称："舜臣尧，宾于四门，流四凶族混沌、穷奇、梼杌、饕餮，投诸四裔，以御魑魅"[6]，原指上古时代舜帝流放到四方的四个凶神。《史记·五帝本纪》则将四凶与上古帝王神话联系起来，以帝鸿氏之不才子"混沌"、少皞氏之不才子"穷奇"、颛顼氏之不才子"梼杌"、缙云氏之不才子"饕餮"合称"四凶"。

从商代到战国，人们把犀牛和象视为神奇的动物，并创作了很多带有犀牛或象等形象的酒器，被称为犀尊或象尊。1963 年，陕西兴平曾发现一件错金银铜犀尊，属于战国至于西汉年代作品，通高 34.4 厘米，长 58.1 厘米，重 13.3 公斤，现由中国国家博物馆珍藏。用犀牛形象镇妖辟邪的现象，战国晚期已经出现，汉代仍然沿袭这种观念，李冰为秦蜀郡太守，曾作石犀牛

1　参见林梅村.汉唐西域与中国文明 [M].北京：文物出版社，1998：97-98.
2　李昉.太平御览，第八卷 [M].孙雍长，熊毓兰校点.石家庄：河北教育出版社，1994：139.
3　（晋）葛洪.抱朴子内篇：肘后备急方今译 [M].梅全喜，郝近大，冉懋雄等编译.北京：中国中医药出版社，2015：161.
4　（晋）葛洪.抱朴子内篇：肘后备急方今译 [M].梅全喜，郝近大，冉懋雄等编译.北京：中国中医药出版社，2015：161.
5　（晋）葛洪.抱朴子内篇：肘后备急方今译 [M].梅全喜，郝近大，冉懋雄等编译.北京：中国中医药出版社，2015：161.
6　（春秋）左丘明.春秋左传 [M].哈尔滨：哈尔滨出版社，2015：146.

五枚，以镇压水怪，"江水为害，蜀守李冰作石犀牛数枚。二枚在府中，一在市南下，二在渊中，以压水精，因曰石犀里也"[1]。河北平山县中山国王墓出土错金银铜犀牛屏风座，犀牛背上的銎口用来插放屏风扇，上面饰有山羊面，值得注意者，此犀牛形象一改战国犀尊的写实造型，其犀角在头顶的位置，角尖朝后，躯干虽保留壮硕之特点，而一改肥胖笨拙之体态，尤其腰、腹、肩、臀等部位，似马不似牛，前后肢为明显的马蹄造型，呈奔倨之动作。林梅村等人亦指出，这种犀牛形象可能就是辟邪的早期形象之一。1952 年，在徐州茅村发现的汉墓前室门额，与左青龙、右白虎并刻有独角犀，亦显然出于辟邪的观念。

三、文献史料与翼兽定名

1. 虡兽

虡的金文作𧇾[2]。虡是悬挂钟磬架子两侧的立柱，包括钟虡与磬虡。传世、出土文献中均见记载。《诗经·大雅·灵台》"虡业维枞，贲鼓维镛。于论鼓钟，于乐辟雍"[3]；《诗经·周颂·有瞽》"有瞽有瞽，在周之庭。设业设虡，崇牙树羽"[4]；《周礼·春官·典庸器》"及祭祀，帅其属而设，陈庸器"[5]。1955 年安徽寿县蔡侯申墓出土吴王光青铜钟残片，其上亦有"条虡既设"的铭文[6]。

最初，虡指乐悬两侧的立柱，所谓"植者曰虡，横者曰栒"[7]，到了汉代，逐渐变为专指钟鼓架座的脚座部分。《说文解字》解释"虡"字的含义，以虡为"钟鼓之柎"。柎，文言文中同足，专指器物的脚。《急就篇》颜师古注称"柎，谓下施足也"[8]。

《玉篇》记载"钟磬之柎，以猛兽为饰也"。[9]虡由先秦乐悬两侧的立柱，变为专指乐悬立柱的底座（脚座），又进一步引申为用于装饰钟虡的猛兽的

1　车吉心.中华野史：第 1 卷：先秦至隋朝卷 [M].孙家洲卷主编.济南：泰山出版社，2000：9-10.
2　李亚明.考工记名物图解 [M].北京：中国广播影视出版社，2019：252.
3　谭国清.中华藏典传世文选：四书五经 1[M].北京：西苑出版社，2003：189.
4　谭国清.中华藏典传世文选：四书五经 1[M].北京：西苑出版社，2003：202.
5　（清）李光坡.周礼述注 [M].北京：商务印书馆，2019：243.
6　程鹏万.试论吴光钟铭文"条虡既设"的连续 [J].古文字研究，2012（1）：399.
7　祝秀权著.诗经正义：上 [M].北京：生活·读书·新知三联书店，2020：241.
8　夏征农.辞海：1999 年版缩印本 [M].上海：上海辞书出版社，2000：1556.
9　张力伟，汪耀楠，崔卓力，等.康熙字典通解：中 [M].长春：时代文艺出版社，1997：2016.

名称，以上是有关虡的含义在汉代出现的两种新变化。清代孙怡让指出："古饰钟虡以猛兽，说者因误以虡为兽名。后汉书董卓传李注引前书音义及汉书郊祀志贾山传颜注并以笋虡之虡为神兽，此盖以为豦之假字，非古义也。"同时代戴震亦说："嬴者为钟虡，羽者为磬虡，皆所以负笋，非为虡下之跗也。"清代乾嘉学者精于名物训诂，已经注意到了先秦至两汉有关虡的含义的种种变化，即所谓"说者因误以虡为兽名"、钟虡磬虡"非为虡下之跗也"等说法不合古义（"非古义也"）的地方。

2. 螭

汉人将虡作为钟磬悬架的脚座，最初以猛兽装饰，稍晚这种装饰主题不断演变，成为比较固定的神话动物形象，这是一个渐进的过程。从出土器物的造型来观察，汉代所谓的虡兽，这种龙首兽身、背负双翼的神兽，究竟有何象征意义？其造型的原型、特征又当作如何理解呢？我们认为，海昏侯墓及大云山江都王陵所见的龙首兽身带翼神兽的造型，可能是将汉代的"螭"作为虡兽形象的一种例子。

据郑玄注，《周礼·考工记》"梓人为笋虡"的记载中，以天下之大兽五，以为虡兽，《周礼·考工记》记载梓人为笋虡"，其文称：

> 梓人为笋虡：天下之大兽五：脂者，膏者，嬴者，羽者，鳞者。宗庙之事，脂者膏者以为牲，嬴者羽者鳞者以为笋虡。[1]

同篇又分别记载了可用作雕饰钟虡、磬虡以及笋的猛兽形象：

> 厚唇弇口，出目短耳，大胸耀后，大体短脰。若是者谓之嬴属，恒有力而不能走，其声大而宏。有力而不能走，则于任重宜。大声而宏，则于钟宜。若是者以为钟虡，是故击其所县而由其虡鸣。[2]

> 锐喙决吻，数目顾脰，小体骞腹。若是者谓之羽属，恒无力而轻，其声清阳而远闻。"无力而轻"，则于任轻宜，"其声清阳而远闻"，于磬宜。若是者以为磬虡，故击其所县而由其虡鸣。[3]

1　（清）李光坡. 周礼述注 [M]. 北京：商务印书馆，2019：458-462.

2　（清）李光坡. 周礼述注 [M]. 北京：商务印书馆，2019：458-462.

3　（清）李光坡. 周礼述注 [M]. 北京：商务印书馆，2019：458-462.

小首而长，抟身而鸿，若是者谓之鳞属，以为笋。[1]

"梓人"，是古代木工的一种，《考工记·总序》说，木工有七，其一为梓人，专造饮器、箭靶和钟磬的架子[2]。后世亦称建筑工人为"梓人"。柳宗元《梓人传》："裴封叔之弟在光德里，有梓人款其门，愿佣隙宇而处焉。所职，寻、引、规、矩、绳、墨，家不居砻斫之器。问其能，曰：'吾善度材。视栋宇之制，高深圆方短长之宜，吾指使而群工役焉。'"[3]《尔雅·释器》记载："木谓之虡，所以挂钟磬。"[4]也正是因古代乐悬架座多为木制，较易朽烂，用作悬挂钟磬横木的"笋"，作为立柱的"虡"，出土实物数量有限。我们今天根据考古发掘及馆藏资料来看，认定为汉代乐器架座的实物，主要就是以陶、铜、玉质材料制作并保留下来的被称为"虡"的钟磬支架底座了。

根据《考工记》的说法，"天下之大兽五"，脂、膏、臝、羽、鳞，"臝者羽者鳞者以为笋虡"[5]，其中鳞者为笋，臝者为钟虡，羽者为磬虡。同书地官"大司徒"中又列举毛物、鳞物、羽物、介物、臝物等五种动物[6]。而根据《大戴礼记·易本命》对禽兽万物做的五种分类，"有羽之虫三百六十，而凤皇为之长；有毛之虫三百六十，而麒麟为之长；有甲之虫三百六十，而神龟为之长；有鳞之虫三百六十，而蛟龙为之长；倮之虫三百六十，而圣人为之长，此乾坤之美类，禽兽万物之数也"[7]，几种说法进行对比，有关羽、鳞的分类其含义较为明显，而《周礼》中对于臝兽的定义成为理解虡兽造型来源的关键。

何为脂者、膏者、臝者、羽者、鳞者？（表2-1）根据郑玄注，"脂，牛羊属。膏，豕属。臝者，谓虎豹貔螭为兽浅毛者之属。羽，鸟属。鳞，龙

1　（清）李光坡.周礼述注[M].北京：商务印书馆，2019：458-462.
2　《周礼·考工记》："凡攻木之工七，攻金之工六，攻皮之工五，设色之工五，刮摩之工五，搏埴之工二。攻木之工：轮、舆、弓、庐、匠、车、梓。攻金之工：筑、冶、凫、栗、段、桃。攻皮之工：函、鲍、韗、韦、裘。设色之工：画、缋、钟、筐、㡛。刮摩之工：玉、楖、雕、矢、磬。搏埴之工：陶、瓬。"
3　何香久.中国历代名家散文大系：隋唐五代卷[M].北京：人民日报出版社，1999：583-586.
4　（晋）郭璞注.尔雅[M].杭州：浙江古籍出版社，2011：32-34.
5　（清）李光坡.周礼述注[M].北京：商务印书馆，2019：458-462.
6　以土会之法辨五地之物生：一曰山林，其动物宜毛物，其植物宜皂物，其民毛而方；二曰川泽，其动物宜鳞物，其植物宜膏物，其民黑而津；三曰丘陵，其动物宜羽物，其植物宜覈物，其民专而长；四曰坟衍，其动物宜介物，其植物宜荚物，其民皙而瘠；五曰原隰，其动物宜臝物，其植物宜丛物，其民丰肉而庳。
7　黄怀信.大戴礼记译注[M].上海：上海古籍出版社，2019：335.

蛇之属。"[1]在《大司徒》注中，郑玄又说："赢物，虎豹貔貅之属，浅毛者。"[2]
可知"赢"指的便是一类体毛短浅，类似虎豹的猛兽。而在虎豹貔貅（一作
"貅"）之中，虎豹为现实中存在的动物，貔、貅的名称则令人既熟悉又
陌生，熟悉之处是古人常用来指代猛兽，陌生原因在于这两种动物的具体
形象似乎又来自古人的丰富想象，而难作具体考证。释"貅"，唐代贾公
彦疏谓："《尔雅》及诸经不见有貅，《曲礼》云"载貔貅"，此郑云貔
貅，貅即貅也"，是将"貔貅"作为"貔貅"的异文。[3]清代洪颐煊、孙怡
让等先后对此说提出质疑，认为貅当为"貅"的异体字，"'离'俗作'貅'，
'貅'即'貅'之伪体"，《大司徒》注"貔貅"应是《考工记》注"貔
貅"的异文，并举出《史记·周本纪》《说文》《文选》及诸家注有关"貅，
猛兽也"的说法作为旁证。

表 2-1　梓人为笋虡

天下之大兽五	宗庙之事	文献
赢者	以为钟虡	厚唇弇口，出目短耳，大胸耀后，大体短脰。若是者谓之赢属，恒有力而不能走，其声大而宏。有力而不能走，则于任重宜。大声而宏，则于钟宜。若是者以为钟虡，是故击其所县而由其虡鸣。
羽者	以为磬虡	锐喙决吻，数目顅脰，小体骞腹。若是者谓之羽属，恒无力而轻，其声清阳而远闻。"无力而轻"，则于任轻宜，"其声清阳而远闻"，于磬宜。若是者以为磬虡，故击其所县而由其虡鸣。
鳞者	以为笋	小首而长，抟身而鸿，若是者谓之鳞属，以为笋。
脂者，膏者	以为牲	

　　关于"貔"，先秦秦汉文献中有见"貔貅"并称，如《逸周书·周祝》："山
之深也，虎豹貔貅何为可服？"[4]《礼记·曲礼》："前有挚兽，则载貔貅。"[5]
《史记·五帝本纪》："（黄帝）教熊罴貔貅䝙虎，以与炎帝战于阪泉之野。"[6]
徐珂《清稗类钞》云："貔貅，形似虎，或曰似熊，毛色灰白，辽东人谓之白熊。

1　（清）李光坡.周礼述注 [M].北京：商务印书馆，2019：458-462.
2　（清）李光坡.周礼述注 [M].北京：商务印书馆，2019：93.
3　（汉）郑玄.四库家藏：周礼注疏 [M].济南：山东画报出版社，2004：258.
4　王志.屈赋论笺 [M].上海：上海三联书店，2015：137-138.
5　史靖妍.礼记·尚书 典藏版 [M].桂林：漓江出版社，2017：40.
6　（汉）司马迁.史记精华本 [M].沈阳：万卷出版公司，2016：001-002.

雄者曰貔，雌者曰貅，故，古人多连举之。"[1]而据《说文》《尔雅》等汉代字书，"貔"字在当时似乎又有所专指，《尔雅》云："貔，白狐。"[2]《说文·豸部》云："貔，豹属，出貉国浅毛者。"[3]张守节《史记正义》引郭璞又云："貔，执夷，虎属也。"[4]总之，貔兽是狐是豹，豹属虎属，貔貅原指一种野兽还是两种野兽，是写实动物还是神话想象的动物，以上种种，文献虽有记载，其含义则经历漫长历史演变，我们无法——考证了。在后来的民俗中，人们又以"貔貅"别称"辟邪""天禄""百解"，俗称"貔大虎"，是中国古书记载和民间传说的兼具猛兽、瑞兽两种性质的神话动物，亦可视为虞兽形象源流演变之一端。

螭兽本是战国秦汉时期的一种神话动物，从文献记载来看，有关螭的记述，最迟在战国时已经出现，似龙、无角、兽形是其主要特征，至于其传说来源，则尤其值得关注。《说文解字》记载："螭，若龙而黄，北方谓之地蝼，从虫，离声，或无角曰螭。"[5]地蝼，一名土蝼，是《山海经》中记载的一种神话生物，《山海经·西山经》："昆仑之丘有兽焉，其状如羊而四角，名曰土蝼，是食人。"[6]《竹书纪年注》有大蝼如羊。《魏公卿上尊号奏》有熊之兴，地出大蝼。《左传·昭公九年》投诸四裔，以御螭魅。《注》螭魅，山林异气所生，为人害者。《左传·宣公三年》有"螭魅魍魉，莫能逢之"之载，其中"螭"字，据注家称："螭，山神，兽形。"[7]《史记·五帝纪》注："螭魅，人面兽身四足，好惑人。"[8]可见"螭"的本义，原是与"魑"字相通，是一种带角的四足兽，近乎山神精怪，能够作祟害人。因此，许慎将《左传》中的"螭"与《山海经》中的土蝼并列。

实际上，在战国秦汉有关龙的崇拜观念中，也往往也看到一些山神怪兽崇拜的因素。龙作一足者，考古界习称为"夔龙"。《国语·鲁语》："木石之怪，夔罔两。"[9]《山海经·大荒东经》："有兽状如牛，苍身而无角，

1　（清）徐珂.清稗类钞：第41册：动物：上（第5版）[M].上海：商务印书馆，1928：15.
2　（晋）郭璞.尔雅[M].杭州：浙江古籍出版社，2011：72-74.
3　（汉）许慎.说文解字[M].上海：上海古籍出版社，2007：472.
4　（汉）司马迁.史记[M].长春：吉林人民出版社，2005：2145.
5　（汉）许慎.说文解字[M].上海：上海古籍出版社，2007：666-676.
6　（晋）郭璞注，（清）毕沅校.山海经[M].上海：上海古籍出版社，1989：16-33.
7　（春秋）左丘明撰，（晋）杜预集解.春秋左传集解：上[M].李梦生整理.南京：凤凰出版社，2020：281.
8　（汉）司马迁.史记[M].武汉：崇文书局，2010：1-6.
9　（春秋）左丘明.国语[M].南京：凤凰出版社，2009：72.

一足……名夔。"[1]《说文解字·部》："夔，神魖也，如龙一足。"[2] 尤仁德指出："故夔者，魑魅魍魉或怪兽之属，有一足，虽与一足龙相仿，而与龙应为二物，'夔龙'之名似失当。"[3]

核诸汉代文献，螭的形象，亦兼有龙虎的特征。以螭为龙，楚辞："驾两龙兮骖螭。"唐代徐坚《初学记》又注引《淮南子·天文训》："爰止羲和，爰息六螭。"[4] 徐坚注云："曰乘车，驾以六龙，羲和御之。"《正韵》亦作彲。《史记·齐世家》非龙非彲。《韵会》亦作离。《史记·周本纪》如豺如离。《荀子·赋篇》已有"螭龙为蝘蜓，鸱枭为凤凰"[5] 之句，曹植《桂之树行》作"上有栖鸾，下有盘螭"，[6] 其义相近。《汉书·司马相如传》"蛟龙赤螭"[7] 一句，其中对"赤螭"一词，文颖注称"螭为龙子"，张揖以为"赤螭，雌龙也"。根据前举许慎《说文》中"若龙而黄""无角曰螭"的说法，后世便以螭作为没有角的龙，更将"螭首""螭吻"作为建筑排水口或房屋角檐的装饰，喻义"螭首散水"。

将螭与虎的形象相联系，《后汉书·光武帝纪》李贤注引蔡邕《独断》曰："皇帝六玺，皆玉螭虎钮。"[8]《宋书》记载：初，汉高祖入关，得秦始皇蓝田玉玺，螭虎钮。文曰："受天之命，皇帝寿昌。"高祖佩之，后代名曰传国玺。汉人崇尚螭虎，班固《封燕然山铭》有"鹰扬之校，螭虎之士"的句子。《汉书·扬雄传》韦昭注"（螭）似虎而鳞"[9]，则是兼具了虎的形象与龙体表覆鳞的特征。同时，我们也注意到，螭与虎，这两种动物形象，并见于考古出土的器物资料，亦存在明显的区别。所以，尤仁德又分析说："虽然战国汉代兵剑上常镶有螭纹玉饰，但螭为神兽，虎是真物，二者不可牵合。湖南长沙南郊砂子塘西汉墓出土的滑石珌（《考古》1965 年第 3 期图版叁）所饰虎纹，其造型与螭纹迥别，说明古代螭纹与虎纹本不相混淆。"

四、钟虡之饰与图像之美

《考工记》"梓人为笋虡"的记载，不仅对笋虡之饰的猛兽类别提出要求，

1　（晋）郭璞注，（清）毕沅校.山海经 [M].上海：上海古籍出版社，1989：104-106.

2　（汉）许慎.说文解字 [M].上海：上海古籍出版社，2007：264.

3　尤仁德.商代玉雕龙纹的造型与纹饰研究 [J].文物，1981（08）：56-60.

4　屈原等.楚辞注释（第 2 版）[M].武汉：湖北人民出版社，1999：131.

5　叁壹，冯蕾.荀子 [M].西安：太白文艺出版社，2009：177.

6　（宋）郭茂倩.乐府诗集：下 [M].上海：上海古籍出版社，2016：767.

7　（汉）班固.汉书（下）[M].长沙：岳麓书社，1993：968-984.

8　（南朝宋）范晔.后汉书：人物全传：本纪 [M].方铭点校.北京：北京时代华文书局，2014：25.

9　（汉）班固.汉书（下）[M].长沙：岳麓书社，1993：1313-1330.

对其形象刻画也有特殊的审美追求："凡攫杀援噬之类，必深其爪，出其目，作其鳞之而。深其爪，出其目，作其鳞之而，则于视必拨尔而怒。苟拨尔而怒，则于任重宜且其匪色必似鸣矣。爪不深，目不出，鳞之而不作，则必颓尔如委矣，苟颓尔如委，则加任焉，则必如将废措，其匪色必似不鸣矣。"[1]意思是猛兽的造型设计必须是爪蜷缩，目圆瞪，鳞毛竖起，呈精神亢奋之状，有"拨尔而怒"的威仪，否则就萎靡不振，不能发声宏壮，奏黄钟大吕之音。有学者认为，"'深其爪、出其目、作其鳞之而'的动物搏斗前的临战状态正是一种勇猛之形，充满一种强壮力量。"[2]"拨尔而怒"历来无详解，其中"拨"即"发"，《诗经·七月》"一之日觱发，二之日栗烈。"引申为刚健、气盛之状。"怒"，奋起的样子，如《逍遥游》"（鹏）怒而其翼若垂天之云"，也是指强势奋起，气势如虹。可见，"拨尔而怒"就是"强盛猛烈，刚健奋发"的情状。钟虡之饰的审美追求正是如上所述的"拨尔而怒"，因此工匠在制作此物时，尤其注重猛兽爪深、目出、鳞作的设计，因为只有通过这一鳞一爪一目的刻画与象征，才能有效展示猛兽整体的力量感和拨尔而怒的状态，才能与声音宏大的笋虡相配。如图 2-1，海昏侯刘贺墓出土的钟虡图像，为我们综合呈现了这种神秘力量和"拨尔而怒"的独特美感。通过其昂首跃动之姿，似乎能看到权力的象征、吉祥的寓意以及昂扬的斗志。

　　由于青铜器天生的色泽和祭祀功用，自带古朴、神秘、敬畏甚至压抑的气息。因此李泽厚先生在研究青铜审美时，认为其具有"狞厉的美"，"突出在这种神秘威吓面前的畏怖、恐惧、残酷和凶狠"，"以饕餮为代表的青铜器纹饰具有肯定自身、保护社会、'协上下''承天休'的祯祥意义。"[3]在礼乐祭祀的重大典礼中，所有钟鼎器物纹饰的审美追求应该是统一的，要向祖先神灵祈福，要承担"协上下""承天休"的职能，自然要呈现一派生机勃勃，以示部族繁衍强盛之势。从历史上看，这种繁盛雄强、拨尔而怒其实也是一种时代精神的呈现，是对新质生产力的肯定。是从沉重而漫长的石器时代迈入青铜时代，对最新掌握的金属工艺所带来的社会生产力的讴歌，对人类自身力量的进一步体认。因此从海昏侯刘贺墓出土钟虡图像来看，青

1　（清）李光坡.周礼述注 [M].北京：商务印书馆，2019：458-462.

2　刘道广，许旸，卿尚东.图证《考工记》新注、新译及其设计学意义 [M].南京：东南大学出版社，2012：16.

3　李泽厚.美的历程 [M].天津：天津社会科学院出版社，2002：43.

铜器造型纹饰"狞厉美"之说还值得商榷，其并非"神秘威吓面前的畏怖、恐惧、残酷和凶狠"，而是奋发雄强的时代之音，是"力量"的象征。

　　汉代的织绣印染、彩画丹漆、错金银等工艺品种，均色彩绚烂，在"审美"上同属热烈高亢的"拨尔而怒"一系。从形式风格上说，这种"拨尔而怒"的艺术感受确实有着时代差异。在殷商、西周时代，钟鼎之饰偏于沉着、稳健和威仪，其后，形式风格却逐渐转向飞扬。如果说前者是庄重肃穆，雄伟激烈；后者则是轻快庄重，活泼热烈。汉代"尚轻"，《史记》中多次出现"骠轻""轻捍""轻利""精而轻"等民间俗语，汉代青铜器也逐渐向实用、轻巧的趋势转型，器型变小，器壁变薄，体重变轻，且形态轻盈，变化多端。如海昏侯刘贺墓出现不少鹿镇、雁镇等动物形镇，江苏盱眙大云山汉墓错金银铜虎小巧精致。总之，海昏侯刘贺墓出土钟虡翼兽的"拨尔而怒"，让我们看到了雄强振奋之美，以及器物装饰的时代之变。

　　五、云虡纹与升仙信仰

　　从西汉晚期至东汉时期，出土乐器架座实物渐少，但画像砖对乐器架座图像的摹写大为增加，汉代还出现了与此类翼兽极为密切的纹饰——云龙角虡纹（简称"云虡纹"）。在汉代漆棺或器物装饰画中，经常可以看到连山、云气、瑞兽、仙人的组合图案，它们在汉代艺术中形成稳定的图案母题，笔者认为它与钟虡翼兽有所关联的产物就是云虡纹。长沙砂子塘西汉早期墓葬还出现了钟虡与翼兽组合图像。

　　云虡纹是《后汉书》记载漆器纹饰的一个名称。如《后汉书·舆服志》"第二十九"记载："太皇太后、皇太后法驾，皆御金根，加交（路）（络）帐裳。非法驾，则乘紫罽軿车，云木虡文画辀，黄金涂五末，盖蚤。"[1]云虡纹也简称虡纹。《后汉书·舆服志》记载，皇子所乘"朱班轮，青盖，金华蚤，黑虡文，画轓文辀，金涂五末"[2]。大行载车，"其饰如金根车，加施组连璧交络四角，金龙首衔璧，垂五采，析羽流苏前后，云气画帷裳，木虡文画曲辀，长悬车等。"[3]"乘舆、金根、安车、立车，轮皆朱班重牙，贰毂两辖，金薄缪龙，为舆倚较，文虎伏轼，龙首衔轭，左右吉阳筩，鸾雀立衡，木虡文画

1　（南朝宋）范晔.后汉书[M].杭州：浙江古籍出版社，2000：1005.
2　（南朝宋）范晔.后汉书[M].杭州：浙江古籍出版社，2000：1005.
3　（南朝宋）范晔.后汉书[M].杭州：浙江古籍出版社，2000：1007.

辂。"[1]"诸车之文：乘舆，倚龙伏虎，木虡文画辀，龙首衔衡，重牙班轮，升龙飞軨。皇太子、诸侯王，倚虎伏鹿，木虡文画辀轓。"[2]《后汉志》载："东园匠、考工令奏东园秘器，表里洞赤，虡文画日、月、鸟、龟、龙、虎、连璧、偃月，牙桧梓宫如故事。"[3]晋崔豹《古今注》卷上："汉成帝顾成庙……槐树悉为扶老拘栏，画飞云、龙、角虡于其上。"[4]"虡纹"或"云虡纹"具体是什么纹样，史料并无具体记载。但汉代皇室和大臣车子的车辕、车厢上，都规定要画云虡纹，而且它还广施于车辆、棺椁，以及殿堂屋宇，应该不太罕见。

长沙砂子塘西汉墓的两重棺朱漆外棺彩绘红、白、黑、棕、黄等各色精美的花纹，头端挡板以黑色为底，以深黄色的拱璧为主纹，绘凤鸟、流苏、璎珞之类，凤鸟口中衔磬。足端挡板绘钟磬悬垂，上有虎豹，呈回首状，豹上各有一羽翼神人。菱形纹与云虡纹相配。两面侧板漆画相同，结构严谨：正中以连纹绘陡峭悬绝、高耸入云、仙气缭绕的神山，山下两侧各有一豹把守，其余空隙则绘以生动流畅的变云纹，一夔龙、一螭蛟游于云气中，皆雄劲生动。据发掘简报分析，漆绘凤鸟和虎豹形象很可能与磬虡、钟虡的装饰有关。又《后汉书·礼仪志》下云，"诸侯王、公主、贵人皆樟棺，洞朱，云气画"[5]，而两侧棺板的枚饰，可能即是类似上述的"云气画"。

《说文·虍部》云："虡，钟鼓之柎也，饰为猛兽。"[6]虡是钟、鼓的架座，底座常雕刻怪兽，即赢属之兽。《上林赋》云："撞千石之钟，立万石之虡"；班固《西都赋》描绘长安宫"列钟虡于中庭，立金人于端闱"[7]；张衡《西京赋》有"仰福帝居，阳曜阴藏。洪钟万钧，猛虡趪趪。负笋业而余怒，乃奋翅而腾骧"[8]；蔡邕《隶势》："钟虡设张，庭燎飞烟"[9]；晋干宝《搜神记》卷九："终当使系嗣死于钟虡之间，大子毙于金酒之中"[10]；《新唐书·于公异传》：

1 （南朝宋）范晔.后汉书[M].杭州：浙江古籍出版社，2000：1006.
2 （南朝宋）范晔.后汉书[M].杭州：浙江古籍出版社，2000：1007.
3 （南朝宋）范晔.后汉书[M].杭州：浙江古籍出版社，2000：916.
4 孙机.从历史中醒来孙机谈中国古文物[M].北京：生活·读书·新知三联书店，2016：323.
5 （南朝宋）范晔.后汉书[M].杭州：浙江古籍出版社，2000：919.
6 （汉）许慎原著，汤可敬撰.说文解字今释[M].长沙：岳麓书社，1997：668.
7 王长顺.汉赋长安[M].西安：西安出版社，2016：104.
8 于永玉，郭守信.四库全书精华文白对照全译：集部1[M].北京：中国文史出版社，2005：84.
9 （清）李兆洛选辑，楚生点校.骈体文钞[M].长沙：岳麓书社，1992：498.
10 许嘉璐.二十四史：晋书第二册（全译繁体精装版）[M].北京：同心出版社，2012：938.

"钟虡不移，庙貌如故。"[1]由此可见，秦汉以来，特别是汉代的宫观、祠畤、陵墓等大型建筑物往往都配有青铜钟虡和石刻作装饰，而装饰钟虡的正是"奋翅而腾骧"的有翼神兽。长此以往，当这种装饰手法久相沿袭形成定制以后，虡就逐渐演变成这种怪兽的专名通名。

《旧唐书·舆服志》说玉辂"画虡文"[2]，《新唐书·车服志》作"画苣文"[3]。又《水经注·浊漳水》说邺城东门石桥两柱"柱侧悉镂云矩，上作蟠螭"[4]，可见，除钟虡外，虡纹同"巨虚"这种动物也不无关联。巨虚在当时也不算冷僻，《急就篇》中提到"豹、狐、距虚、犳、犀、咒"[5]；汉刘向《说苑·复恩》提到："北方有兽，其名曰蹷……食得甘草，必啮以遗蛩蛩巨虚；蛩蛩巨虚见人将来，必负蹷以走。"[6]孙机先生认为："汉代一般观念中的所谓'虡'或'巨虚'，就具有孔武有力、能辟除邪厉和体型矫健、迅捷善跑的两重属性。"[7]至于虡之形象，如孙机所言"这种神兽到底是个什么样子，它的形象有哪些特点，古文献中却说得很不明确。"[8]一说体型似驴骡；一说头上戴长角。贾谊《虡赋》云："牧太平以深志，象巨兽之屈奇，妙雕文以刻镂，舒循尾之采垂，举其锯牙，以左右相指，负大钟而欲飞。"[9]《汉书·郊祀志下》："建章、未央、长乐宫钟虡铜人皆生毛，长一寸所，时以为美祥。"[10]颜师古注只说虡为神兽。《后汉书·董卓传》："又坏五铢钱，更铸小钱，悉取洛阳及长安铜人、钟虡、飞廉、铜马之属，以充铸焉。"[11]李贤注引《前书音义》也含糊地称它是"鹿头龙身"的神兽。因而"这个名称实际上成了对神兽的泛指。把握住这一点，就可以理解到，汉代文物中常见的那类以各种灵禽异兽穿插奔驰于云气中的图案，原来就是所谓云虡纹或虡纹"[12]。孙先生关于云虡纹的说法，学界广泛认同。要之，汉人观念中的"虡"，是由钟磬架座上的各类神兽图像逐渐演

1　（清）洪昇著，（清）吴人评点，李保民点校.长生殿[M].上海：上海古籍出版社，2017：110.

2　尤炜祥.两唐书疑义考释《旧唐书》卷[M].杭州：西泠印社出版社，2012：161.

3　刘毅.新唐书[M].北京：北京燕山出版社，2010：194.

4　（北魏）郦道元.水经注：中[M].呼和浩特：远方出版社，2007：188.

5　王文采.周易经象义证：下[M].北京：九州出版社，2012：398.

6　（汉）刘向.说苑斠补[M].昆明：云南人民出版社，1959：103.

7　孙机.从历史中醒来孙机谈中国古文物[M].北京：生活·读书·新知三联书店，2016：324.

8　孙机.从历史中醒来孙机谈中国古文物[M].北京：生活·读书·新知三联书店，2016：324.

9　（汉）贾谊.贾谊集贾太傅新书[M].长沙：岳麓书社，2010：145.

10　（汉）班固.汉书上[M].长沙：岳麓书社，2009：231.

11　（南朝宋）范晔.后汉书[M].杭州：浙江古籍出版社，2000：658.

12　孙机.从历史中醒来孙机谈中国古文物[M].北京：生活·读书·新知三联书店，2016：324—325.

变成的神兽专称，带有辟除邪厉，兆吉避凶之意。汉代铜镜中常有这样的铭文，如四神间隔规矩镜铭文："仓（苍）龙白虎神而明，赤爵（雀）玄武顺阴阳。角王钜（巨）虚辟不详（祥），七子九孙治中央"[1]，东汉龙氏镜铭文"刻画奇守（兽）成文章，距虚辟邪除群凶，除（狮）子天禄会是中，长宜子孙大吉羊（祥）"[2]；刘贺墓孔子衣镜镜掩上的铭文："猛兽鸷虫兮守户房，据两蜚居兮匜凶殃，傀伟奇物兮除不详。"[3]"蜚居"即"飞虡"，就是说立柱雕刻有飞禽走兽，镜匣的两个铜环就套在"飞虡"之上。

上述这些镜铭告诉我们，虡是一种辟邪祛凶的神兽，能够"长宜子孙""长乐未央""延年益寿"。所以，它被人们视为祥瑞之物，把它画在日常用具和明器上，趋吉避凶，生前死后，吉祥如意。但是，虡作为天上的神兽，毕竟是幻想之物，人们穷尽想象，出现了各色衍生图像，如黄香的《九宫赋》："乘根车而驾神马，骖驎駻而侠穷奇，使织女骖乘王良为之御。三台执兵而奉引，轩辕乘驱駼而先驱，招摇丰隆骑狮子而侠毂，各先后以为云车。左青龙而右觜觽，前七星而腾蛇。"[4]，《逸周书·卷六月令解》："是月也，命乐师修鞀鞞鼓，均琴瑟管箫，执干戚戈羽，调竽笙埙篪，饬钟磬柷敔，命有司为民气祀山川百原，大雩。帝用盛乐，乃命百县雩祭祀，百辟卿士有益于民者，以祈谷实。"[5]

云虡纹在汉代蔚然成风，不仅广泛运用于现实生活，而且蔓延到了黄泉世界。当此类图像进入明器和墓葬系统时，更是异彩纷呈。马王堆1号汉墓黑地彩绘外棺绘有怪诞奇幻的纹饰，穿梭于流云中的神兽羽人众多，云纹中可见神怪形象出入其间。有学者认为漆棺怪物可能与镇墓兽有关，又怀疑为《山海经·大荒北经》"疆良"之类的怪神。巫鸿、贺西林等讨论此棺图像，即以所绘为黄泉或地狱的场景。《楚辞·招魂》称土伯居于幽都："魂兮归来！君无下此幽都些。土伯九约，其角觺觺些。敦胪血拇，逐人伂駓駓些。参目虎首，其身若牛些。此皆甘人，归来！恐自遗灾些。"[6]该棺内髹朱漆，外黑漆为地，用朱、白、黑、黄、绿等颜色，绘出流动奔放的云气，云气间隐见

1　张宏林.汉镜中的祥瑞纹饰与避邪铭文 [J].收藏家，2017（2）：61.
2　管维良.中国铜镜史 [M].重庆：重庆出版社，2006：133.
3　时嘉艺.汉代镜铭体式演变与七言镜铭的生成 [J].长江师范学院学报，2019（3）：67.
4　王飞鸿.中国历代名赋大观 [M].北京：北京燕山出版社，2007：189.
5　吕不韦.吕氏春秋 [M].哈尔滨：北方文艺出版社，2018：48.
6　屈原等.楚辞 [M].扬州：广陵书社，2018：112.

111 个形态各异的神禽异兽，有怪神、怪兽、仙人、鸾鸟、鹤、豹，以及牛、鹿、蛇等，充满了扑朔迷离的想象，组成了 57 幅造型生动的画面，这应该是云虡纹漆画的典型作品。也有学者提出，第三层朱地彩绘棺不但通体内外髹朱漆（"表里洞赤"），在复杂多变的云气纹中还绘有鸟、龙、虎、璧四种神怪，与文献的对应程度更高，棺上的多角神兽极有可能是"虡"。我们认为，如果把图案中的每一个灵怪都作出解说，寻求情节联系，反而胶滞难通，如孙机所言把它看作在云虡纹中"画以杂兽"似乎更为妥当。《隋书·礼仪志》就记载"画轮毂、辀衡以云牙，箱轵以虡文，虡内画以杂兽"[1]。墓葬是个微观宇宙，单独画像往往构成一个结构严谨的图像组合，可进行了深入和细致的图像学观察、分析、比较。我们强调在葬仪中理解图像，以及图像作为葬仪一部分所具有的功能意义。我们认为将虡画在漆棺上，正是取其吉祥、守护之义。

按《后汉书·礼仪志》记载，只有天子的梓宫才能有虡文画。长沙马王堆 1 号汉墓的墓主只是区区轪侯夫人，为什么漆棺也能装饰云虡纹？由于《后汉书·礼仪志》记载的主要是东汉的制度，而西汉的等级规定，没有东汉那么严格，因此不少西汉墓均出土云虡纹。尤其汉初政治制度仍沿袭秦制，所谓"列侯皆令自置吏，得赋敛"[2]"置百官宫观，僭于天子"[3]"天子与诸侯，臣同，御同，宫墙门卫同"[4]。因而轪侯墓也可以享受"虡文画"梓宫的殊荣。

除长沙马王堆 1 号、3 号汉墓之外，近十年来，考古工作者还发现了许多精美的云虡纹漆器，如江苏邗江姚庄 101 号西汉墓、扬州郊区西汉墓、湖北江陵西汉墓、甘肃武威汉墓、朝鲜西汉王盱墓等。此外，大型漆器的云虡纹，内容丰富多彩，小件漆器，则画得比较简单，有的仅在云气中，画一个羽人（仙人），一只或几只神兽，一条龙、一只凤凰，或几只飞豹。但是，无论是哪种云虡纹画，都是非常精彩的。扬州博物馆所藏西汉银扣彩绘云气纹漆七子奁，该器为筒状，盖顶呈三道起脊式拱形，内置七只形状各异的子奁盒。全套均内髹朱漆，外髹褐漆，另外用赭色在器表满绘朱色云气纹、圆点纹和不规则几何图案纹饰带。盖之顶端均嵌平脱柿蒂纹银箔，大奁盒顶盖及侧面一周用

1　（唐）魏征等.二十五史：隋书南史 [M].呼和浩特：内蒙古人民出版社，1998：45.

2　（汉）班固.汉书（上）[M].长沙：岳麓书社，2009：24.

3　（汉）司马迁.史记：上 [M].北京：中国文史出版社，2003：124.

4　王国维.王国维讲考古学 [M].北京：团结出版社，2019：168.

银箔等距镶嵌两条云虡纹带：云气弥漫，山水之间饰有羽人祝祷、神兽奔逃、车马出巡、六博、听琴等画面。再如西汉邗江姚庄 101 号西汉墓所出漆面罩，长 70 厘米、宽 43.5 厘米、高 33 厘米，外髹褐漆，罩里朱红漆，边沿绘斜菱形几何纹，内外均用深色漆绘缥缈的云气纹、仙鹿、龙等神禽异兽、羽人等。它们或云中漫步，或仰首回顾，一派宁静祥和的仙家气氛。

目前考古尚未发现有画云虡纹的漆车，但山东沂南东汉末年画像石墓中的《乐舞百戏图》戏车之车厢上却刻有精美的云虡纹，该图以戏竿、伐鼓、乐队和戏车为焦点，配合飞剑、跳丸、七盘舞、走绳等杂技表演。在"鱼龙蔓延"的百戏队伍前列，是七盘舞和其他杂耍，后面有三排鼓瑟吹笙之人，还有人在路旁敲打编钟奏乐，其后行走着龙、鱼、神怪，并且夹杂飞剑、跳丸、走绳等杂技表演。有扮作仙人者，手抚仙树导引凤鸟。《汉书》卷六五《东方朔传》记载，武帝问东方朔："吾欲化民，岂有道乎？"东方朔回答："孝文皇帝之时……以道德为丽，以仁义为准。于是天下望风成俗，昭然化之。今陛下以城中为小，图以建章……木土衣绮绣，狗马被缋罽……设戏车，教驰逐，饰文采，聚珍怪……上为淫侈如此，而欲使民独不奢侈务农，事之难者也。"[1] 可见，在游乐成风的汉代，戏车是一种奢侈的游戏。李尤的《平乐观赋》云"戏车高橦，驰骋百马；连翩九仞，离合上下"[2]，车内建鼓和车厢围挡上都绘有精美图案。

第二节 博山炉与云虡纹

海昏侯墓出土博山炉 11 件，熏炉 2 件。如艾素珊（Susan N. Erickson）言：相对于普通熏炉，一个墓葬中通常只会发现一件博山炉，而且同一墓葬中出土的博山熏炉通常要较其他熏炉精美许多。[3] 海昏侯墓出土展示的一件博山炉（图 1-6），纹饰就比其他熏炉精美繁复得多。《江西南昌西汉海昏侯刘贺墓出土铜器》发掘报告称此炉："盖母口，呈镂空的山形。炉子口微敛，炉体呈半球形，鼓腹，圜底，喇叭形底座。底座镂空，可与底盘分离。底盘为圆形。

1 （汉）班固.汉书（下）[M].长沙：岳麓书社，2009：755.

2 费振刚，仇仲谦，刘南平.全汉赋校注上 [M].广州：广东教育出版社，2005：579.

3 Susan N. Erickson，宋莉.答威利之疑——论弗利尔美术馆馆藏汉代博山炉的风格与年代 [J].西北美术，2002（03）：42-44.

盖底层镂雕云气纹、人物纹和动物纹，上层镂雕云气纹。炉体肩部有一道较窄的凸出带饰，腹部饰一周纹饰带及云气纹，底座镂雕有两组动物形纹饰。"[1]据徐长青介绍："这一只博山炉从保存的完整度和形态几乎可以和河北西汉中山靖王刘胜墓出土的那只博山炉相媲美，可以说是是我国目前出土的，同时期最好的博山炉之一了。"[2]我们认为，此炉在云气纹中可见神禽异兽等动物形象，也可视作立体的虡纹。

据现存文献，"博山炉"在两晋之后才得名，汉代叫熏炉。汉武帝时期特别设计出来的这种博山熏炉，学术界一般认为是仿海上仙山造型，焚香有云气升腾的效果。而事实上，广州南越王墓、河北满城中山靖王刘胜墓出土的各种熏炉，甚至更早的熏炉，都能产生云遮雾绕的效果。那么博山炉的特殊性在哪里呢？仔细观察就会发现，博山炉的器盖看似连绵的山峦，其用意只在于凸显纹饰的细节和象征意义，实际为云纹造型，云中有异兽或神怪出没，是"云虡纹"的立体表现模式。虽然山的造型也可能是设计要素之一，但其纹饰意义是从属的，不是根本性的。

西方汉学家很早就开始关注博山炉，威利（Wenley）于1947年为弗利尔美术馆征集到了一件精美的博山炉，山型盖上装饰着错金银和珍贵的宝石，是在中国境外最精美的香炉之一。劳福尔（Berthold Laufer）认为这种形制的博山炉可能是汉武帝时发明的。威利怀疑能追溯到战国时期。[3]艾素珊撰文作答，指出最早的博山炉确实在汉武帝陵墓中出土，她还从类型学和图像学两个角度分析这件博山炉的造型特征，尤其是博山炉上镶嵌的宝石。推测其错金和宝石的设计使用更接近于汉代其他器皿和器物装饰风格，是为了满足贵族阶级对奢华物的爱好而制造的。[4]杰西卡·罗森（Jessica Rawson）观察到西亚——尤其是古代阿契美尼德帝国时期的香炉跟博山炉在形制上的相似，推测博山炉器型受到伊朗、西伯利亚香炉的影响，同鄂尔多斯出土牌饰相似。炉身上的卷云纹被她看成是波浪形的涡卷纹、茎状纹。她还从图像学的角度

1　曹斌等.江西南昌西汉海昏侯刘贺墓地出土铜器 [J].文物，2018（11）：18-20.

2　王东林，王冠.图说海昏侯：刘贺其墓 [M].南昌：江西美术出版社，2016：54.

3　艾素珊.答威利之疑——论弗利尔美术馆馆藏汉代博山炉的风格与年代 [J].民族艺术，2009（4）：88-105.

4　艾素珊.西汉时期的博山炉——一种类型学和图像学的分析方法 [J].艺术考古，2009（4）：88-105.

对博山炉器形的象征意义做出阐释，将博山炉与海上神山的崇拜联系。[1]

练春海的研究触及了博山炉最实质的问题。对于罗森的博山炉设计受外来元素影响说，练春海持强烈否定态度，认为将博山炉和古代波斯及西伯利亚草原上发现的香炉共性归结于文化传播影响过于简单化。练春海还进一步挑战了学界普遍持有的博山炉反映神山崇拜这一说法。他驳斥了宋代吕大临认为托盘蓄水是为了制造与博山相关的环境，指出蓄水真正目的是象征龙的存在，认为博山炉最原始的形制不仅与植物有关，而且与龙有关。这种植物很可能是一种复合物，糅合了尺木和建木等事物的特征。[2] 提出"植物属性"和"龙形要素"是定义博山炉的最重要特征。博山炉与建木的联系不无道理，但无法证实。他讨论的金黄涂竹节熏炉以及飞龙盘旋熏炉，并不是典型的博山炉，炉盖器型为花苞不无争议，龙的形象也不是器型设计中的必要元素。

海昏侯墓中随葬的这个博山炉虽然腐蚀得较严重，但纹饰非常精美，从造型的复杂性来看属于诸侯王级别。此博山炉云气起伏，人在云中奔跑、野兽在云中追逐，是皇族才能使用的云虞纹。由于没有铭文，不能断言是从昌邑故国带过去的，但肯定不是汉宣帝赐给他的。刘贺生前保留"昌邑哀王歌舞者"[3]，上奏宣帝称"南藩海昏侯"[4]，死后随葬"故王家财物"[5]，屡有逾制。有学者指出，刘贺墓从主体看属于列侯墓，但随葬财富张扬"王气"。汉代讲究厚葬，"今百姓送终之制，竞为奢靡。生者无担石之储，而财力尽于坟土。伏腊无糟糠，而牲牢兼于一奠"[6]。"或至金镂玉匣（木需）梗（木丹），多埋珍宝，偶人车马，造成大冢，广种松柏，庐舍祠堂，务崇华奢"[7]，为了墓葬不惜倾家荡产，造成墓葬之豪华，令人叹为观止。人死为大，完全有可能在丧葬方面给刘贺提高一个级别，甚至在墓葬里面如果有一些违禁的物品，也不会被过分追究。那么博山炉器型到底源自何方，图像意义何在？

1　杰西卡·罗森.祖先与永恒：杰西卡·罗森中国考古艺术文集 [M].邓菲等译.北京：生活·读书·新知三联书店，2011：463-482.
2　练春海.器物与信仰 [M].北京：生活·读书·新知三联书店，2014：48.
3　辛德勇.海昏侯刘贺 [M].北京：生活·读书·新知三联书店，2016：193.
4　江西省博物馆.惊世大发现：南昌汉代海昏侯国考古成果展 [M].南昌：江西美术出版社，2018：133.
5　江西省博物馆.惊世大发现：南昌汉代海昏侯国考古成果展 [M].南昌：江西美术出版社，2018：133.
6　（南朝宋）范晔.后汉书 [M].杭州：浙江古籍出版社，2000：27.
7　（南朝宋）范晔.后汉书 [M].杭州：浙江古籍出版社，2000：462-463.

博山炉由底座、炉柄、炉身、炉盖四部分组成，最具特色的部分在于炉盖设计。"博山炉"这一名称在汉代不多见，文献中多称之为熏炉。如长沙汤家岭西汉墓出土的2件博山炉虽已残破，但一件有隶书阴文"张端君错庐一"，另一件"（张）端君熏炉一"，陕西茂陵陪葬坑出土的博山炉铭文"金黄涂竹节熏卢（炉）"等。汉代刘向《熏炉铭》："嘉此正器，嶻嵳若山。上贯太华，承以铜盘。中有兰绮，朱火青烟"[1]，描绘的就是熏炉香料置于炉内，青烟透过炉孔氤氲溢出，炉烟袅袅，如入仙境。南朝梁刘孝威《怨》："烛避窗中影，香回炉上烟。"[2]魏晋南北朝时期南朝徐陵《玉台新咏》翔实地叙述了青铜博山炉的外部特征："四坐且莫喧，愿听歌一言。请说铜炉器，崔嵬象南山。上枝似松柏，下根据铜盘。雕文各异类，离娄自相联。谁能为此器，公输与鲁班。朱火然其中，青烟飏其间。从风入君怀，四坐且莫欢。香风难久居，空令蕙草残。"[3]诗中所述器物与史书记载的博山炉无二，皆是炉身呈半圆形，上面有圆锥形盖，似层层山峦，装饰着错落有致的人物、鸟兽、草木、云气等。最早提到博山炉的记载来自刘歆的《西京杂记》："长安巧工丁缓者……又做九层博山香炉，镂为奇禽怪兽，穷诸灵异，皆自然运动。"[4]博山炉的出现，是汉代神仙思想崇拜的一种反映。西汉晚期至东汉初，据考古发现和墓葬形制变化，墓葬中出现的博山炉大多数已不具备实用价值，并且材质上也由铜制转变为陶制，此后博山炉不仅仅代表求仙和长生思想，也逐渐成为表现故去的人用以借助山峦通往仙界愿望的明器。

尽管对博山炉的研究有很多，围绕博山炉也已经产生了大量的专著和论文，我们至今仍然难以确定"博山"二字的真正含义。目前年代最早且制作精良的博山熏炉大都出土于汉代诸侯王墓，且多为汉武帝执政时期。（前141—前87），证实了"汉朝故事诸王出阁则赐博山香"[5]之说可信。《古今图书集成》的《古器评》中记载西汉张敞在《东宫故事》中称，太子纳妃，置两件博山炉。描述了王仲达熏炉，炉盖山状，水汽过之蒸发，下有螭虎，头托炉盖。《西京杂记》记载，赵飞燕的弟弟给她进贡了一件五层博山炉。

1　林尹.两汉三国文汇[M].台北：中华丛书编审委员会，1960：588.
2　（宋）郭茂倩.乐府诗集：上[M].上海：上海古籍出版社，2016：546.
3　盛庆斌.汉魏六朝诗鉴赏[M].呼和浩特：内蒙古人民出版社，2008：365.
4　（汉）刘歆等.西京杂记译注[M].上海：上海三联书店，2013：58.
5　（明）周嘉.景印文渊阁定四库全书、香乘卷二十六[M].台北：台湾商务印书馆，1985：844—560.

图 2-6　金黄涂竹节熏炉
通高 58 厘米、底径 13.3 厘米、口径 9 厘米、盖高 6 厘米，茂陵博物馆藏。(《中国工艺美术编·青铜器（下）》[北京：人民美术出版社，2006 年]，第 179 页)

晋朝《东宫旧事》载，太子初拜，有铜博山炉一枚。南宋宗室赵希鹄撰文"乃汉太子宫所用者，香炉之制始于此"。[1] 物品的流动其实是人际关系的交往，嶙峋的丘石和流动的云气十分醒目，构成了博山炉画面的主基调。这体现了皇家贵族们在身份认同和思想审美等方面的共同旨趣。

　　我们看汉武帝茂陵陪葬坑出土的金黄涂竹节熏炉（图 2-6）。这件熏炉高柄竹节豆形，由炉盖、炉身、炉柄和炉盘组成，通高 58 厘米、底径 13.3 厘米、口径 9 厘米、盖高 6 厘米，总重约 2594 克。（1981 年 5 月发掘于陕西兴平茂陵 1 号无名冢 1 号从葬坑，现藏茂陵博物馆。图片出处：茂陵地区文管会、茂陵博物馆：《陕西茂陵一号无名冢一号从葬坑的发掘》，《文物》1982 年第 9 期，图版四。）炉盖口外侧刻铭文一周三十五字："内者未央尚卧金黄涂竹节熏炉一具并重十斤十二两四年内官造五年十月输第初三。"底座圈足外侧刻铭文三十三字："内者未央尚卧金黄涂竹节熏炉一具并重十一斤四年寺工造五年十月输第初四。"据此可推断，此炉大概于公元前 137 年造成，是目前已知的"最早的博山炉样本"。此器盖口和底盘圈足外侧都刻有"金黄涂竹节熏炉"铭文。可知，它在被铸造的时代，被称作熏炉而不是博山炉。此炉通体鎏金银，熏炉的底座上透雕着两条蟠龙，翘首张口咬住竹柄。竹柄分为五节，比一般熏炉高，节上还刻着竹叶，柄上端饰有三条蟠龙托举熏炉。炉体下部雕饰蟠龙纹，底色鎏银，龙身鎏金，炉体上部浮雕四条金龙，龙首回顾，

1　（宋）赵希鹄.负暄野录丛书集成初编（洞天清禄集）[M].北京：商务印书馆，1935：14.

龙身从波涛中腾出。盘口沿有鎏银宽带纹一圈。炉盖云雾缭绕，精致繁复之极。从铭文可知，它最初放置在未央宫，为皇帝御用之物。从器物组合的情况来看，它可能是成对使用的。

再以汉武帝同父异母兄弟刘胜夫妇合葬墓的错金博山熏炉为例（图 2-7、图 2-8），从形制上来看，它应该是一件生器，制作时间不晚于公元前 113 年。这件熏炉通体错金，纹饰流畅。炉座圈足错金，作卷云纹。座把透雕，作三龙腾跃托举炉盘状。炉盘装饰错金流云纹，线条生动流畅。炉盖镂孔，高低错落，有风云涌动之势，其间神兽出没，虎豹奔走，小猴蹲踞高处，神人巡守其间，二三小树点缀其间（第一章对此炉已有相关文字描述，此处略写）。发掘报告描述如下："炉身似豆形，作子口，盖肖博山……座把透雕，作三龙腾出波涛翻滚的水面以头托炉盘状。炉盘上部和炉盖铸出高低起伏、挺拔峻峭的多层山峦……炉盖因山势镂孔。山峦间神兽出没……刻画了一幅秀丽的自然山景和生动的狩猎场面！"[1]

2 号窦绾墓出土 I 型骑兽人物博山炉 1 件，通高 32.3 厘米、盖高 13 厘米、盖径 13.1 厘米、炉口径 12.1 厘米、底盘径 22.3 厘米。采用镂空手法刻画了两层物象，石崖之间隐现着人物、牛车、动物和神灵，下部设计出跨骑神兽、手举炉身的人像，并与底座扣接（第一章对此炉已有相关描述文字，此处略写）。发掘报告描述如下："……炉盖透雕，分为上、下两层。上层筑出重叠的山峦，流云四绕，在云山之间有虎、熊出没，虎、羊相斗。人兽搏斗，以及人物驱使牛车等场面。下层铸龙、虎、朱雀、骆驼以及草木、云气等纹饰，形象生动、逼真。"[2] 发掘报告将窦绾墓熏炉解读成"上层铸出重叠的山峦"，将刘胜墓熏炉座柄的龙描述成"腾出波浪翻滚的水面"，将炉盖描述成"高低起伏、挺拔峻峭"的多层山峦，进而将炉盖图像解读成山间狩猎图，其实并无图像学依据。

前文所述弗利尔美术馆藏的金错嵌宝石熏炉外观最为华美，炉身呈半圆形，盖为尖锥状，以金银细线错嵌饰环绕云气，其间神兽奔走，神人巡守。此炉大量使用错金银和绿松石、玛瑙等镶嵌物，应为汉代皇室日常使用之器。刘贺墓

1　中国社会科学院考古研究所，河北省文物管理处.满城汉墓发掘报告（上）[M].北京：文物出版社，1980：63-65.

2　中国社会科学院考古研究所，河北省文物管理处.满城汉墓发掘报告（上）[M].北京：文物出版社，1980：253.

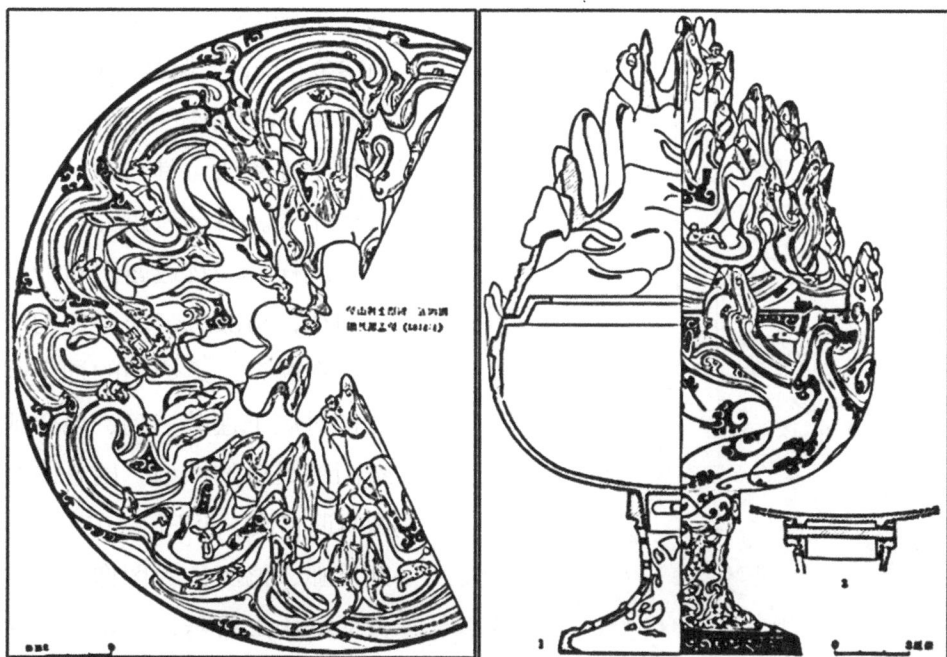

图 2-7　错金博山熏炉线图及展开图
（《满城汉墓发掘报告（上）》[北京：文物出版社，1980 年]，第 64-65 页）

图 2-8　错金博山熏炉
西汉时期，高 26 厘米、腹径 15.5 厘米，刘胜夫妇
合葬墓出土，河北省博物馆藏。

图2-9　山东沂南汉墓中室的画像柱（线图）
（《武梁祠：中国古代画像艺术的思想性》[北京：生活·读书·新知三联书店，2015年]，第137页）

的几件铜熏炉中有一件原本也带有鎏金装饰，但保存状态很差。

关于汉代熏炉图像的性质，当代学界多认可其与神仙思想紧密相关。有学者进而提出，云山或祥瑞动物透露出对仙境的向往，与汉武帝求神仙的活动存在联系，熏炉中的神山因此被对应于蓬莱三岛、昆仑或泰山等具体的原型。昆仑山图像辨识有赖于西王母、东王公、九尾狐、捣药兔等图像元素。背靠的山形符号，即是标志性符号之一。西王母戴胜，端坐于蘑菇状宝座上，两边侍立的羽人或举树枝或擎华盖，这种形象在汉石画像上随处可见。

汉代铜镜中东王公图像，其冠上的三峰为三角形。东王公之冠，在《太上老君中经》《老子中经》里被称作"三缝"冠，一云"三缝之冠"，疑为"三峰"之意。东王公座下有山纹，由三个三角形组成，即其所治蓬莱山。《太上老君中经》称东王父为"第三神仙""青阳之元气"[1]，镜中西王母居龙虎座（左龙右虎），座下亦有三个三角形山纹，其状正合道教中所描述的昆仑山。据《十洲记》，西王母所治的昆仑山，山顶"有三角，方广万里，形似偃盆，下狭上广，故名曰昆仑山"[2]。

山东嘉祥宋山出土公元2世纪画像石，从上至下，三层画面分别表现西王母仙境拜谒情形车门出行图等。山东沂南汉墓中室的画像柱（图2-9），有

1　张继禹.中华道藏（第8册）[M].北京：华夏出版社，2014：14.
2　（晋）张华等.中国古典小说丛书：博物志外四种[M].北京：华文出版社，2018：99.

图 2-10　汉画像石

汉代。（《中国美术全集·画像石画像砖（一）》[合肥：黄山书社，2009 年]，第 81 页）

三座高矮不一的大山，西王母端坐三峰耸立的昆仑山上，神龟背负昆仑，皆可为证。

　　人间之山在汉代艺术中也有不同的符号表达：三角形尖顶峰；多个三角形并列；或以树作辅助形象；有的也由圆弧或者起伏的曲线表示。以此画为例（图 2-10），一人半蹲伸臂，放出三条猎犬围捕一只小鹿，背景则是一排以三角形表示的层叠山峦。这种图像表尖顶山峰略显抽象，往往还需借助树木、动物等才能得以确认。

　　陕西定边县郝滩 1 号墓墓室后壁，有蓝色的弧线表示山峦，有群兽在山中奔跑，如山羊、绵羊、虎、鹿等，骑手证搭弓射箭，追逐猎物。在汉画像石中，也常常见到三角形状和弧线状的山（图 2-11、图 2-12）。

　　如果将以上这几种汉代山峰的造型与博山炉的"山形盖"相较，不难发现二者存在着明显的差异。河北满城刘胜墓博山炉出土报告中"炉盘上部和炉盖铸出高低起伏、挺拔峻峭的山峦多层"[1]，其实是对炉盘和炉盖造型的误读。那些类似山峰的设计，不是汉代山峰典型的三角或圆弧状，而是流动的云气。从图片中可以清楚地看到，此炉错金部分保留了较多线条清楚的云纹，和那些透雕的曲线流动轨迹一致，错金云纹的云头部分与炉盖顶重合。那些连绵起伏的山峦造型，其实就是凝固的云气设计。再比照窦绾墓香炉平面展开图，可以清楚地看到，炉盖上层的突起，不是汉代山峦造型。出土报告里"重叠的山峦"表现的也是云头的重叠，描述部分中提到了"流云四绕"，应改为"层叠的云气"才正确。

　　西汉晚期至东汉初，墓葬中出现的博山炉大多数已不具备实用价值，陶

1　中国社会科学院考古研究所，河北省文物管理处 . 满城汉墓发掘报告（上）[M]. 北京：文物出版社，1980：63.

图 2-11　汉画像石
汉代。（《中国画像石全集（第 4 卷）：江苏安徽浙江
汉画像石》[济南：山东美术出版社，2000 年]，第 69 页)

图 2-12　汉画像石
汉代。(《中国画像石全集（第 4 卷）：
江苏安徽浙江汉画像石》[济南：山
东美术出版社，2000 年]，第 127 页)

制博山炉逐渐增多，多为明器。它们通常模仿铜制博山炉，放于墓葬中，大
多盖上无孔，不能焚香，仅具象征意义。

　　1973 年《南昌东郊西汉墓》出土了三件陶制博山炉，其中 1 号墓出土两件，
略小，器身似豆。M1：36，残高 9 厘米。Ml：1，座铸凸雕夔龙纹，盖已残，
器身高 8.3 厘米。M14：23，较大，器身似细把豆，边缘有凹槽，盖立凹槽上，
盖似灯罩，通体镂空，盖上部已残，通高约 32 厘米。因香炉的炉盖上雕刻了
抽象的网状图案，发掘者将这种香炉称为博山炉。

　　在山西省朔县出土的博山炉盖上，也有类似锥形山脉图案，发掘报告称
之为"云纹"。熏炉主要有三种形式。第一种为博山盖形。标本 3M61：23，

图 2-13　陶制博山炉
西汉时期，Harvard Art Museums 藏。（笔者自摄于 Harvard Art Museums）

图 2-14　陶制博山炉
西汉时期，Harvard Art Museums 藏。（笔者自摄于 Harvard Art Museums）

炉体子母 1，扁圆腹，细柄，喇叭形座。座上浮雕流云纹，博山盖上有镂空烟道孔。口径 11.6 厘米、通高 22.8 厘米。第二种为球面盖形。标本 5M14：7，炉体子母口，扁圆腹，喇叭形座上浮雕龙云纹，座下有承盘，球面形盖上镂空成流云纹，盖顶有一鸟形钮，口径 7.4 厘米、腹径 8.2 厘米、通高 11.2 厘米。第三种为动物形。标本 ZM1：19，炉体做成昂首站立的鸭形，鸭背为可启闭的炉盖，上面镂空成卷云纹，炉体下有承盘，长 18.6 厘米、高 15.8 厘米。[1] 对此，信立祥等专家已达成一定共识。

　　笔者在美国访学时，在哈佛大学艺术博物馆看到了几组西汉时期的博山炉（图 2-13、图 2-14）。这几件陶质香炉，模仿铜质香炉，放于墓葬中，它们没有出烟孔，不能用于焚香，显然是明器。其中两件炉盖上山水纹饰雕刻精致，通身施绿釉。另一件带有棕色釉装饰的博山炉，云头的设计特别明显，云气卷曲盘绕，粗细有致，流云和云头的形状轮廓非常清晰，人与动物、怪兽、怪鸟、龙蛇等就在这样的云间和云端出没，与马王堆汉墓漆棺"云虡纹"如出一辙。与它一起出土的，还有一件有孔的陶香炉，可能用于实际生活中。

　　汉代丝织品上也有类似的装饰，新疆民丰尼雅遗址 1 号墓地出土的"文大"锦、"宜子孙"锦、"王侯合昏千秋万岁宜子孙锦"锦和"五星出东方利中国"锦等图案上的流云、云头，以及有翼神兽、虎、鸟等设计，都和云虡纹有诸多相似之处。"五星出东方利中国"锦呈圆角长方形，以织锦为面料，白绢

1　信立祥. 山西朔县秦汉墓发掘简报 [J]. 文物：1987（06）：26.

图 2-15　织锦护膊
汉晋时期，呈圆角长方形，长 18.5 厘米、宽 12.5 厘米，民丰县尼雅遗址出土，新疆博物馆馆藏。
（《中国美术全集·纺织品（1）》[合肥：黄山书社，2012 年]，第 92 页 ）

镶护膊边，两长边上各缝缀有 3 条白色绢带，其中 3 条已残断。织以黄、绿、赤、白四色，在青地上描绘出云气纹、鸟兽纹和代表日月的红白圆形纹等汉式纹样，并附有八个汉隶文字："五星出东方利中国"（图 2-15）。而 3 号墓所出的"王侯合昏千秋万岁宜子孙锦"锦枕上的一处云头图案，跟满城刘胜墓出土的错金博山炉上的一处云头设计，几乎是一模一样的。

第三节　车衡饰与云虡纹

刘贺墓西侧的真车马陪葬坑内，不但有 5 辆木质彩绘车与 20 匹马的痕迹，还出土了盖弓帽、当卢、龙虎首轭饰、辕首饰、车衡饰等 3000 余件错金银装饰的精美车马器。这些车马器造型各异、工艺精湛，制作极其考究，使用等级很高。马嘴中的衔镳都施以金银错工艺，衔位于马嘴之中，唯有在马儿张口嘶鸣之时，方能看见其上的金丝装饰。研究者指出"海昏侯墓外藏椁出土车马饰件虽然都叠压混杂在一起，但是根据已有的同一辆车是同一种装饰工艺的现象，初步推测海昏侯墓外藏椁中应有一辆错金银工艺马车，有一辆黄色通体鎏金马车，有一辆白色通体鎏金银合金马车，有一辆是银质马车……也可能还分别有双色鎏金和缝隙鎏金工艺的马车。"[1]与皇太子、皇子所乘"朱班轮，青盖，金华蚤，黑虡文，画辐文辀，金涂五末"的"王青盖车"相似。海昏侯考古发掘专家组组长、中国秦汉考古学会会长信立祥教授推断"这批车马文物，可分为实用车马和偶车马两类。实用车马出土于外藏椁，共有五车二十匹马，应皆为驷马安车。同出的 3000 余件车马铜饰件，相当一部分有华丽的错金银图像，其精美豪华令人叹为观止，远远超过富平侯张安世墓所出的同类器物。可以断言，这种贵族专用的高等级用车，肯定是刘贺为昌邑王时所使用的。"此论可信，但笔者大胆推测，其中一辆也极有可能就是刘贺元平元年（前 74）八月十四日在未央宫承明殿被废后，从金马门至昌邑邸时乘坐的那辆乘舆副车。《汉书·霍光金日磾传》有记载："光即与群臣俱见白太后，具陈昌邑王不可以承宗庙状。……皇太后诏曰：'可'光令王起拜受诏，王曰：'闻天子有争臣七人，虽无道不失天下。'光曰：'皇太后诏废，安得天子！'乃即持其手，解脱其玺组，奉上太后，扶王下殿，出金马门，群臣随送。王西面拜，曰：'愚戆不任汉事。'起就乘舆副车。大将军光送至昌邑邸，光谢曰：'王行自绝于天，臣等驽怯，不能杀身报德。臣宁负王，不敢负社稷。愿王自爱，臣长不复见左右。'光涕泣而去。"[2]总之，这是规格非常高的车马。《通典》载："秦平天下，以诸侯所乘之车为副。汉制，安车、立车各五乘，为乘舆副车。轮皆朱斑重牙，贰毂两辖，金薄缪龙，为舆倚较，文虎伏轼，龙首衔轭，左右吉阳筒，鸾雀立衡，樠文画辀，羽盖华蚤，建大旂，十有二斿，画日月升龙。驾六马，象镳镂锡，金鍐方釳，插翟尾，朱兼樊缨，赤罽易茸，金就十有二，左纛以牦牛尾为之，在左骖马轭上，大如斗。其马各如方色。白马者，朱其髦尾为朱鬣云。所御驾六，余皆驾四，后从为副车。"[3]

　　安车驷马，是刘贺的主要出行方式。江南少有良马，而昌邑当年车马极盛，

1　张红燕.从海昏侯墓外藏椁出土车马饰件的工艺统计看马车类型 [J].南方文物：2021（6）：254.

2　司马光，胡三省.资治通鉴 [M].北京：中华书局，2013：655.

3　李湘.礼仪经典 [M].呼和浩特：远方出版社，2006：348

因而，这些马匹很可能都是由昌邑转运而来。刘贺墓的车马具装饰与诸侯王的规格相符，明显超过列侯。装饰金银错车马器的车骑，是西汉中期以来规格最高的纹饰母题。虽然刘贺墓中并未发现如河南永城黄土山 2 号梁王墓出土的金银错风格车伞杠，但也不遑多让，因为河南永城黄土山 2 号墓没有发现金错马衔马镳等马饰。伞杠是车马器部件中较为重要的一类。或许废帝刘贺只能享有最高等级的马饰，而不能享有最高等级的车伞杠饰。应该说刘贺墓在丧葬礼仪的关键处是谨守礼制的，如棺椁的数量和敛服等；但在有操作空间之处，如车马饰等，则有逾制之举，依然在顽强地表现曾经的天子荣耀。

在古代鼎彝等器失去礼制作用之后，在汉代，车马成为政治、社会地位的重要象征。车驾的装饰级别、华丽程度是社会阶层、等级划分的直观体现。而金银错车马器也取代青铜器，作为新礼器崛起，成为汉代的重要图像母题之一。刘贺墓有一件错金银青铜衡末饰，其图像设计与博山炉的造型同出一源。它的顶部纹饰是两只凤凰，一凤一凰。凤头部翎毛舒展如花冠，尾部彩羽开屏如扇面；而凰，左顾右盼，似乎在花丛中引颈而鸣。考古发掘描述为"圆筒形，中空，顶部封口，底部开口，腰部有一凸起的卷云纹纹饰带。顶部饰凤鸟纹。回首，敛翅。双脚微曲。尾翎张开，体态优美。器身饰动物纹。以纹饰带为中心。分上下两部分。正面为双鹿。造型相似。头上扬。前脚伏地，后脚腾空，做跳跃状；背面为两个跳跃状的兔子，周边饰卷云纹"[1]。飞禽走兽出没于云气之中这样的设计，可以说是云虡纹的典型式样。

海昏侯墓出土的这些青铜错金错银饰件，两两相对可组成两个管状物，中间有一个竹节似符节，尽管尺度细小，但图像展开却异常丰富（图 2-16）。《史记·秦始皇本纪》中韦昭注："节者，山国用人节，泽国用龙节，皆以金为之。道路用旌节，门关用符节，都鄙用管节，皆以竹为之。"[2] 符节代表着信物，代表着最高的诚信，一旦出现假冒伪造，所产生的严重后果不堪设想。把原来竹制的符节改为青铜制的符节，是一种防止伪造的措施；将青铜符节上刻字改为错金加错银图案，是一种更高级的防止伪造的措施。西汉末期王莽曾经发行过一种错金"一刀平五千"的刀币，又被称为"金错刀"或"错刀"，就是使用错金技术防止伪造。实践证明，在汉代，错金加错银工艺，

1　南昌汉代海昏侯国遗址博物馆.金色海昏汉代海昏侯国历史与文化展 [M]. 北京：文物出版社，2020：83.

2　（汉）司马迁.史记 [M]. 长沙：岳麓书社，1988：199.

图 2-16　青铜错金银衡饰件轴面纹饰展开图
西汉时期，海昏侯刘贺墓出土，南昌汉代海昏侯国遗址博物馆藏。（《五色炫曜南昌汉代海昏侯国考古成果》[江西：江西人民出版社，2016 年]，第 103 页）

是一种十分有效的防止伪造的措施，因为它的用材质量、精细程度与制作难度，已经大大超出了一般工匠或者家庭作坊的仿制技术和能力，所以这种符节可以放心使用。

"从目前汉墓中出土的车马器来看，凡全部车马器为鎏金者，品位较高，如双乳山汉墓中的 2 号车；而穿插有错金银的车马器，其品位则较低一些，双乳山 1 号车的车马器基本上为错金银，3 号车的车马器大部分也是鎏金的，只有车軎上有错金银龙纹。"[1] 尽管如此，错金银的器物仍比普遍青铜器的品位要高出不少。可见，文献中所记王车"金涂五末"是可信的。这也从侧面反映了错金银器华美也不失高贵的独特"身份"。《汉书·外戚传》记载："居

<hr>

1　山东大学考古学系 . 刘敦愿先生纪念文集 [M]. 济南：山东大学出版社，1998：429-430.

昭阳舍，其中庭彤朱。而殿上髹漆，切皆铜沓（昌）黄金涂，白玉阶，壁带往往为黄金。"[1] 青铜器本就是地位和权力的象征，权贵阶层才有权使用。汉代错金银青铜器的使用者，都具有较高的社会地位。错金银青铜器中包含了多种古代的贵重金属（金银、铜等）和奢侈品，制作此类物品需要雄厚的经济实力和技术支持。因此，汉代错金银青铜器一般出土于诸侯王和级别较高的统治者墓中。

根据巫鸿的研究，此墓定为公元前 110 年到前 90 年之间的中山康王在位时期。铜管"器表满饰画像，以金、银、松绿石和其他材料成功地表现了山峦、植物和 125 个人物及动物形象，构成上下四排场景"。第一段画面中心是一条黄龙，以黄金镶嵌。第二段描绘的是骑马拉弓捕猎老虎的场景。第三段画面有一只回头张望的鹤，还有骆驼。第四段画面以凤鸟在百兽簇拥下翩跹起舞。纹饰极其精美繁复。[2] 巫鸿也将其图像定义为"山峦"。我们认为，这种认知忽略了汉代艺术中的山峦刻画与云气图像明显不一致的事实。为了使山峰刻画更具写实性，汉代艺术往往在山峦间加入羽兽、树木等形象以做点缀。这常常使人产生错觉，以为动物出没的场景一定是丛林，反而忽略了汉代艺术中飞鸟羽猎场景出现在云气中也是很自然的。这件铜管所有的人物、动物和飞鸟，无一不被云气环绕，突起的云头意味着云气充沛，云头之间曲线相连，表示云气间的流动，整个画面云卷云舒，错落有致。细曲线、曲线上延伸出来的须状、叶片状或者漩涡装饰，同样属于云气，不应判为植物花叶纹饰。如图 2-16 所示，在汉代，漩涡状云气纹比比皆是。

1999 年发掘的河南永城黄土山 2 号墓出土了 2 件金银错铜管（图 2-17）。铜管形制与海昏侯墓类似，外壁也饰有同样题材和风格的图像。永城芒砀山是梁王的陵寝之地，永城黄土山可能是梁王后代，2 号墓的金银错铜质车马构件数量较多，除 2 件铜管外，伴出的其他部件也大多带有云山、神灵、动物组合的类似图案。编号 M2：559 的铜管出土于东车马室，高 26 厘米、直径 3.6 厘米，自上而下分为四个区段。第一区段核心图像为大象图像，有野猪，虎鹿，天马，鸟。第二区段核心图像是骑士射箭虎，龙凤围绕。第三区段虎豹野猪，鸟类。第四区段图像已残。编号 M2：56 出土于西马室，高 25.9 厘米，直径 3.1

1　（汉）班固.汉书（下）[M].长沙：岳麓书社，2009：1154.

2　（美）巫鸿.礼仪中的美术 [M].北京：生活·读书·新知三联书店，2016：143.

厘米，图像完整。第一区段还是大象，有象奴。第二区段骑士射怪兽。第三区是驼带双峰，第四区段是华美的凤鸟。鸟兽云气缭绕。

20 世纪初出土的东京艺术大学铜管，为西汉东浪郡的遗物。其大小、形制、图像内容与三盘山铜管所见基本一致。高 25.4 厘米、直径 3.65 厘米，外壁展开面积为 291.3 厘米（含轮节部分），下部边缘部分略残。图像中的人物、动物计有骑士 1、马 1、虎 4、骆驼 1、熊 2、牛 1、野猪 1、鹿 15、猴 1、犬 5、兔 9、鸟 30、龙 1、凤（孔雀？）2、仙人 2，总数为 76。其间还穿插有变化万端的山形、云纹和神树（图 2-18）。

总的来说，这几件铜管上的图像母题较为一致，云遮雾绕中山峦起伏，珍禽异兽出没其间。核心动物图像有所区别，第一区段乘象，第二区段弋射，第三区段为骆驼，第四区段为凤鸟。这些铜管的图像出自共同的构思，反映了比较一致的主题和观念。图像内容丰富，制作工艺也极为复杂，图像差异不是率性而为，而是苦心经营的结果，其中有视觉经验，也有观念性的内容，既是特定的母题组合，有共同的意义，也试图彰显每件作品的独特价值。

史树青在《我国古代的金错工艺》中将三盘山铜车饰的器表纹饰称为狩猎纹，巫鸿将此纹饰称为祥瑞纹。在中国，观物而知天下的传统由来已久。《论语·阳货篇第十七》载孔子曾劝其弟子学诗："小子何莫学夫诗，诗可以兴，

图 2-17　河南永城黄土山 2 号墓金银错铜管 M2560 及展开图

西汉时期，高 25.9 厘米、直径 3.1 厘米，河南永城黄土山 2 号墓出土。（《关于东京艺术大学藏西汉金错铜管的观察与思考》[《艺术探索》第 32 卷，第 1 期，2018 年]，第 41 页）

图 2-18　东京艺术大学美术馆藏西汉金错铜管及展开图
西汉时期，高 25.4 厘米、直径 3.65 厘米，朝鲜平安南道大同江古墓出土，东京艺术大学美术馆藏。
（《世界美术全集》[东京：平凡社，1930 年]，第四卷）

可以观，可以群，可以怨。迩之事父，远之事君。多识于鸟兽草木之名。"
认识不同地域的珍稀物种，进而了解风土人情，是统治者的必修课，博物对
统治者的眼界有重要作用。《左传·宣公三年》："昔夏之方有德也，远方
图物，贡金九牧，铸鼎象物，百物而为之备，使民知神奸。"[1]《汉书·武帝
纪·第六》载："夏，马生余吾水中。南越献驯象、能言鸟。"[2] 能言鸟指鹦
鹉。根据三国吴万震撰《南州异物志》："云有三种，一种白，一种青，一
种五色。交州以南诸国尽有之。白及五色者，其性尤慧解，盖谓此也。随开
皇十八年（598），林邑国献白鹦鹉，时以为异"[3]，将外国进献驯化的大象、
鹦鹉作为国之大事，载入史册。后世史书常记载珍禽异兽来自某国之类，例如，
唐玄宗和杨玉环的爱鸟"雪衣娘"来自岭南，能背诗词歌赋，插科打诨，诵《般
若波罗蜜多心经》。"献兽图""观兽图"也成为艺术的一大母题，五代后

1　左丘明. 左传 [M]. 武汉：崇文书局，2017：67.
2　（汉）班固. 汉书 [M]. 北京：中华书局，2012：113.
3　（汉）班固. 汉书 [M]. 北京：中华书局，2012：113.

蜀黄筌就曾图绘新罗国所献孔雀。获取天下珍禽异兽与稀有植物以充上林，建立对天下四夷的感知，是天子对政权的控制和对外拓展的野心。天子羽猎、逐鹿中原遂成为征服天下的代名词。这些远方殊物所处的环境不是显赫的庙堂，而是高山丛林，天子苑囿。受这些祥瑞之物感召，人们逐渐把注意力转移到庙堂之外的大自然，甚至是神仙世界。大自然的造化中，高山最为雄伟，云气则无所不在。此类图像也可称作云虡纹，其图像组合，由神仙信仰和贵族羽猎共同完成。这些来自北方的熊、南方的象、西南的孔雀与瘤牛、中原的龙凤与虎鹿，以及域外的羽人、翼马等超自然形象，共同构成了铜管上的具象主体纹饰，一同勾勒出了汉朝皇帝对天下的掌控与对未知世界的征服与探索。[1]此类图像纹饰单元一致，只是动物要素不一，动态各异，分布略有不同，且并未出现玄武，这说明了其鼎盛期在西汉晚期以前。

　　大约从东周中期开始，宴享、狩猎、战争等题材开始流行于青铜器和漆器装饰，到了汉代，此风尤甚。《子虚赋》对云梦的想象，乌有先生对齐国山川的盛赞，司马迁认为都来源于天子诸侯之苑囿。上林苑是西汉著名的皇家园林，司马相如为武帝而作的《上林赋》叙述了背秋涉冬，天子校猎的壮观景象："乘镂象，六玉虬，拖蜺旌，靡云旗，前皮轩，后道游。孙叔奉辔，卫公参乘，扈从横行，出乎四校之中……越壑厉水"。[2]根据《两都赋》的描绘，苑中动物包括九真国进贡的麒麟、大宛国的宝马、黄友国的犀牛和条支国的珍鸟。这些远方殊物从四面八方，不远万里运送到上林苑内，有的甚至来自昆仑山之巅或大海之遥。这些异域之物掩映在山岳云气纹中，可以说是西汉对天下与世界的认知，从王畿千里到方国五服，从天下万邦到海内海外，将先秦时代的秋狩放大至全球性视野。上林苑或许是域外神仙之苑囿，给予中央工官无穷的设计灵感，激励着帝王将相积极地开疆拓土。除了铺陈奢侈的仪仗，高超的骑射技术，这些珍禽异兽，也成了他们展示富有和奢华的一个场域。宫廷建筑模拟天界，器物营造比附仙境，能让皇室贵族们有着置身神仙世界的幻觉，而环绕在云气中的各种动物、植物或神灵，是不可能作为祥瑞而被狩猎的。

　　海昏侯墓西库出土的大部分器物风格质朴，与东库器物的华美形成鲜明

1　参见金烨欣. 羽人吹奏奥洛斯管——河南永城黄土山西汉金银错青铜伞杠图像的跨文化意涵 [J]. 新美术: 2024（1）: 101.

2　（清）姚鼐. 古文辞类纂（下）[M]. 北京: 中国戏剧出版社，2002: 847.

对比。绚丽华美的西汉铜管，代表着一种新的风尚。尤其对车马装饰而言，纹饰奢侈靡丽，材料昂贵，费时耗力，凝聚着工匠的心血。《考工记》云：故一器而工聚焉者，车为多。[1] 汉代青铜器虽然开始衰落，但厚葬之风盛行，错金银青铜器仍占据一定优势，这些错彩镂金的工艺，使得质朴沉重的青铜器变得华丽丰满。加上汉代人崇尚阴阳五行、谶纬迷信、长生不老，以及道教，错金银青铜器常现羽人、流云、神禽异兽等纹饰，神奇而浪漫。汉武帝一生痴迷神仙方术，喜仙山瀛海之说，在建章宫"其北治大池"。《史记·孝武本纪》："其北治大池，渐台高二十余丈，名曰泰液池，中有蓬莱、方丈、瀛洲、壶梁，象海中神山龟鱼之属。"[2] 张守节《史记正义》引臣瓒曰："泰液言象阴阳津液以作池也。"《汉书·杨雄传》："营建章凤阙、神明、馺娑，渐台泰液象海水周流方丈、瀛洲、蓬莱。"[3]

　　汉代祥瑞图像，特别是云虡纹，普遍被装饰在建筑车马服饰及其他器具上。汉代宫阙建筑有较浓厚的宗教特征，如班固《两都赋》所言："据龙首，图皇基于亿载，度宏规而大起。"[4] 汉代都城城市规划遵循了阴阳五行原则，即"苍龙、白虎、朱雀、玄武，天之四灵，以正四方，王者制宫阙殿阁取法焉"[5]。汉代宫廷建筑的命名基本上是祥瑞或祥瑞性的，如未央宫的凤凰殿、飞羽殿、白虎殿、神明殿，以及麒麟阁、天禄阁、青琐门、玄武阙、苍龙阙、朱鸟堂等。而且这类宫阙楼观为了凸显皇家威势，往往追求高度，为了实现天人交会，更是接祥纳瑞，讲究装饰。汉代建筑屋顶的瓦当上往往饰有四灵图案，高门大阙则镌以凤鸟，屋脊或飞檐部位饰以金雀正是对相关意图的表达。在生活器具等生活用品上，祥瑞更是渗透于帝王和贵族生活的方方面面。如目前仍多见到的汉代灯具和铜镜，其选择的动植物和天象品类，均有祥瑞的性质。

　　汉代艺术既有如鲁迅所说深沉雄大的一面，也有精细绝伦、奇技淫巧一面。探究车衡饰的意义时，"观者"是一个难以避免的问题。这些装饰的预设观者是谁？实际观者是谁？车马是东周至西汉时期权贵阶层彰显尊荣和礼节的工具，因而极尽华美，这些绚丽、精美、小巧的车马器图像缤纷，但都尺度

1　闻人军.考工记译注 [M].上海：上海古籍出版社，1993：118.
2　（汉）司马迁.史记 [M].北京：中国戏剧出版社，2007：130-143.
3　（汉）班固.汉书 [M].西安：太白文艺出版社，2006：690-702.
4　陈宏天，赵福海，陈复兴.昭明文选译注（第 1 册）[M].长春：吉林文史出版社，2020：18.
5　何清谷.三辅黄图校注 [M].西安：三秦出版社，2006：126-176.

微小，图像细如微末，与日常欣赏存在距离。海昏侯墓这些铜管上的图像尺幅极小，一只鸟的长度大多不足 1 厘米。儒家重视图像的教化功能，与神仙巧术并不矛盾。武帝发瑞，汉代方士对图像的功能提出了新的解释，少翁宫室被服不像神，神物不至。图像的巫术力量并不依赖人的眼睛，车上的装饰，看和被看就没那么重要。郑岩《关于汉代丧葬画像观者问题的思考》对这一问题作出了思考，但关注的只是祠堂画像与墓室画像，对此类情况未多论及。

车马原本是交通工具，行进中并不利于观看。《论语 · 乡党》记孔子登车之容，云："升车，必正立，执绥。车中不内顾，不疾言，不亲指。"[1]西汉初年，主张"改正朔，易服色制度，定官名，兴礼乐"[2]。贾谊在《新书 · 容经》中言之更详："坐乘以经坐之容手抚式，视五旅，欲无（'无'为衍字）顾，顾不过毂。小礼动，中礼式，大礼下。坐车之容。立乘以经立之容，右持绥而左臂诎，存剑之纬，欲顾，顾不过毂，小礼据，中礼式，大礼下。立车之容。礼，介者不拜，兵车不式，不顾，不言，反抑式以应武容也。兵车之容。若夫立而技，坐而蹁，礼怠懈，志骄傲，视数顾，容色不比，动静不以度，妄咳唾，疾言嗟，气不顺，皆禁也。"[3]从正车殓容之礼来看，理想化的观看并不存在。但匠师肯定是有着设计和期待的。西汉铜管图像如此缤纷富丽，但其尺度与器形与观看的矛盾难以解释，我们在此只提出一些尝试性的思路。

同青铜一样，车马器作为新礼器，"是明确而强有力的象征物。它们象征着盛大的仪式，让其所有者能与祖先沟通；它们象征着对金属资源的控制，这意味着对与祖先沟通的独占和对政治权力的独占"[4]。巫鸿更将选用稀缺、昂贵的美材看成是礼器区隔于日用器的重要特征。车马的材料、形状，包括精美装饰都扮演着重要角色，是政治象征物的情感与观念媒介。不仅如此，将云虡纹绘制于此，可引发使用者关于时空和运动的想象。铜管图像的一个特别之处在于其平面化的形式，纹饰看起来仿佛一幅流动的绘画。车马是东周至西汉时期权贵阶层用于彰显尊荣和礼节的交通工具，作为图像的载体，将富有神仙意义的画像附着于这类媒介上，可以引发使用者关于时空和运动的想象，也时刻激励着帝王对异域未知世界的向往。汉武帝如术士所言"起

1 刘宗志，高宏存．论语诠解 [M]. 北京：研究出版社，2014：135.
2 （汉）班固．汉书 [M]. 西安：太白文艺出版社，2006：381.
3 徐莹．新书 [M]. 开封：河南大学出版社，2016：245-246.
4 张光直．美术、神话与祭祀 [M]. 沈阳：辽宁教育出版社，2002：74.

画云气车"，除了驱除鬼魅的功能，饰有图像的车马可能还被赋予迎接神明和抵达仙境的期许。在各类车马器中，最为精美的云虞纹图像依附于居车驾中心的伞柄，虽不便观赏，但视觉还是可以触及。铜管表面是环形的弧状平面，云海起伏，画面周而复始。若是绕着铜管察看图像，祥瑞层出，珍禽异兽纷纷跃动，树木花草云气动物都充满动势，处于永恒流动中，使观者产生游历仙境的想象，这也许就是工匠们不期而然达到的吧。

小结

关于云虞纹的概念，张洁曾对它作过一个综述。她认为，学者们基本认可云虞纹就是"汉代文物中常见的各种动物灵禽异兽穿插奔驰于云气中的图案"，但是文献中所谓的"云虞纹"通常都与具有严格社会等级的马车、钟鼓等事物相联系，因此她把这种纹样称为"云兽纹"[1]。实际上，大可不必作如此精细的区别，因为新创的概念把讨论对象从文化背景上剥离开来，同时也未必能够涵盖此类图像中的所有内容，如高等级墓葬，云虞纹中多有羽人等。关于"虞文"（云虞纹）的记载，自《续汉书·舆服志》后，在《宋书·礼志》《南齐书·舆服志》《隋书·礼仪志》《旧唐书·舆服志》《新唐书·车服志》等处均相同地重复出现。可是到了《大金集礼》（卷二十九）中，它却被改为"虎纹"。这说明，到此时"虞纹"这个名称已难以理解，故避而不用。这只是一个原因，我们认为，云虞纹湮没不传，还有一个原因，就是此类泛指的异兽到南北朝后分门别类，各有其名。

钟虞、磬虞多饰翼兽，学术界也一直保持着对此类有翼神兽命名问题的高度关注。李零、王蓉、林通雁、孔令伟、郭静云等学者结合国内外资料，对其来源、传入类型、时间和路线，及其所反映的外来文化交流和信仰等内容都有较为全面的论述，但异说颇多，目前并没有明确的研究结果，但大体可分为五大最为重要的类别：（1）以鹿类动物为依托的有翼神兽——麒麟。（2）从西域传入的狮鹫，在漫长的文化吸收和内化过程中又名桃拔、符拔、扶拔或天禄、辟邪等。（3）作青蛙匍匐状的天禄蛤蟆。（4）飞廉，此称名

1　张洁.汉代漆器云兽纹样研究后 [M]// 中国汉画学会第九届年会论文集（上）. 北京：中国社
　　会出版社，2004：91-165.

最早见《楚辞·离骚》："前望舒使先驱兮，后飞廉使奔属"[1]，是一种能致风气的神物。《三辅黄图·观》说："飞廉观在上林，武帝元封二年作。飞廉，神禽能致风气者，身似鹿，头如雀，有角而蛇尾，文如豹。武帝命以铜铸观上，因以为名。"[2]张衡《西京赋》："陈虎旅于飞廉，正垒壁乎上兰。"[3]《后汉书·董卓传》："悉取洛阳及长安铜人、钟虡、飞廉、铜马之属，以充铸焉。"[4]（5）畏兽，此名出自郭璞《山海经图赞》"列象畏兽，凶邪是辟"[5]，是指那些有辟邪禳灾威力的神兽。但在南北朝时期，它已经与伏羲、女娲、蜚蠊、开明等形象渐渐脱离了关系，开始在佛教和祆教造像体系中重新组合。我们认为，自殷商至秦汉，关于有翼神兽之来源与文化属性及传播路线等问题，迄今未有定论。但翼兽图像在汉代确已成为中国艺术的主题，并经过逐渐内化，这些称名和属性上未有专名的翼兽形象慢慢获得新义，从而被塑造为天禄、辟邪、麒麟、畏兽等中国文化新兴传统的神兽形象是不争的事实。汉代以后，随着山海经图像志日益流布，不少异兽被视为独立的类目，各有其名，体现了图像认知上的共识。此后，佛教东传，此类图案又分别被佛教徒、祆教徒或信守儒家礼仪的人加以利用。唐代之后，中国的上古神物灵怪逐渐隐退，翼兽造型式微，这是图像史上极大的转折点。佛法大盛，导致佛教、道教的神名及图像谱系渐趋稳定，这一点可以在莫高窟得到验证，从唐以后的画学科目中也可以看出眉目。唐以后，山水画兴起，中国绘画渐渐脱离了神怪、升仙、故实画的主体，文人山水形成了新的心灵路标。在随后的岁月中，翼兽的影子渐渐消失，只有某些镇墓俑还多少保留了翼兽的影子。由此可见，图像的意义要在具体的"创作方案"中进行考察。

　　汉代早期为何要在墓中随葬钟虡翼兽，当时的统治者对道家的神仙学说非常推崇，用作装饰笋虡座子的翼兽母题，除传承并发展先秦以来嬴、羽二属的装饰功能之外，还与礼乐娱神的传统观念和汉时全社会弥漫的升仙思想有着密切关系。长沙马王堆汉墓铭旌的上部象征天庭，中心处有一对相背奔跃的卷唇神兽牵引甬钟；长沙砂子塘汉墓漆棺的足挡绘有悬挂钟磬和甬钟的

1　邓启铜，诸泉．楚辞 [M]．南京：东南大学出版社，2015：15.
2　（清）孙星衍，（清）庄逵吉校定．三辅黄图 [M]．商务印书馆，1936：44.
3　陈宏天，赵福海，陈复兴．昭明文选译注（第 1 册）[M]．长春：吉林文史出版社，2020：90.
4　（南朝宋）范晔，（晋）司马彪．后汉书：下 [M]．长沙：岳麓书社，2009：783.
5　（晋）郭璞．山海经图赞译注 [M]．王招明，王暄译注．长沙：岳麓书社，2016：89.

画面，钟磬上有相向而卧的羽人及神豹。自汉代以来，"羽属"动物亦用于钟虡装饰，如长安宫中的钟虡"负笋业而余怒，乃奋翅而腾骧"[1]。有翼之兽往来于天境与人间，就具有沟通天地、引导灵魂飞升成仙的功能和意义。而云虡纹也绝不是简单的装饰，它具有通往天界的内涵。中国古代的墓葬制度始终恪守着一种传统，就是通过墓穴的形制再现墓主生前所在的现实世界，从而以一种独特的宇宙观，体现"事死如事生，事亡如事存"的精神追求。《易·系辞》云："精气为物，游魂为变。"[2]《小戴礼记·郊特牲篇》谓："魂气归于天，形魄归于地。"[3]人之既死，魂魄解散，体魄入土，魂气游于空中无所不属。因此，人们希望通过以器物模拟生前的一切生活状态，从而将魄留在墓室内，并试图令尸体不腐。同时又希望可以将神仙吸引入室，引导自己灵魂升天，故在各种生活用品、墓葬器皿和丝绸作品中装饰大量的云虡纹图案。长沙砂子塘西汉墓外棺漆绘中与钟磬相组合的羽翼神人骑豹等形象，就是升仙思想的反映。其两面侧板漆画与马王堆汉墓1号棺漆绘中云气缭绕中的仙鹿、仙豹等异兽，就是《楚辞》中的虎豹九关，天庭的守门者；而山中缭绕的云气就是《山海经》对昆仑仙山的描写"南望昆仑，其光熊熊，其气魂魂"[4]。陕西神木出土的画像石，有一幅历史故事画《穆天子会西王母》也是"云虡纹"，绘有鸾鸟、枝叶、云气缠绕。练春海认为：云虡纹的描绘实际传达了一种理想：前往西王母境，获取长生不老药。[5]画面上我们可以看到树枝状的云气纹，其间有许多神兽或人物攀爬，他们都想到达西王母所在的仙界获取长生不死药。

云虡纹是中国历史上最浪漫最具有艺术气质的图像，气韵生动，千变万化，率性而灵动。顾森认为"它以符合自身流动性的运动形式，有规律、有秩序地布满整个装饰面，形成一个装饰的主要结构形式和框架，与其他作为填充物的装饰形象组合成一个完整的装饰图式"[6]。云虡纹的内容，富有浓郁的浪漫主义色彩，图像中的神仙、西王母、角虡、龙、凤、仙豹等都是神话想象，是人们幻想中的仙境，反映了自汉代以来人们对长生不老的美好追求。艺术

1　陈宏天，赵福海，陈复兴.昭明文选译注（第1册）[M].长春：吉林文史出版社，2020：86.
2　（汉）郑玄.周易郑注导读[M].北京：华龄出版社，2019：224.
3　白坤.礼记选读[M].杭州：浙江古籍出版社，2013：54.
4　周殿富.楚辞源：先秦古逸歌诗辞赋选[M].长春：吉林人民出版社，2003：679.
5　参见澎湃新闻.沙龙│郑岩、霍宏伟、练春海：艺术考古的观念与方法.
6　顾森.中国美术史秦汉卷[M].北京：北京师范大学出版社，2011：421.

是对现实的模拟，云虡纹漆棺和漆奁上的长袖舞、击筑抚瑟、羽人操琴、仙人六搏、车马出巡、迎宾谒拜、弋射渔猎等，"飞燕踉步为舞，延年新声在流"，乐舞百戏、宴饮出游，皆是汉代人喜爱的文化娱乐和社会交往活动，充满了那个时代的人情百态。这种亦真亦幻的图像艺术，呈现出一种轻快的调子，达到了艺术美的高峰！

第三章 孔子衣镜图像

第一节 器物简介和文字释读

一、器物简介和文字释读

"孔子衣镜"是海昏侯墓葬主椁室内出土的国宝级文物，这件器物不仅绘有现存最早的孔子和弟子图像、西王母和东王公图像，还记载了孔子与若干弟子的生平及言论。海昏侯墓所出衣镜包括四个部分，虽然均有程度不同的残损，但经过江西文物考古研究院王意乐等学者的不懈努力，大部分已能释读。我们根据《五色炫曜：南昌汉代海昏侯国考古成果》《金色海昏：汉代海昏侯国历史与文化展》展览和图录公布的资料，以及 2020 年 10 月在南昌汉代海昏侯国遗址博物馆现场观展所见，特绘制线图。其中，缺文或漫漶不清无法辨识的文字用"□"代替，残损文字用"…"表示，"（ ）"内的字为根据上下文和现存文献推测的文字内容。

"孔子衣镜"图文丰富，最重要也最为丰富的是孔子部分，此外还有子赣、颜回和子张三位孔门高足的像传，子张部分内容较多，子赣和颜回则仅见十余字。颜回、子赣（子贡）、子路、堂骀子羽（澹台灭明）、子夏共五位弟子随孔子一道出现在衣镜的背板之上，此六人两两相对，人物个性色彩都很鲜明。在镜掩背面，还有子张和曾子像，但文字和画面保存不佳，几难辨认（图 3-1）。

"孔子衣镜"背板用黄色粗线分割成大小相若的上中下三栏，中间都是彩绘人物画像，两两相对，有人物姓名标识，两侧用黑漆书写人物小传。居上一栏的

图 3-1　王意乐《海昏侯刘贺墓出土孔子衣镜》
(《南方文物》[江西省南昌市：江西省文物考古研究所，2016 第 3 期]，第 63 页)

是孔子和颜回肖像，左为孔子，颜回居右。孔子背微前倾，向颜回拱手而立，他头戴进贤冠，足登翘头履，额头凸出，身着白色大袍，长须髯髯，个子高挑，面目不是很清晰，但天庭饱满，腰有束带。颜回面目清癯，着曲裾深衣，个子略矮，正向孔子鞠躬行礼。居中一栏是子贡和子路。子贡在左，他头戴小冠，

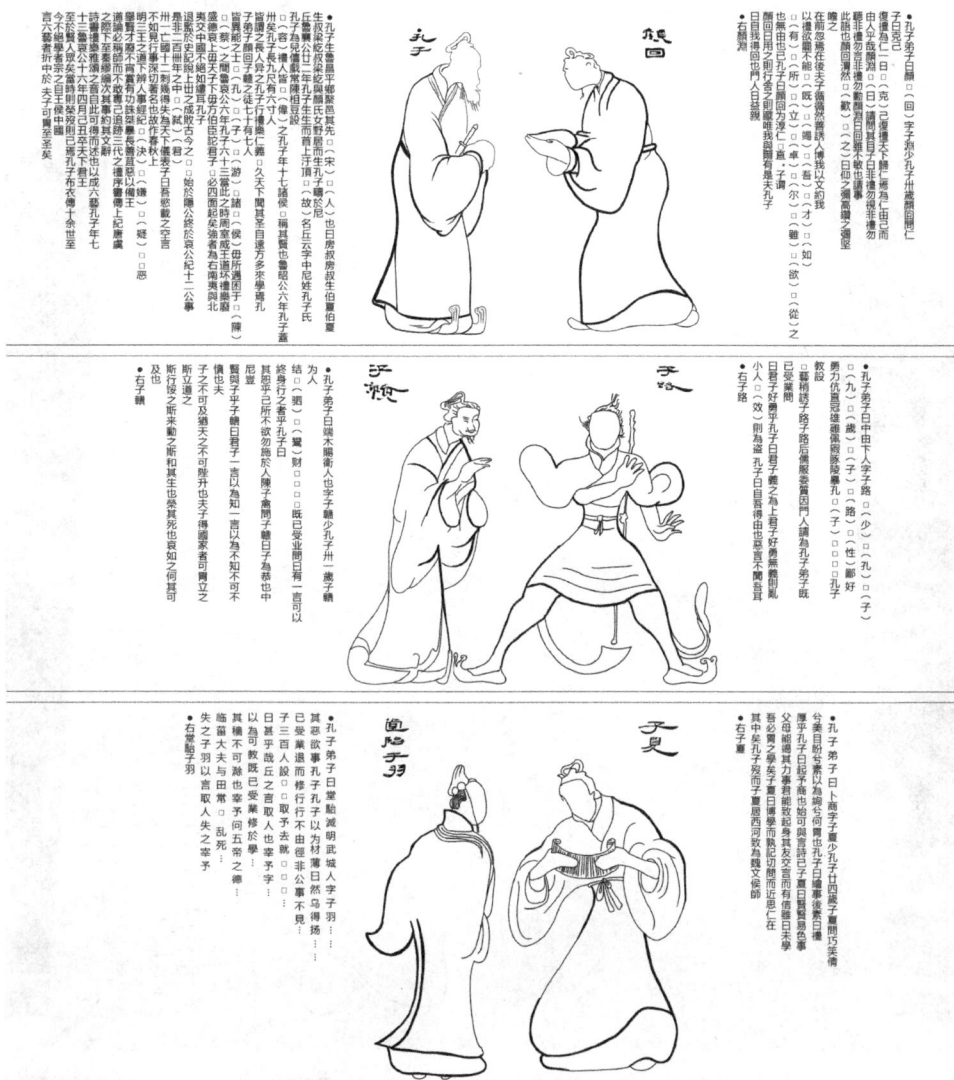

图 3-2 线图（笔者手绘）

脸部蓄短须，穿宽袖深衣长袍，斯文有礼。子路衣襦，腰间束带，双掌运斤如风，两袖飞舞，如赳赳武夫般威风跨立。堂骀子羽和子夏在最末一栏。子夏戴小冠，穿长袍，正展简而读。子羽头向右侧，似与子夏同阅（图 3-2、图 3-3）。

孔子衣镜镜掩（盖）残损严重，破损为数十块，且大部分图案文字都不清楚，只有较大的两块还能辨识。从镜框正面的这篇赋来看，内容上也可分为三部分，前面四句点名衣镜用意是"修容侍侧兮辟非常"；中间描述镜框上所绘之图案，有青龙、白虎、玄鹤、凤凰等猛兽鸷鸟，以及西王母、东王公、孔子和圣人

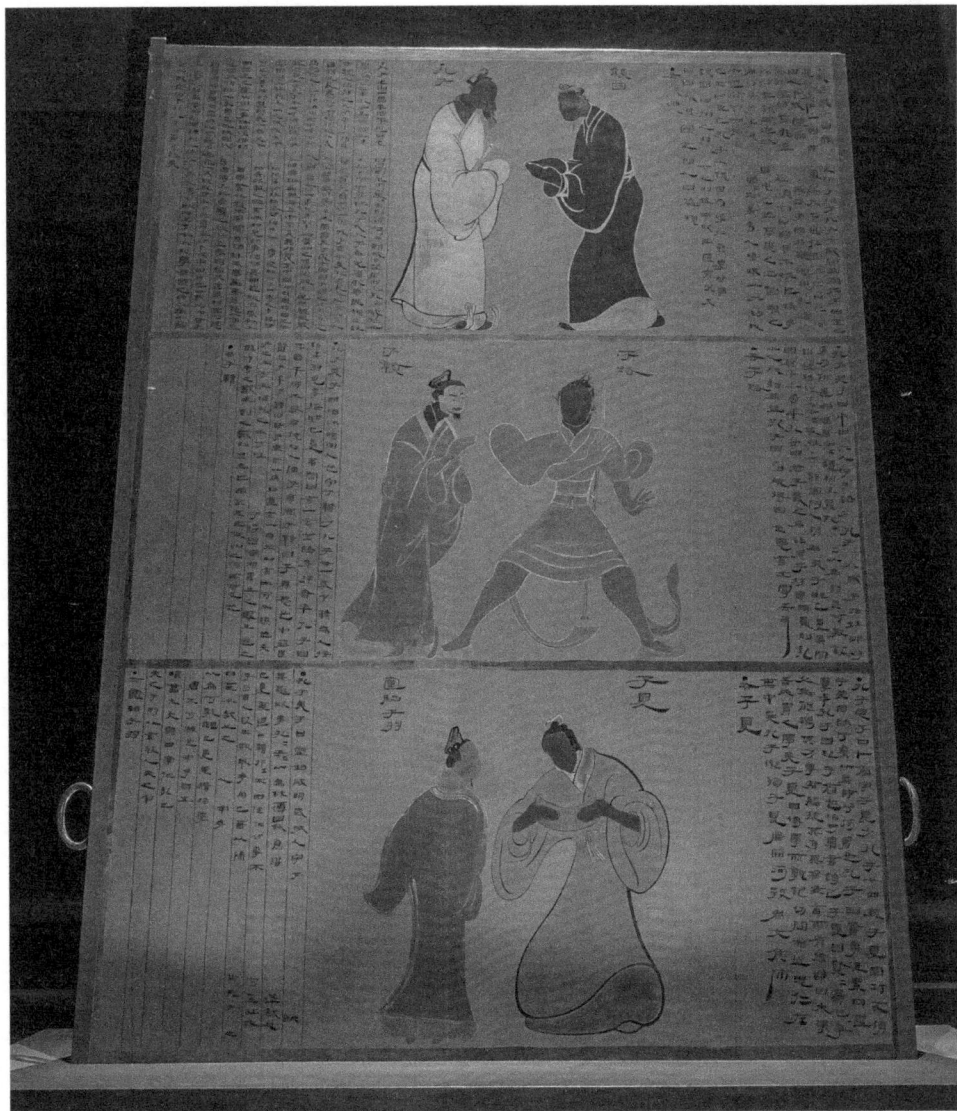

图 3-3　孔子徒人图漆衣镜（复制品）
西汉时期，高 70.3 厘米、宽 46.5 厘米，南昌汉代海昏侯国遗址博物馆藏。

之徒颜回卜商等儒道人物；最后四句为祝词，希望通过"临观其意"而能气
和平、顺阴阳、乐未央、皆蒙庆。

二、衣镜日用与圣人作则

孔子衣镜的图像分布显然用的是"分层配置法"，和独立配置法一样，
它是汉代画像石中常见的图像配置法。"这种层的划分和图像的分层配置绝
不是随意进行的，而是严格按照当时人们的宇宙方位观念和尊卑伦理观念安

排的……从现有资料看，不仅是汉画像石，在全部汉代绘画作品中，画面的上下位置关系的重要性都远远超过左右位置关系"[1]，这样的精心安排一定是别有深意。我们结合墓主刘贺生平际遇，简要论之。

秦汉铜镜镜铭复杂多样，最常见的有两大类：一类是"尚方御镜大毋伤，巧工刻之成文章，左龙右虎辟不祥，朱鸟玄武顺阴阳，子孙备具居中央，长保二亲乐富昌，寿敝金石如侯王"；另一类是"尚方作镜真大好，上有仙人不知老，渴饮玉泉饥食枣，浮游天下敖四海，寿敝金石如侯王"。而这枚立镜以圣贤作则，用衣镜铭的说法是"临观其意兮不亦康，心气和平兮顺阴阳"。刘贺在废除帝位之后，通过阅读儒家典籍，时常瞻仰衣镜上的孔子像，应该是有所触动。以圣人作则，也许偶尔能获得内心的平静。更重要的是，刘贺获封海昏时，被比之于舜的弟弟象，贴上了"嚚顽放废之人"的标签。在西汉官方极力推崇儒家之际，刘贺为了表明自己谨守礼仪，恪守君臣之道，特地把衣镜摆放在卧榻旁，"修容"侍侧于孔子身旁，以圣人言行"三省吾身"，也是对自己的一种有效保护。据史书记载，刘贺为昌邑王时，郎中令龚遂曾力谏他"坐则诵《诗》《书》，立则习礼容"[2]。刘贺"许之"，可见"读经书与习礼容"曾经也是刘贺日常生活的一部分。

孔子有素王之尊，开国皇帝刘邦首开尊儒之风。汉高帝十二年（前195），"东巡狩适鲁，以颜子配享孔子，祀以太牢"（《阙里志》）。这就开创了帝王祭祀孔子、颜子的先例。和尧舜、周文王等天降圣人一样，他被汉代儒者神化，有着特异的形象：孔子反宇，是谓尼丘，德泽所兴，藏元通流（《礼·含文嘉》）。仲尼斗唇，舌里七重，吐教陈机受度（《孝经·钩命决》）。孔门优秀弟子也是感神精而生，具有特殊的仪表：颜回山庭日角；曾子珠衡犀角；子贡山庭，斗绕口（《论语·摘辅象》）。"珠衡犀角"是说曾子两眉之间有骨隆起如连珠，额骨突出为犀角，相术家以为是圣贤之貌。在配享孔子时，一般是四配十哲。四配指复圣颜回、宗圣曾参、述圣孔伋、亚圣孟轲。十哲是根据《论语》"从我于陈蔡间"一章中的弟子而名，计为德行——颜渊、闵子骞、冉伯牛、仲弓；言语——宰我、子贡；政事——冉有、季路；文学——子游、子夏。衣镜漆文的弟子言论，一人一题，主题相当鲜明。如子路，性伉直，戴鸡佩豚，勇

1　信立祥．汉代画像石综合研究 [M]．北京：文物出版社，2000：41-43.

2　（汉）班固．汉书（下）[M]．长沙：岳麓书社，2009：1023.

猛无礼，起先凌暴孔子，后来儒服委质，拜入孔子门下，屡次救孔子于危难。孔子自己都说："自吾得由也，恶言不闻于耳矣。"[1] 从衣镜上看到的子路画像，是一尊气势威武的铮铮之士。衣镜将"君子好勇无义则乱"的话节录于此，也许表达了渴求勇士的心境。子贡天生异相，仪表不凡，三岁即能知人之善恶，是孔子最得意的门生。他善于经商，长于外交，《史记·仲尼弟子列传》载："子贡一使，使势相破，十年之中，五国各有变"[2]，鲁国的大夫孙武素来武断，《论语》记载陈亢多次对孔子生疑，他们俩都曾宣称"子贡贤于仲尼"[3]。子贡却视孔子如日月，他说："夫子之不可及也，犹天之不可阶而升也……其生也荣，其死也哀。如之何其可及也？"[4] 他对老师至恭至敬，为孔子结庐守墓六年。子夏治学谨严，他课徒的成绩颇丰，门下有田子方、段干木、李悝、吴起、禽滑厘、商鞅，还有荀子、李斯、韩非等隔代再传弟子。衣镜上书写的有关子夏的漆文，是所有文字中保存最好的。子张才貌兼优，因文过饰非，孔子有过批评。孔子困于陈、蔡，子张问如何才能畅行无阻。孔子说，言语忠信，行为笃敬，蛮貊之国也能畅行。刘贺丧失帝位，很大程度是张狂无忌、言行不谨慎的结果，衣镜录孔子与子张的语录，似有深意。儒林显赫的子张，据《吕氏春秋·孟夏纪·尊师》记载是"刑戮死辱之人"[5]，他有一个特点，就是"禹行而舜趋"[6]，这是《荀子·非十二子》中批评子张的话，说是一种"贱儒"品格。杨倞注引《尸子》曰："偏枯之疾，步不相过，人曰禹步"[7]，其实就是说走路病态。刘贺体弱，"疾痿，行步不便"[8]，与子张同病相怜。

值得推究的是曾子的出现。曾子性情沉静、举止稳重，为人谨慎，待人谦恭。他天资鲁钝，在孔门弟子中地位原本不高，不在"四科十哲"之列，但他志学笃诚，以孝而闻名于世。《论语·先进》篇："子曰'从我于陈、蔡者，皆不及门也。'德行——颜渊、闵子骞、冉伯牛、仲弓。言语——宰我、子贡。政事——冉有、季路。文学——子游、子夏。"程颐辩解说："四科

1　（南朝宋）刘义庆编撰，（宋朝梁）刘孝标注. 世说新语 [M]. 长沙：岳麓书社，2016：211.
2　（汉）司马迁. 史记 [M]. 武汉：崇文书局，2010：395.
3　孙钦善. 论语新注 [M]. 北京：中华书局，2018：444.
4　孙钦善. 论语新注 [M]. 北京：中华书局，2018：445.
5　（战国）吕不韦. 吕氏春秋 [M]. 哈尔滨：北方文艺出版社，2018：41.
6　（战国）荀况著，（唐）杨倞注，耿芸标校. 荀子 [M]. 上海：上海古籍出版社，2014：58.
7　（战国）荀况著，（唐）杨倞注，耿芸标校. 荀子 [M]. 上海：上海古籍出版社，2014：42.
8　（汉）班固. 汉书（下）[M]. 长沙：岳麓书社，2008：1038.

乃从夫子于陈、蔡者尔，门人之贤者固不止此。曾子传道而不与焉。故知十哲世俗论也。"宋人陈祥道也说"子张之才，与于四友；曾子之孝，几于德行。而四科不称之者，盖论四科之时，二子未成故也。"[1]在汉代，以孝治天下奉为国策，汉武帝接受董仲舒的建议，儒学在意识形态领域一家独大，曾子的大孝形象越来越被人们所看重，到明代时更称为"宗圣"，与孔子、孟子、颜子、子思并列五大圣人，地位仅次于"复圣"颜回。随着影响的扩大，文化界人士开始系统地搜集、整理曾子的言行。《韩诗外传》录有曾子言行6条，《说苑》中关于曾子言行17条，《盐铁论》6条，《孔丛子》4条，《孔子家语》10条。还有《琴操》《白虎通》《晏子·春秋》《论衡》《博物志》等都有曾子言行的记载。如《弘明集卷八释僧顺〈释三破论〉》载"且仲尼既卒，三千之徒永言兴慕。以有若之貌最似夫子，坐之讲堂之上，令其说法，门徒谘仰与往日不殊。曾参勃然而言曰：'子起！此非子之座。'推此而谈，思仰可知也。"[2]《孟子·滕文公上》载"子夏、子张、子游以有若似圣人，欲以所事孔子事之，强曾子。曾子曰：'不可。江汉以濯之，秋阳以暴之，皓皓乎不可尚己'。"[3]有异曲同工之妙。刘贺被废，"不孝"是其首要恶名。《汉书·霍光传》中废黜刘贺的联名奏章一开始即说："天子所以永保宗庙总壹海内者，以慈孝礼谊赏罚为本。孝昭皇帝早弃天下，亡嗣，臣敞等议，礼曰'为人后者为之子也'，昌邑王宜嗣后，遣宗正、大鸿胪、光禄大夫奉节使征昌邑王典丧。服斩缞，亡悲哀之心，废礼谊……颣不孝出之，绝之于天下也。宗庙重于君，陛下未见命高庙，不可以承天序，奉祖宗庙，子万姓，当废。"[4]汉昭帝驾崩后，刘贺被征即位，以"我嗌痛，不能哭"为由不哭丧，快到未央宫东阙，郎中令龚遂再三提醒，他才下车按照礼仪哭拜。从昌邑疾驰进京途中，不遵守服丧期间的饮食制度，不素食，常食肉，"贺到济阳，求长鸣鸡，道买竹杖"，"立为皇太子，常私买鸡豚以食"。面对曾子画像，刘贺内心应该是极为复杂的，但衣镜上曾子的文字无法复原，不能多做推论。

另一个值得推究的是澹台灭明。澹台虽为七十贤徒之一，但论分量远不

1 （宋）陈祥道.论语全解.影印文渊阁《四库全书》经部第190册[M].台北：台湾商务印书馆，1986：149.

2 转引自韦宾.汉魏六朝画论释证（上）[M].成都：四川人民出版社，2022：173.

3 孟轲，易夫.圣算先知——《孟子》新解[M].北京：宗教文化出版社，1997：90.

4 （汉）班固.汉书（下）[M].长沙：岳麓书社，2008：1098.

及颜回、曾子、子夏等，一般来说，在配享孔子时，没有他的位置。子羽其人状貌甚恶，子游推荐他，却不受孔子待见。后子羽游学吴楚，追随者三百多人，影响很大，才德名扬诸侯。这让孔子非常感慨，说"吾以言取人，失之宰予；以貌取人，失之子羽"[1]。衣镜图像其他人都是正面像，只有子羽是背面像，估计还是因为他长得太丑了。但由于他曾过江居楚，江南一带由此附会出各种传说，尤其在豫章旧郡，因为澹台灭明传道、终老于此，所以以乡贤视之，列入配享者。我们认为，对图像的意义应持有一种历史化和区域化的认知眼光，对问题情境的强调，往往正是解读图像的关键所在。公元前63年，刘贺被贬斥到江西做了海昏侯，于衣镜上将一个与此地有文化联系的圣贤加以彰显，其中的自况或者说文化选择，很可能对后世产生了影响。澹台自此"步步荣升"：汉明帝永平十五年（72）祀孔子及七十二贤，澹台是其中之一；唐玄宗开元二十七年（739）封"江伯"；宋真宗大中祥符二年（1009）升为"金乡侯"从祀孔子。南昌人民为他立祠立墓祭祀，并设立澹台门以表纪念，进贤县也因他南游至此而名。绳金塔东北的大成殿是南昌市内唯一现存的文庙，庙内摆放了祭祀时的全套乐器，子羽在这里地位很高。这或许又可说明衣镜赋的撰作应是在南昌。虽然远离政治中心，但也远离了政治风波，刘贺的内心不无轻松，以圣贤立镜自勉，希望自己能有一个新的开始。南宋时吴曾《能改斋漫录》卷九在对海昏地理作辨证时，曾有一番这样的考辨："豫章大江之口，距海昏县十三里，地名慨口。今往来者不究其义，以海口称之，如云江海之口也。予按，《豫章记》曰：'海昏侯国，在昌邑（今永修县）城东十三里。县列江边，名慨口，出豫章大江之口也。昌邑王每乘流东望，辄愤慨而还，故谓之慨口。'"[2]刘贺是否因水势所阻而心生愤慨，已不得而知。但由帝而侯，一贬再贬，政治巨变及与京城的重重阻隔，刘贺内心一定有所感触，旁及孔门弟子时，澹台就成了最重要的载体及聚焦点。对刘贺而言，其过山车式的命运，诤臣问题始终激荡于心，无法释怀，且再也不能公开言说。当他对孔门弟子进行图文编排时，这种郁磊之气自然植入其间。对于刘贺其人，虽然史书上留下荒诞无道的记载不少，但直接的史料并不多。子贡曾说"纣之不善，不如是之甚也，是以君子恶居

1　（汉）司马迁. 史记 [M]. 武汉：崇文书局，2010：396.

2　（宋）吴曾. 能改斋漫录：上 [M]. 上海：上海古籍出版社，1979：270.

下流，天下之恶皆归焉。"[1]何况刘贺这样一个政治斗争的失败者。历史学家吕思勉先生在《秦汉史》中提出过"史所言昌邑王罪状，皆不足信"[2]。

总的来说，衣镜文内容是劝诫性和礼仪性的，孔子衣镜有纪念碑性质，但经过巧妙设计成为承载图画和铭文的纯粹平面，有着特定的礼仪和哲学含义。这种图像形式使我们看到了先前从未见过或表现过的事物。

第二节　孔像流传的图像学谱系

一、文献记载

关于孔子的形象，古代文献有一些零散的记载。《庄子·外物》如《史记·孔子世家》称孔子"生而首上圩，故因名曰丘云"[3]。注云圩顶为中顶而四周高的形状。《孔子·世家》又称："孔子适郑，与弟子相失，孔子独立郭东门，郑人或谓子贡曰：'东门有人，其颡似尧，其项类皋陶，其肩类子产，然自腰以下不及禹三寸，累累若丧家之狗'子贡以实告孔子，孔子欣然笑曰："形状，末也，而谓似丧家之狗，然哉！然哉！"[4]在《孔子家语》中，郑人这段话的另一个版本还提到孔子身高九尺六寸，"河目隆颡"[5]，即大眼高额。《荀子·非相》在批驳相人术时，称"仲尼长"，又说"仲尼之状，面如蒙倛"[6]。蒙倛，即传说中打鬼的方相，在汉墓的石刻中，可见其威严可怖的形象。《吕氏春秋·慎大览》："孔子之劲，举国门之关，而不肯以力闻。"[7]民间传说孔子的头部有"七陋"，即"耳露轮，眼露白，鼻露孔，口露齿，耳垂肩，头颅前后长，头圩顶"。[8]《论语·子张》记子夏言孔子有三变：望之俨然，即之也温，听其言也厉。《论语·述而》中孔子给人的印象就是"子温而厉，威而不猛，恭而安。"[9]孔子衣饰也有记载，据《舆服志》所称"《礼记》孔子衣逢掖之衣，缝掖其袖。合而缝大之，近今袍者也。"[10]《荀子·哀公》："鲁

1　孙钦善 . 论语新注 [M]. 北京：中华书局，2018：440.
2　吕思勉 . 秦汉史 [M]. 北京：北京理工大学出版社，2018：149.
3　（汉）司马迁 . 史记 [M]. 北京：中国戏剧出版社，2007：260.
4　（汉）司马迁 . 史记 [M]. 北京：中国戏剧出版社，2007：263.
5　（魏）王肃 . 孔子家语 [M]. 北京：光明日报出版社，2016：146.
6　方达 . 荀子 [M]. 北京：商务印书馆，2016：62-63.
7　（战国）吕不韦 . 吕氏春秋 [M]. 哈尔滨：北方文艺出版社，2018：189.
8　参见王宪昭 . 中国民族神话母题研究 [M]. 北京：民族出版社，2006：275.
9　孙钦善 . 论语新注 [M]. 北京：中华书局，2018：431.
10　（南朝宋）范晔，（晋）司马彪著 . 后汉书：下 [M]. 长沙：岳麓书社，2009：1215.

哀公问于孔子曰：'……然则夫章甫、绚履、绅而搢笏者，此贤乎？'"[1]

《孔子世家》记载："鲁世世相传以岁时奉祠孔子冢，而诸儒亦讲礼乡饮大射于孔子冢。孔子冢大一顷。故所居堂弟子内，后世因庙藏孔子衣冠琴车书，至于汉二百余年不绝。高皇帝过鲁，以太牢祠焉。诸侯卿相至，常先谒然后从政。"[2]秦汉时期在庙堂往往绘有壁画，孔庙也有可能绘有孔子和弟子图像的壁画。张彦远的《历代名画记》记载"鲁国庙堂东西厢图画"有"孔子弟子图"[3]，由于缺乏资料，我们无法判断这里的鲁国是春秋战国时期的鲁国还是西汉时期的诸侯国鲁国，但不管是春秋战国还是西汉，理论上都是有可能存在的。《汉书·艺文志》中的"六艺略"有"孔子徒人图法"二卷[4]，应该就是最早的孔子及其弟子画像的粉本。

孔子去世后，子贡为他守丧六年，用楷木雕刻孔子夫妇像祭拜。"唯子赣（贡）庐于冢上，凡六年"[5]。陈寿在《魏志·仓慈传注》中，提到了汉桓帝"立老子庙于苦县之赖乡，画孔子像于壁"[6]，范晔在《后汉书·蔡邕传》记载汉灵帝"置鸿都门学，画孔子及七十二弟子像"[7]此外，还有众多以孔子为题材的画像石，仅在山东济宁就有 30 余件。可见，在汉武帝"罢黜百家，独尊儒术"的推动下，西汉中期之后，对儒学及孔子的推崇已经成为上层社会的共识。靖康之难时与孔端友共同南渡衢州的孔子四十六代孙孔传，在其写于南宋绍兴四年（1134）的《东家杂记》中称，"家庙所藏画像，衣燕居服，颜子从行者，世谓之小影，于圣像为最真"[8]。清康熙年间孔子六十七代孙衍圣工孔毓圻辑《幸鲁圣典》卷七载，康熙帝到曲阜时，曾问孔："何像最真？"对曰："惟行教小影颜子从行者为最真，乃当年端木赐传写。晋顾恺之重摹者。"[9]

要之，孔子相貌高大魁梧，肩背伛偻，额头凸起，耸肩弱脊，长相异于常人，甚至有些丑陋，这些细节特征在孔子衣镜上都有所体现。孔子所衣冠带，遵循古制，有冠无帻。可惜战国时期并无可靠的图像资料传世，无法佐证。

1   方达评注.荀子[M].北京：商务印书馆，2016：537.
2   （汉）司马迁.史记[M].北京：中国戏剧出版社，2007：268.
3   （晋）顾恺之等.画品[M].孟兆臣校释.哈尔滨：北方文艺出版社，2000：140.
4   （汉）班固.汉书[M].西安：太白文艺出版社，2006：256-260.
5   （汉）司马迁.史记[M].北京：中国戏剧出版社，2007：268.
6   转引自汪小洋.汉墓绘画宗教思想研究[M].上海：上海古籍出版社，2011：84.
7   （南朝宋）范晔，（晋）司马彪.后汉书：下[M].长沙：岳麓书社，2009：663.
8   孔传著.东家杂志附续校及补校[M].1937：29.
9   转引自邢千里.中国历代孔子图像演变研究[M].济南：山东大学出版社，2013：109.

图 3-4　渠树壕东汉 1 号壁画墓孔子问礼图
（《中国出土壁画全集》[北京：科学出版社，2012]，第六册）

正如王意乐等学者所言，刘贺墓中出土衣镜上出现的孔子形象，是目前已知
最早的孔子形象。[1]

二、传世的早期孔子像

除了刘贺墓衣镜，汉代的孔子画像，多见于墓室壁画，目前已发表资料
且年代可考的共有五幅。

1.2009 年陕西省靖边县杨桥畔镇渠树壕汉墓壁画

此墓时代当为新莽。壁画中老子拄杖，孔子拱手施礼，双圣之间是手牵
鸠车的项橐。孔子身后有四位弟子手抱竹书简册。画中人物均着博袖长袍衣，
造型奇趣别致、线条简约（图 3-4）。

2. 老坟梁汉墓壁画

2008 年发掘的陕西靖边县杨桥畔杨一村老坟梁 M42，时代为西汉晚期到
新莽。壁画内容丰富，有青龙白虎、驾鹤升仙、人物故事，也有车马出行、
歌舞宴饮、农耕生产，并"老子"等人物榜题。孔子梳高髻，脊背挺直，线

1　王意乐. 海昏侯刘贺墓出土孔子衣镜 [M]. 南方文物，2016（03）：70.

图 3-5　内蒙古和林东汉墓壁画（摹本）
高 2.9 米、宽 2.85 米（笔者自摄于内蒙古自治区呼和浩特市和林格尔县和林格尔东汉壁画墓）

条较纤细、流畅，点缀有云龙纹，画面富于变化，略显生动。

3. 洛阳烧沟 61 号西汉墓壁画

1957 年发掘，汉元帝到汉成帝年间。画中老子神态倨傲，执杖而行，身后有两人恭立，已漫漶不清。孔子身穿博衣，和老子相较，身形卑弱，头戴平帻巾，脊背高耸，似和项橐应答，他温言笑语，谦恭有礼。

4. 内蒙古和林东汉墓壁画

1973 年发掘，墓主为东汉晚期，东汉王朝派到北方民族杂居地区的最高官员——使持节护。

该壁画人物线条简洁，用笔粗率，均有墨书榜题。老子和孔子·率诸弟子一字排开，身形高大的孔子位居中心，他身着布衣，前额平直，谦恭微笑，正拱手虚心求教（图 3-5）。

5. 山东东平东汉墓室壁画

2007 发掘，东汉早期壁画墓。孔子问礼图在北壁画像中层。孔子着黑色袍服，身材高大，皱纹深重，鼻翼高挺，胡须微扬，面向老子执礼甚恭。老子着绿色袍服，双目微垂，丰姿卓然，欣然受礼（图 3-6）。此墓孔子形象刻画更为个性化，其颈后有凸瘤，可能源于《孔子·德充符》中"瓮盎大瘿"的描述，为"眉有十二彩，目有二十四理，立如凤峙，坐如龙墩……身长九尺六寸，腰六十围"以及"温而厉，威而不猛，恭而安"的圣人形象。[1]

郦道元《水经注·济水》

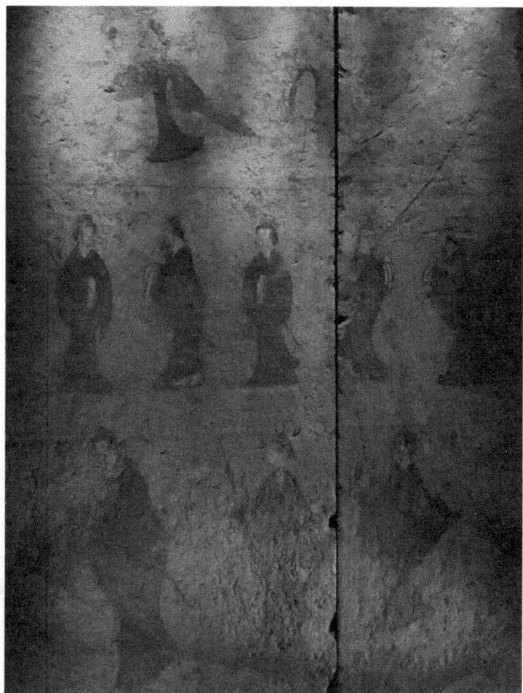

图 3-6 山东东平东汉墓室壁画（笔者自摄于山东博物馆）

引戴延之《西征记》云："焦氏山北数里，有汉司隶校尉鲁恭冢。……冢前有石祠、石庙，四壁皆青石隐起，自书契以来，忠臣、孝子、贞妇、孔子及弟子七十二人形象，像边皆刻石记之，文字分明……[2]"这是对汉代孔子图像画像石最早的记录。

画像石上出现的孔子形象，其题材也主要为"孔子礼老子"。据研究者统计，目前已出土"孔子礼老子"内容的画像石 50 余块，出土的地点有山东、陕西、河南、江苏、四川等，但大部分集中在山东地区。如山东安丘董家庄出土的《孔子见老子图》，山东省嘉祥县齐山村出土的"孔子礼老子图"画像石，山东嘉祥县纸坊镇的东汉早期画像石。目前已知最早的"孔之见老子"题材的画像石是山东微山县微山岛沟南村出土的西汉墓中的画像石，时代约在西汉宣帝至元帝时期。较早的还有四川新津崖墓出土的东汉石函《孔子问礼》，山东嘉祥武宅山出土的两块"孔子见老子"画像石局部。（图 3-7）。

---

1 于敏中. 东耳译注 [M]. 北京：故宫出版社，2013：13.
2 （北魏）郦道元注，（清）戴震分篇. 分篇水经注（上）[M]. 杨应芹校点. 合肥：黄山书社，2015：489.

图 3-7　东汉画像石孔子见老子局部
（《中国历代孔子图像演变研究》[济南：山东大学出版社，2013]，第 77 页）

　　据李强研究"孔子见老子图"构图大致可以分为三种情况：一是画面上仅有孔子与老子二人相向而立，这类构图比较少见；二是在孔子与老子之间，出现了一个小童，手推双轮小车，小童一般认为是项橐；三是除了孔子、老子、项橐外，还出现了孔子的弟子，这类构图所占比例最高。除了常见的"孔子礼老子"故事外，1871 年嘉祥武氏家族墓还出土了一块"荷箫"题材的画像石，画面中榜题作"孔子"的人作击磬状。这一题材画像石在其他地区没有出现。

　　这些壁画与画像石表现的题材都是"孔子礼（或见）老子"，其画面布局、故事情节与人物细节（如服饰、动作等）十分接近，可以认定它们在当时一定有固定粉本。对"孔子见老子"的意义，学者作了不同的阐释。李卫星认为它表达了儒学的好学精神；邢千里也认为它表现的是孔子"好学谦恭，不耻下问"的品质，显示出对儒学"高度重视"的风气；缪哲认为"孔子见老子"图像是"本于汉代王者必有师"说的经义与实践；赤银中认为孔老相会是两种学说的相互交流，预示着儒道两家学说在对立和统一的矛盾关系之前提下共同发展进步；姜生认为它表现的是汉代道教墓葬仪式，符合死者在冥界升仙的仪式逻辑，孔子向老子所求之礼即为"升仙之道"。

　　综上可知，衣镜孔子画像，雍容大度，透出圣人智慧，冠服细节有据可考，与文献记载一致，非一般画工所能想象。汉墓壁画的孔子像，有额头平直者（和林格尔）、身高不符者（洛阳烧沟墓）、冠饰不合者（杨桥畔一村）、脊正梁直者（老坟梁 42 号），均不如孔子衣镜像特征准确。至于汉画像石所绘图像，若无榜题和故事情节，几乎不能断定为孔像，此处不详述。

此外，孔子衣镜是生器，是死者生前喜爱的器物，死后随葬在主椁室内的重要位置。《荀子·礼论篇》："具生器以适墓，象徙道也。"[1] 郝懿行注曰："徙者，移也。象徙道者，谓如将移居然耳，亦不忍死其亲之意。"[2] 生器出现在墓葬中，象征着死者的乔迁，有安抚之意。其他的孔子形象都是出现在墓葬壁画或画像石上，是墓葬本体的一部分。

因为一直没有可靠的图像材料传世，因此，孔子衣镜上的画像与文字，是非常珍贵的发现。虽然文字经释读与传世古籍无太大区别，文字的错讹有五六处之多，甚至搞错了孔子的年龄，但依然有重要的文献价值。从以上图文可看出，孔子衣镜图与汉代其他孔子图像资料相较，出土时间最早，而且出自汉废帝刘贺这么一位身份特殊的墓主墓中。其他墓主都是中下层的官吏，身份最高者是内蒙古和林格尔的使持节护乌桓校尉，俸禄两千石。

刘贺墓中的孔子与弟子是以肖像画和传记的形式出现的，而其他的孔子形象是以壁画和浮雕或浅浮雕的故事画形式表现。孔子衣镜绘制的是孔门弟子肖像及人物传记，其他汉画绘制的多为"孔子见老子"故事，题材不同。据史书记载，孔子曾去王都洛阳向老子问礼。《史记·孔子世家》："鲁南宫敬叔言鲁君曰：'请与孔子适周。'鲁君与之一乘车，两马，一竖子俱，适周问礼，盖见老子云。辞去，而老子送之曰：'吾闻富贵者送人以财，仁人者送人以言。吾不能富贵，窃仁人之号，送子以言，曰：'聪明深察而近于死者，好议人者也。博辩广大危其身者，发人之恶者也。为人子者毋以有己，为人臣者毋以有己。'"[3]《史记·老子韩非列传》记载："孔子适周，将问礼于老子。老子曰：'子所言者，其人与骨皆已朽矣，独其言在耳。且君子得其时则驾，不得其时则蓬累而行。吾闻之，良贾深藏若虚，君子盛德、容貌若愚。去子之骄气与多欲，态色与淫志，是皆无益于子之身。吾所以告子，若是而已。'孔子去，谓弟子曰：'鸟，吾知其能飞；鱼，吾知其能游；兽，

1　（战国）荀况.荀子诠解（第 4 册）[M].北京：线装书局，2016：1565.
2　（战国）荀况.荀子诠解（第 4 册）[M].北京：线装书局，2016：1565.
3　（汉）司马迁.史记 [M].北京：中国戏剧出版社，2007：260.

吾知其能走。走者可以为罔，游者可以为纶，飞者可以为矰。至于龙吾不能知，其乘风云而上天。吾今日见老子，其犹龙邪！'"[1]这类图像多表现为孔子在老子面前洗耳恭听，鞠躬以示敬意，老子却昂头袖手，直视来访者。

汉代图像中的孔子见老子大都是没有榜题的。老子、孔子、项橐都有图像符合，成为三者的图像象征物。孔子的象征有三点：一是高大魁梧；二是头戴进贤冠——儒士的象征；三是怀抱雉鸟，这是古代向尊者觐见时的贽礼；具备其中一种象征即可认为是孔子。《战国策·秦策五》最早记载项橐的故事，直到敦煌变文，这个故事才普及出来。

三、孔像艺术与宣教作用

孔子衣镜以肖像画的形式呈现，线条简练，人物刻画真实而生动，不像"孔子礼老子图"那样固定而刻板，是最早的人物像传衣镜实物，呈现了西汉中期屏风"画以古烈"的真实景象。《西京杂记》卷四有记载："沓璧连璋。饰以文锦。映以流黄。画以古烈。颙颙昂昂。藩后宜之。寿考无疆。"[2]与壁画和画像石这类情节性绘画不同，孔子衣镜画像是供奉性画像，人像是所绘人物思想意趣的依托，同时也是观者敬奉、凝视的对象。这类画像的观者并不是普通百姓，而是满腹经纶、善于深思的儒家学者，绘图目的就是为让观者明察秋毫，睹"像"思人，有宣教的用意。

汉代的图像艺术发达，在屏风、车马、服饰、器具上都有精美的绘画。所谓王者有师，汉代常见的是以文本为主，图像为辅的记事方式。汉代统治阶级效法古制古仪，往往以画点缀政治。《孔子家语观周第十一》载："孔子观乎明堂，睹四门墉有尧舜之容，桀纣之象，而各有善恶之状，兴废之诫焉。又有周公相成王，抱之负斧扆，南面以朝诸侯之图焉，孔子徘徊而望之，谓从者曰：'此周之所以盛也，夫明镜所以察形，往古者所以知今，人主不务袭迹于其所以安存，而忽怠所以危亡，是犹未有以异于却走而欲求及前人也，岂不惑哉。'"[3]从这段记载判断，明堂图室中的绘画是各类历史人物、历史故事绘画，用意是昭示善恶兴废，而不是以祖先为对象的，用作祭祀的纪念性"像设"。至于"尸礼废而像设兴"，顾炎武认为，画祖先图像进行祭祀，这是战国以后的事情。《陇东王感孝之颂》也提到："爱奇好古，历览绯徊，

1　（汉）司马迁. 史记 [M]. 北京：中国戏剧出版社，2007：317.

2　（汉）刘歆等. 西京杂记译注 [M]. 上海：上海三联书店，2013：224.

3　（魏）王肃. 孔子家语 [M]. 北京：光明日报出版社，2016：70.

妃息在傍，宾僚侍侧。壁疑秦镜，炳焕存形；柱讥荆珉，寂寥遗字。所以敛眉长叹，念昔追远。"[1]据记载，屈原被贬后，曾在楚国先王的祠堂内看到绘有神话传说和先贤事迹的壁画。梁皇后也"常以烈女图画置于左右，以自监戒"。[2]汉武帝晚年以"周公辅成王"故事赐霍光。汉光武帝宴见臣下时，被屏风上的烈女像吸引而"数顾视之"。《汉书·苏武传》："汉宣帝甘露三年（前51），单于始入朝，上恩股肱之美，乃图画其人于麒麟阁，法其形貌，署其官爵姓名"。[3]《后汉书·二十八将传记》："永平中，显宗追感前世功臣，乃图画二十八将于南宫云台，其外有王常、李通、窦融、卓茂，合三十二人"。[4]其刻画对象都是取材于上层社会中的人物。谢赫《古画品录》指出："图绘者，莫不明劝戒，着升沉；千载寂寥，披图可见。"[5]张彦远《历代名画记》说："夫画者，成教化，助人伦，穷神变，测幽微，与六籍同功，四时并运，发于天然，非由述作。"[6]进一步指明了绘画的教化功用。张彦远提出书画同源的主张，"是时也，书画同体而未分，象制肇创而犹略。无以传其意，故有书；无以见其形，故有画。天地圣人之意也。按字学之部，其体有六：一古文，二奇字，三篆书，四佐书，五缪篆，六鸟书。在幡信上书端，象鸟头者，则画之流也……又周官教国子以六书，其三曰象形，则画之意也。是故知书画异名而同体也。"[7]而绘画所具有的政治、教化意义，亦是与古史传说中的虞夏商周四代礼乐文明紧密联系在一起的，"泊乎有虞作绘，绘画明焉。既就彰施，仍深比象，于是礼乐大阐，教化蘱兴，故能揖让而天下治，焕乎而词章备。"[8]

这种对于汉代绘画艺术的礼仪性、叙事性阐说（即巫鸿先生所说的中国艺术的"纪念碑性"），最初是从绘画的功能性着眼进行总结的。《广雅》云："画，类也。"《尔雅》云："画，形也。"《说文》云："画，畛也。象田畛畔所以画也。"《释名》云："画，挂也。以彩色挂物象也。"[9]而这种绘画的功能，一开始又是运用于钟鼎、旗章、樽彝等礼器，以及清庙、明

1　（清）严可均辑，史建桥审订.全后周文[M].北京：商务印书馆，1999：93.
2　（魏）王肃.孔子家语[M].北京：光明日报出版社，2016：70.
3　（汉）班固.汉书[M].西安：太白文艺出版社，2006：438.
4　（南朝宋）范晔，（晋）司马彪著.后汉书：上[M].长沙：岳麓书社，2009：268.
5　（南朝齐）谢赫.古画品录[M].北京：京华出版社，2000：1.
6　（唐）张彦远.历代名画记[M].沈阳：辽宁教育出版社，2001：1.
7　（唐）张彦远.历代名画记[M].沈阳：辽宁教育出版社，2001：1.
8　（唐）张彦远.历代名画记[M].沈阳：辽宁教育出版社，2001：1.
9　（唐）张彦远.历代名画记[M].沈阳：辽宁教育出版社，2001：1-2.

堂等各种礼乐仪制的场合，"故鼎钟刻则识魑魅而知神奸，旂章明则昭轨度而备国制。清庙肃而樽彝陈，广轮度而疆理辨。"[1]而到了汉代，汉宣帝、汉光武帝先后在未央宫麒麟阁、洛阳南宫云台阁，令画师绘制霍光、邓禹等功臣图像，挂于阁上，以示纪念褒扬，"以忠以孝，尽在于云台；有烈有勋，皆登于麟阁。见善足以戒恶，见恶足以思贤。留乎形容，式昭盛德之事；具其成败，以传既往之踪。"[2]这种为功臣绘像的形式，逐渐成为一种褒扬功勋的传统，在汉唐间广为流传。

古人从政治教化和思想宣传的角度，重视和论述画像艺术的感染力，认为相比文献中的历史记载与诗词歌赋中的文学表现，图画在兼具了叙事与形象两种表现效果的同时，主要还发挥着"载其容""备其象"等文字、文献所不能达到的功用。张彦远认为："记传所以叙其事，不能载其容；赋颂有以咏其美，不能备其象。图画之制，所以兼之也。"[3]西晋陆机甚至说："丹青之兴，比雅颂之述作，美大业之馨香。宣物莫大于言，存形莫善于画。"[4]同样，古人亦是将图像叙事这一绘画艺术的功能，作为人物画鉴赏的重要目标与方法，所以曹植又说道："观画者，见三皇五帝，莫不仰戴。见三季异主，莫不悲惋。见篡臣贼嗣，莫不切齿。见高节妙士，莫不忘食。见忠臣死难，莫不抗节。见放臣逐子，莫不叹息。见淫夫妒妇，莫不侧目。见令妃顺后，莫不嘉贵。"[5]所谓"存乎鉴戒"，正是当时人们对于人物画艺术功用与感染力的普遍认识。另外，从古代人物画的实际内容来看，各种功臣图绘、孔子画像等主题，主要还是出于正面积极的"鉴"的方面，而不会去着力表现"篡臣贼嗣""淫夫妒妇"这一类富有争议的艺术形象。

概括两汉时期人物画，包括有远古神话传说中的人物、社会生活中的人物、历史故事的人物、镇墓辟邪的人物等。将帝王圣贤画像作为主题的则以山东嘉祥武氏祠为典型。其中"史官献图"这一情节场景又常被赋予政权更迭、王朝正统性的象征意义。"昔夏之衰也，桀为暴乱，太史终抱画以奔商。殷之亡也，纣为淫虐，内史挚，载图而归周。燕丹请献，秦皇不疑。萧何先收，

1　（唐）张彦远．历代名画记 [M]．沈阳：辽宁教育出版社，2001：2.
2　（唐）张彦远．历代名画记 [M]．沈阳：辽宁教育出版社，2001：2.
3　（唐）张彦远．历代名画记 [M]．沈阳：辽宁教育出版社，2001：2.
4　（唐）张彦远．历代名画记 [M]．沈阳：辽宁教育出版社，2001：2.
5　（唐）张彦远．历代名画记 [M]．沈阳：辽宁教育出版社，2001：2.

沛公乃王。"[1] 所以,张彦远接着总结到:"图画者,有国之鸿宝,理乱之纪纲。是以汉明宫殿,赞兹粉绘之功;蜀郡学堂,义存劝戒之道。马后女子,尚愿戴君于唐尧。石勒羯胡,犹观自古之忠孝。岂同博奕用心,自是名教乐事。"[2] 这里列举汉明宫殿、蜀郡学堂以及马后、石勒之历史典故。其中汉宫之图绘见诸史籍。马后之典故则是出自曹植《画赞序》中记载的汉明帝与马皇后之间的一段对答:"昔明德马后美于色,厚于德,帝用嘉之。尝从观画,过虞舜之像,见娥皇女英,帝指之戏曰:'恨不得如此人为妃。'又前,见陶唐之像,后指尧曰:'嗟乎!群臣百僚,恨不得戴君如是。'帝顾而咨嗟焉。"[3] 可知两汉之际,皇家诸侯以著名历史人物作图绘以装饰宫室,亦为一时之风尚。

另外,对于这种社会风尚,当时的一些思想家已对此有过批评,王充《论衡·别通篇》:"人好观图画者,图上所画,古之列人也。见列人之面,孰与观其言行?置之空壁,形容具存,人不激劝者,不见言行也。古贤之遗文,竹帛之所载粲然,岂徒墙壁之画哉。"[4] 列人,是秦汉之际对古代著名杰出人物的一类统称。鲁迅在《朝花夕拾》的后记中曾写到:"汉朝人……多喜欢绘画或雕刻古来的帝王、孔子弟子、列士、列女、孝子之类的图。"[5] 而联系到《论衡》此篇主旨,题为"别通",意在如何识别、使用博古通今之人,王充认为"富人不如儒生,儒生不如通人",[6] 当时的地方官员选拔多靠察举制,"不晓古今,以位为贤,与文人异术",[7] 不能识别、重用通人。可知"人好观图画者"[8] 所指的正是当时的达官显贵,而"图上所画,古之列人也"[9] 亦代表着当时汉代上流社会的一时风尚、审美与艺术鉴赏情趣,同时成为汉代装饰艺术的重要主题。

汉代将人像及人物故事作为绘画题材,相关考古资料多见于墓室壁画、画像石,帛画、漆画则相对少见。刘贺墓孔子衣镜,应属于漆画屏风用于室

1　(唐)张彦远.历代名画记[M].沈阳:辽宁教育出版社,2001:2.
2　(唐)张彦远.历代名画记[M].沈阳:辽宁教育出版社,2001:2.
3　(魏)曹植著,(清)朱绪曾考异,(清)丁晏铨评.曹植集[M].杨焄点校.上海:上海古籍出版社,2018:194.
4　(汉)王充.论衡全译(中)[M].袁华忠,万家常译.贵阳:贵州人民出版社,1993:824.
5　鲁迅.朝花夕拾[M].北京:北京教育出版社,2020:89.
6　(汉)王充.论衡全译(中)[M].袁华忠,万家常译.贵阳:贵州人民出版社,1993:813.
7　(汉)王充.论衡全译(中)[M].袁华忠,万家常译.贵阳:贵州人民出版社,1993:813.
8　(汉)王充.论衡全译(中)[M].袁华忠,万家常译.贵阳:贵州人民出版社,1993:824.
9　(汉)王充.论衡全译(中)[M].袁华忠,万家常译.贵阳:贵州人民出版社,1993:824.

内装饰的一则实例。自两汉而及隋唐，中国古代有以屏风作画的传统，在湖北江陵望山楚墓、河北平山中山王墓、湖南长沙马王堆汉墓、广东广州南越王墓等战国西汉墓葬中均曾出土有屏风实物，而绘有人物像传的，仅见于刘贺墓这架孔子衣镜，将衣镜与屏风巧妙地组合在一起，或许可以视为汉代屏风实物的一种新设计。

汉人于屏风之上施以彩绘，源自当时室内生活空间的布局与家居生活方式。中国古代，人们席地而坐，择地而卧，称为"席居"。汉人坐卧席地，屋内也没有固定的隔断，仅以屏风围榻、帷幛围床，因此，当时的显贵之家，乃至王公贵族的居室，于室内绘画装饰，除了壁面，屏风便成为重要的载体，隋代以后，人们才开始逐渐在帷幛上作画。所以到了唐宋时期，人们对于名画的估价，仍是以屏风画一片或一扇为准，便如张彦远《历代名画记》"论名价品第"所记，时人画作，"董博仁、展子虔、郑法士、杨子华、孙尚子、阎立本、吴道玄，屏风一片，值金二万，次者售一万五千。其杨契丹、田僧亮、郑法轮、乙僧、阎立德一扇，值金一万"，为此还特别解释道："自隋已前多画屏风，未知有画幛，故以屏风为准也。"[1]今日我们从日本的和室、韩国的韩室，在中国少数民族聚居地及东南亚等地还能看到保留的部分席居传统。日本正仓院收藏了许多唐代的东西，由当时（8 世纪）的遣唐使带回。我们所见日本当时的古代建筑、上层宅邸室内盛行使用屏风或屏风式的隔断，便是效仿唐代的风尚。

两汉时期是席居发展的巅峰，上自天子，下至庶人，依托这种以"地面"为重心的平面起居方式，亦发展出了一系列与之配套的生活文化制度。正如邵鸿指出："秦汉以来社会上层的屏风制作，可谓穷极奢华，争奇斗艳，诸如玉屏风、云母屏风、琉璃屏风、五色锦屏风、金缕画屏风、水晶屏风、虹霓屏风，等等，在古代文献中多有反映。"[2]《盐铁论·散不足》记载："一屏风就万人之功，为费多矣"[3]，可见当时富贵人家制作屏风之奢靡。将绘画屏风作为上层统治阶级重要的家具或家居装饰，这一点在汉赋中亦有表现，如羊胜《屏风赋》就曾写道："屏风鞈匝，蔽我君王……画以古烈，颙颙昂昂。"[4]

1　（唐）张彦远. 历代名画记 [M]. 沈阳：辽宁教育出版社，2001：22.

2　江西师范大学海昏历史文化研究中心. 纵论海昏 [M]. 南昌：江西教育出版社，2016：24.

3　（汉）桓宽. 盐铁论 [M]. 上海：上海人民出版社，1974：71.

4　（汉）刘歆等. 京杂记译注 [M]. 吕壮译注. 上海：上海三联书店，2013：224.

而相较文献中所描绘的各种奇珍异宝的屏风，刘贺墓这架衣镜屏风有助于我们更加真实、具体地去认知、了解、分析汉代漆画屏风的制作工艺和手工业发展水平。

图画与人物传记并行，是汉代人物画像的又一典型特征，刘贺墓出土的这架衣镜中，孔子及其弟子画像傍附有完整的人物像传。这类人物像传常以"列人""列女"等称之，前引王充所说"人好观图画者，图上所画，古之列人也"[1]。而以往更为人们熟知的则是刘向创作的《列女传》，以及汉代大量流行的列女图。刘向《七略别录》记载刘向、刘歆父子将"所校《列女传》种类相从为七篇，以著祸福荣辱之效，是非得失之分，画之于屏风四堵"[2]。《隋书·经籍志》记载："刘向典校经籍，始作列仙、列士、列女之传，皆因其志尚，率尔而作，不在正史。后汉光武，始诏南阳，撰作风俗，故沛、三辅有耆旧节士之序，鲁、庐江有名德先贤之赞。郡国之书，由是而作。魏文帝又作《列异》，以序鬼物奇怪之事，嵇康作《高士传》，以叙圣贤之风。因其事类，相继而作者甚众。"[3]

汉画像石萌发于西汉昭、宣年间，武帝时期尚未流行。邢千里经研究发现，西汉末至新莽时期，孔子画像大量出现在壁画中，绝大多数是以孔子见老子的形式出现，尚没有发现独立的孔子画像，更没有肖像式的作品。[4] 因而，此次孔子衣镜的出土意义重大。巫鸿指出，汉代画像中侧面的，不对称的构图是"情节式"的，画面中的人物相互作用，表现了一种叙事性关系。这种关系是闭合的。它所表达的意义包含在画面本身的结构关系中。看画的人只是一位旁观者，正面对称的人物画像则是偶像式的，人物目光超越画面，直视观看者，画面的意义依靠外在观看者得以实现。[5] 应该说，传世的《夫子像》《先圣遗像》等"孔子行教"类画像，拥有一条较清晰的谱系脉络，这类孔像依旧是人物两两相对，且孔子站位与服饰细节略有差异，但与汉代常见的"孔子问礼"有着明显区别，更趋向于孔子衣镜画像这种传统。关于这一点，王楚宁有精彩的论述，并梳理出孔子像传图（图3-8）。[6] 从图表可知，"孔子圣像"是"孔颜相对"图式改动后的孔子单人画像。这样，圣像不再侧对颜回，而

1　（汉）王充.论衡全译（中）[M].袁华忠，万家常译.贵阳：贵州人民出版社，1993：824.
2　（唐）徐坚等.初学记（下）[M].韩放主校点.北京：京华出版社，2000：333.
3　（唐）魏征等.隋书（三）[M].长春：吉林人民出版社，2005：644.
4　邢千里.中国历代孔子图像演变研究[M].济南：山东大学出版社，2013：64.
5　参见郑岩.中国表情——文物所见古代中国人的风貌[M].成都：四川人民出版社，2004:105.
6　参见王楚宁，黄可佳.孔子图像的构建与流变[J].故宫博物院院刊，2021（11）：124-134.

题名	孔子屏风（摹本）	《夫子像》	《夫子小像》	《孔子像》	《圣君贤臣全身像》	《颜子从行》（局部）
图像				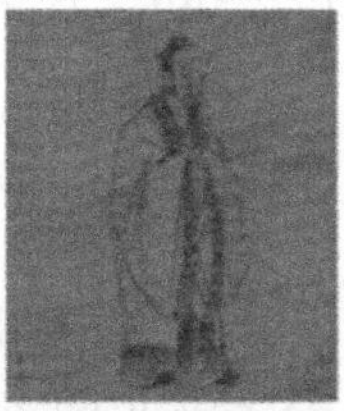		
备注	出土于南昌西汉海昏侯墓，漆绘	传为唐代吴道子绘，刻石年代不明，藏圣迹殿	传为北宋米芾绘，刻石年代不明，藏圣迹殿	南宋马远绘，绢本，藏故宫博物院	传为北宋赵孟頫绘纸本，原为故宫南熏殿旧藏，现藏台北故宫博物院	此为上文孔端友传所立《颜子从行》局部，传为东晋顾恺之绘，据铭文，刻石于北宋绍圣二年（1095），藏曲阜孔庙圣迹殿

题名	《先圣遗像》	《宣圣遗像》	《至圣先贤半身像册》	《宣圣遗像》	《先师孔子行教像》	《孔子行教像》	孔子像
图像							
备注	据铭文，为孔端友南渡后刻石，藏衢州孔庙	据铭文，刻石于元至正五年（1345），藏广州越秀公园	原为故宫南熏殿旧藏，现藏台北故宫博物院	据铭文，刻石于明嘉靖十五年（1536），藏山西长子县文庙	明清刻石，藏圣迹殿	清人绘，孔府旧藏	据铭文，刻石于清道光辛巳（1821），泰山山顶孔庙

图 3-8　历代孔像
（《孔子图像的构建与流变》[《故宫博物院院刊》，2021 年第 11 期]，第 134 页）

是直面不同时空的观者。画像中的圣人与虔诚祭拜者互动，显然更适合供奉。这点在孔子衣镜背板的西王母、东王公图像中也有所体现，后文将论及。

第三节　西王母、东王公图像解读

刘贺墓出土的木质髹漆彩绘"孔子衣镜"的镜框上部的左右两侧绘有两个正坐的人物形象，面向观者席地而坐，头向内侧倾斜，略呈对视状，两者之间有一只朱红色的衔珠之鸟（如图 3-9）。虽然该出土器物损毁严重，人物图像模糊。有学者根据汉代及魏晋南北朝壁画墓中男女主人形象都是女左男右布局，提出镜框左右两侧正面端坐之人可能是墓主刘贺夫妇。但根据《衣镜赋》文字"西王母兮东王公，福憙所归兮淳恩臧，左右尚之兮日益昌……

图 3-9　孔子像漆衣镜（复制品）（笔者自摄于南昌汉代海昏侯国遗址博物馆）

□气和平分顺阴阳，□觞[万]岁分乐未央"[1]，两者的身份应为西王母和东王公。从汉代四神谱系判断，左侧人物位于"白虎"上方，方位指向西，人物着白衣，当为西王母。右侧人物位于青龙上方，人物着青色衣衫，胡须依稀可辨，当为东王公。两者隔凤相对。两位主仙带着各自的侍从，各据一方，形成"左右尚之"的图像结构。一个左手把臼，右手持杵，面朝西王母作捣药状。一个面前摆着一盘贡物，正朝东王公做跪拜献物状。六朝《真诰·甄命授卷一》中记载东王公和西王母的传说，"昔汉初有四五小儿，路上画地戏，一儿歌曰：

1　时嘉艺.汉代镜铭体式演变与七言镜铭的生成[J].长江师范学院学报，2019（3）：67.

图 3-10　线图（笔者手绘）

着青裙，入天门，揖金母，拜木公。到复是隐言也。时人莫知之，唯张子房知之，乃往拜之，此乃东王公之玉童也。所谓金母者，西王母也，木公者，东王公也，仙人拜王公，揖王母"[1]。简·詹姆斯（Jean M James）在《汉代西王母的图像志研究》中曾对西王母的仪仗侍从展开讨论："西王母通常由一只蟾蜍，

1　（南朝）陶弘景. 真诰校注 [M]. 中国社会科学出版社，2006：174.

一只拿着臼和杵的兔子，一条九尾狐和一些信徒陪伴。"[1]这是常见的西王母图像组合形式，其中玉兔捣药、蟾蜍与九尾狐成为判断西王母的重要符号。

东王公形象及其与西王母的对应关系在目前已发现的汉代图像资料中也得到了印证。在汉桓帝元嘉元年（151）山东嘉祥武氏祠堂中，东王公的图像刻在东壁上部。图中东王公正坐于宝榻之上，背生羽翼，头戴通天冠，周围围绕着众多羽人侍者与神兽，反映出其在仙界中所处高位。同时，东壁东王公的图像和西壁上部的西王母图像在空间上形成了两者各居东西、相互呼应的关系。

一、凤凰图像辨识

位于两人中间的朱红色大鸟，是凤凰还是朱雀，尚未有定论，有学者根据《神异经》记载"昆仑之山有铜柱焉，其高入天，所谓天柱也。围三千里，周圆如削。下有回屋，方百丈，仙人九府治之。上有大鸟，名曰希有，南向，张左翼覆东王公，右翼覆西王母。背上小处无羽，一万九千里。西王母岁登翼上，会东王公也。"[2]认为它是名为"大方希有"的神鸟。我们根据《衣镜赋》及神鸟口中衔珠的造型，判定此为凤凰。李凇指出："在西王母图像系统中常有凤凰出现。"[3]《山海经》有关凤鸟的描述为："有鸟焉，其壮如翟而五采文，名曰鸾鸟，见则天下安宁。具有祥瑞吉兆及超自然力的神鸟。"《说文》言："凤，神鸟也……出于东方君子之国，翱翔四海之外，过昆仑、饮砥柱，濯羽弱水，暮宿风穴，见则天下大安宁。"《孔演图》曰："凤，火精。"[4]《艺文类聚》卷九〇引《庄子》云："南方有鸟，其名为凤、所居积石千里。天为生食。其树名琼枝，高百仞，以璆琳玕为实。"（今本无）《说文》云："琅玕，似珠者。"凤凰是以琼枝树上的果实——琅玕果为食物的。《山海经·海外南经》又云："三珠树在厌火北，生赤水上，其为树如柏，叶皆为珠。一曰，其为树若彗。"[5]据此推知，三珠树与琼枝为同一种神树，而三珠果与琅玕果为同一种果实。《庄子·天地》云："黄帝游乎赤水之北，登乎昆仑之丘而南望。还归，遗其玄珠。使知索之而不得，使离朱索之而不得……乃使象罔，

1　简·詹姆斯.汉代西王母的图像志研究 [J].贺西林译.美术研究，1997（2）：45.
2　（晋）张华等.博物志（外四种）[M].北京：华文出版社，2018：91.
3　李凇.论汉代艺术中的西王母图像 [M].长沙：湖南教育出版社，2000：65.
4　上海古籍出版社.纬书集成（上）[M].上海：上海古籍出版社，1994：108.
5　（汉）刘向，（汉）刘歆.山海经 [M].程秀波注释.沈阳：万卷出版公司，2011：223.

象罔得之。"[1] 这里所说的黄帝丢失的"玄珠"很可能就是琼枝（或三珠树）上的琅玕果（或珠果）。汉画像石常有"仙人以珠果饲凤"或"凤凰衔琼枝"画像。

山东汉画像石有一幅画像，画右上角刻一枝干弯曲的巨树，树上一羽人和一凤凰相向而立，羽人手持一串三珠果伸向凤口。河南南阳及陕北汉画像中多见凤凰口含一珠的形象，而山东和江苏徐州汉画像中除了凤凰口衔一珠的形象外，还有不少凤衔串珠或联珠的画像。西汉中晚期几座高等级墓葬出土铜车马器上有形制极为相似的凤衔珠造型，海昏侯墓青铜鎏金当卢、河北定县 M22、日本东京艺术大学美术馆藏铜管。立体造型和平面纹饰相互借鉴，皆是凤羽长翎，呈仰头衔珠之态。偃师 M1 与洛阳金谷园王莽墓壁画都彩饰衔珠之凤，周饰云气纹。

山东临沂吴白庄墓前室西过梁绘制了西王母、东王公主题壁画。有羽人、九尾狐、凤鸟衔珠、芝草、独角兽等图像元素。东面的东王公头戴冠冕，肋生两翼，端坐于巍峨的 T 形虎首之上。在他左侧，一凤鸟衔珠立于建鼓华盖之上，羽毛极其华美。华盖之下，一仙人似跪拜求赐，一仙人似执药以赠。西面西王母端坐豆形高台，有仙人执笏、玉兔捣药、仙人乘三虎驾驭云车、三龙驾驭云车出行等场景。此过梁图像表现墓主夫妇死后进入仙境求取不死药的场景。凤口中所衔之珠很可能就是不死之药。

陕西、河南、河北、山东等地的画像砖，凤除衔珠外，还常衔芝草、鱼等，凤口还有衔一种串联珠状物，多见于苏鲁豫皖邻近地区，最早出现在西汉晚期鲁南石椁画像上，后逐渐影响到其他石质画像上。据《山海经·海外西经》载："此诸夭之野，鸾鸟自歌，凤鸟之舞；凤皇卵，民食之；甘露，民饮之；所欲自从也。百兽相与群居。"[2]《大荒西经》亦云："西有王母之山、壑山、海山。有沃之国，沃民是处。沃之野，凤鸟之卵是食，甘露是饮。"[3]《论衡·说日》："天之去地六万余里，高远非直泰山之巅也；星著于天，人察之，失星之实，非直望鹤乌之类也。数等星之质百里，体大光盛，故能垂耀，人望见之，若凤卵之状，远失其实也。"[4] 远望星空的星点好似凤卵；汉画中的星

1　刘洪仁，刘细涓.老子，庄子 [M].成都：四川文艺出版社，2019：237-238.

2　（汉）刘向，（汉）刘歆.山海经 [M].程秀波注释.沈阳：万卷出版公司，2011：231.

3　（汉）刘向，（汉）刘歆.山海经 [M].程秀波注释.沈阳：万卷出版公司，2011：309.

4　（汉）王充.论衡（上）[M].呼和浩特：远方出版社，2007：162.

点也常绘成串联圆点的样子；凤口中所衔的串珠就是凤卵，有助于羽化升仙；都意在托借祥瑞之物以求不死登遐的愿望。

二、西王母图像谱系

在大家熟知的山东嘉祥县纸坊镇的武氏祠之中，东王公、西王母等神话传说就刻于东西两面山墙的中心，遥遥相对。而孔子衣镜所绘"西王母东王公图"，以及对应铭文中的"西王母兮东王公，福憙所归兮淳恩臧"则是迄今为止发现有关东王公最早的图像和文字史料。西王母在汉代墓葬中的地位有个发展变化的过程。汉代官方主神从元封元年（前110）开始一直是太一神，汉代早期墓葬中的至上神则是女娲，随着民间信仰的推动，西王母逐渐取代女娲地位，在西汉中期成为最有权利的女神。[1] 两汉时期大量出现了西王母铭文和铜镜图像。在西汉昭宣之间的河南洛阳卜千秋墓壁画中，就有四分之三侧坐的西王母图像。[2] 她的影响力从西汉末期的一场骚乱中可见一斑。《汉书·五行志》："哀帝建平（前3）四年正月，民惊走，持稿或梜一枚，传相付与，曰行诏筹。道中相过逢多至千数，或被（披）发徒践，或夜折关，或逾墙入，或乘车骑奔驰，以置驿传行，经历郡国二十六，至京师。其夏，京师郡国民聚会里巷仟（阡）佰（陌），设张博具，歌舞祠西王母。又传书曰：'母告百姓，佩此书者不死。不信我言，视门枢下，当有白发。'"[3] 这次运动历经二十六郡国才将诏筹传递至京师长安，聚众千数，从正月到秋季才止，持续大约半年。运动时间之久，波及范围之广，群众情绪之激昂，无不说明此次事件社会影响之巨，震动朝野。当时西王母之崇拜已经深入人心，假托西王母传书百姓，佩戴诏筹才能不死之仪式，足证对生死之掌控。随其地位变化，造型艺术也经历了兽形—半人半兽—神人三个阶段：《西次三经》中的原始兽形"玉山，是西王母所居也。西王母其状如人，豹尾虎齿而善啸，蓬发戴胜，是司天之厉及五残"[4]；《大荒西经》中的半人半兽"西海之南，流沙之滨，赤水之后，黑水之前，有大山，有曰昆仑之丘。有神人面虎身，有文有尾，皆白处之。其下有弱水之渊环之，其外有炎火之山，投物辄然。有人，戴胜虎齿，

1　练春海.器物图像与汉代信仰 [M].北京：生活·读书·新知三联书店，2014：23-27.

2　黄明兰.洛阳西汉卜千秋壁画墓发掘简报 [J].文物，1977（06）：1-12.

3　（汉）班固.汉书（上）[M].长沙：岳麓书社，2008：605.

4　（汉）刘向，（汉）刘歆.山海经 [M].程秀波注释.沈阳：万卷出版公司，2011：50.

有豹尾，穴处，名曰西王母。此山万物尽有"[1]；《海内北经》中的神人模样"西王母梯几而戴胜杖，其南有三青鸟，为西王母取食，在昆仑虚北"[2]。在孔子衣镜中，西王母的形象褪去了"豹尾虎齿"的原始兽性，增加了更多的仙气，以正襟危坐的主神形象出现，有捣药神人随侍，天界神兽供其驱使。"西王母"图像在衣镜边框最高尊位的出现，就是西王母在西汉中期成为神界主神的实物凭证。随着西王母宗教地位的提升，她的原有神格又添新意，其神权大肆扩张，从拥有"不死之灵药"一跃而成"掌管生死"的最高神。焦延寿所作《易林》一书，载录的占卦变之辞中就有数十条提到了"西王母"（或曰"王母"），其中有的内容与长生相关，言她"生不知老，与天相保"[3]；有的与赐福、赐子相关，说她"赐我喜子"[4]"家蒙福祉"[5]；还有的与避灾祸、解危难相关，谈她"祸不成灾"[6]"卒得安处"[7]"使我安居"[8]"无敢难者"[9]等。由此可见，西王母已经不仅被描绘为不死之神，还被想象成了生育之神、救难解危之神。也就是，基于西王母拥有不死之药的认知，人们将与生命形态有关的诞生、死亡、生命延续这样一些人生历程，都纳入西王母的神职范围之内。西王母神权的这种大肆扩张，正是其时信仰普及化的结果，证实了西汉中期才是西王母信仰大发展的阶段，其影响上达宫廷，下及万民。如此，在刘贺墓中的"孔子衣镜"上，西王母才能够以主神的身份出现，"衣镜赋"中才有"西王母兮东王公"之话。

西王母为司职生死之神。这种观点可能是从"西母"与"月神"之间关联衍化而来。《归藏》也说，"昔嫦娥以西王母不死之药服之，遂奔，为月精"[10]。她的视觉符号也从原始神话中抽离出来，与其他母题组合成新的图式，出现"帝王拜谒西王母"母题，如"穆天子见西王母""汉武帝谒拜西王母"等，并与德治产生密切关联。"王者施行善政则玉胜作为祥瑞而出现"，胜成为西

1　（汉）刘向，（汉）刘歆.山海经[M].程秀波注释.沈阳：万卷出版公司，2011：315.

2　（汉）刘向，（汉）刘歆.山海经[M].程秀波注释.沈阳：万卷出版公司，2011：265.

3　（汉）焦延寿.焦氏易林注[M].北京：九州出版社，2010：499.

4　（汉）焦延寿.焦氏易林注[M].北京：九州出版社，2010：296.

5　（汉）焦延寿.焦氏易林注[M].北京：九州出版社，2010：406.

6　（汉）焦延寿.焦氏易林注[M].北京：九州出版社，2010：291.

7　（汉）焦延寿.焦氏易林注[M].北京：九州出版社，2010：336.

8　（汉）焦延寿.焦氏易林注[M].北京：九州出版社，2010：35.

9　（汉）焦延寿.焦氏易林注[M].北京：九州出版社，2010：345.

10　傅璇琮，蒋寅.中国古代文学通论：先秦两汉卷（第2版）[M].北京：人民出版社，2016：57.

王母的重要抽象符号。拥有素王之尊的孔子因此得以进入西王母的图像组题。在新视觉图像系统中，"西王母"被描写成为一个头戴玉胜，身旁追随侍从，坐在龙虎座上的贵妇人形象。《瑞应图》记载："黄帝时，西王母使使乘白鹿，献白环之休符"[1]；《荀子·大略篇》："禹学于西王国"[2]；《新书·修语上》："尧封独山，西见王母"[3]。

三、东王公图像解读

在汉代，西王母被推崇到至高无上、宇宙尊神的位置。我们知道，汉代人信奉绝对严格的二元对立观念。自阴阳观念介入，人们又很自然地派生出东王公这神祇，与西王母配对。练春海认为，东王公在汉代墓葬中本没有任何地位，与"子路""箕伯"等对偶神一样，他的作用只是协调阴阳。[4]巫鸿先生指出："东王公仅仅是西王母的一个镜像，他被创造出来的时间也不早于公元二世纪。"[5]武利华认为，汉代人至迟在西汉末、东汉初创立了另一个符号化的形象——东王公来代表阳[6]。信立祥认为，西王母由神转为仙在汉哀帝建平四年，那时"女性主仙西王母相对应的男性主仙还并没有被群众性造仙运动创造出来"[7]。刘子亮等学者经研究指出，孔子衣镜东王公的出现将时间节点由东汉早期提前到了公元前1世纪前叶。[8]

此前，东汉建初八年铜镜中存有最早的东王公图像；57—88年，东汉明帝至章帝年间，滕州西户口1、2号祠堂画像石榜题则有最早的"东王父"题记和图像；公元前87—前49年，洛阳卜千秋汉墓壁画，以及公元前74—前33年，山东邹城市卧虎山汉画像石墓都出现了最早的西王母图像，创作时间与孔子衣镜相近，却不见东王公。卜千秋墓壁画中，伏羲和女娲，在天顶壁画的两端，与太阳和月亮相邻，有阴阳两极对立之义。西王母出现在构图中部，更靠近伏羲，面向乘神兽朝拜的一男一女。邹城画像石中，戴胜的西王母与戴

1　李昉.太平御览（第8卷）[M].孙雍长，熊毓兰校点.石家庄：河北教育出版社，1994：252.
2　（战国）荀况著，（唐）杨倞注；荀子[M].耿芸标校.上海：上海古籍出版社，2014：321.
3　贾谊.贾谊新书[M].上海：上海古籍出版社，1989：68.
4　练春海.器物图像与汉代信仰[M].北京：生活·读书·新知三联书店，2014：25.
5　（美）巫鸿，李凇.论西王母图像及其与印度艺术的关系（续）[J].艺苑（南京艺术学院学报美术版），1997（03）：36.
6　武利华.从早期画像石看"东王公"出现的时间[J].中国汉画学会通讯，2016（6）：16-21.
7　信立祥.汉代画像石综合研究[M].北京：文物出版社，2000：154.
8　刘子亮.汉代东王公传说与图像新探——以西汉海昏侯刘贺墓出土"孔子衣镜"为线索[J].文物，2018（11）：85.

雄鸡冠的子路，出现在石椁的南板内侧和北板外侧，构成东西对置的图像[1]。在公元 1 世纪孝堂山祠堂画像中，女娲和西王母在西山墙代表阴，人格化的箕星或风伯代表阳。按时人信仰，西王母统辖西方仙界，而箕星正位于天庭中的东宫。公元 151 年，山东嘉祥武氏祠堂中，东王公和西王母方成对偶神。再看文献，《汉书》中对西王母信仰多有记载，但对东王公只字未提。孔子衣镜的发现，证明东王公在公元 1 世纪前叶就已出现，西王母的阴阳对应图像组合模式也已成型，到东汉逐渐程式化，取代伏羲女娲，成为代表阴阳的对偶神。至于东王公消失及重新出现的原因，还有待进一步研究。

第四节　天人合一与图像新变

汉代是图像艺术异常繁荣的时期，如张彦远所说"图画之妙，爰自秦汉，可得而记。降于魏晋，代不乏贤"[2]。汉代帝王践行黄老之学，又用神仙方士之说，董仲舒又推出"天人感应"，表明中国两汉时代的艺术从本质上还是神本文化。这种属灵的务虚精神在孔子衣镜上得到彰显，其图像艺术在儒、道糅合背景下追求"永恒"的真实，天地阴阳、祥瑞图谶、神仙和人事因而相互作用，为汉代图像艺术进一步昭示了天地人神共在的美术传统，确立了汉画中西王母、东王公的程式化主题。

一、天人合一的艺术世界

按照秦汉哲学的元气自然论，人类生存的宇宙是被自然之气充盈的宇宙。阴阳、天地、时空构成了秦汉宇宙观念的整体轮廓。气分阴阳，其中阳气上升成为天，阴气下降成为地，阴阳交合生成万物，运化流转成为四季。气的升降和天气的冷暖对应。汉代的天人相副、相感理论，使得天地人都表现出图像化的交互关系。人有精神物质，对象世界有天地；人有耳目，天有日月；人有血气，天有风雨；人有胆肺肾肝脾，天有云气风雨雷。对于人，动静如阴阳，五官五腑如五行五方，十二大节，三百六十五节仿佛月日之数。四肢如四季，头圆仿天，足方像地……两者的同形同构则预示着，天地人最终必以图像的方式表现为一个统一整体。而艺术，又是汉代宇宙观念的视觉相等

1　姜生．种法义．汉画像石所见的子路与西王母组合模式 [J].考古，2014（02）：95-102.
2　张彦远．历代名画记 [M].上海：上海人民美术出版社，1964：7.

物，所有的图像，如天花、瑞鸟、翼兽、仙女和鬼怪等，都从这包罗万象的"气"中生成和显现。汉代人认为阴阳两气的和谐与顺畅是恩福和长寿的根源，正如孔子《衣镜赋》中所说"西王母兮东王公，福憙所归兮淳恩臧，左右尚之兮日益昌……□气和平兮顺阴阳，□觞[万]岁兮乐未央"[1]。这个传说在汉代阴阳二元论的宇宙观中被赋予了象征意义。它主张"持以道德，辅以仁义"[2]，意在为超验的天道补上现实功利。相反，人本主义色彩浓厚的儒家，则不再"罕言天道"，而是为其一贯专注的人间事务补天道，使其获得神圣价值。如董仲舒云："天地者，万物之本，先祖之所出也。……君臣、父子、夫妇之道取之。"[3]另外，崛起于战国中晚期的阴阳五行学说，本身就是在天道与人事之间摆荡的思想流派，体现出天然的"形而中"性质。这一学说在秦汉时期大行其道，与其在天人之间进退自如大有关系。

2000年，针对汉代绘画，顾森提出"大一统美术"概念。邓乔彬在2013年所著的《中国绘画思想史》中指出："由于汉代所继承的楚文化的神话、幻想、传说、图腾、巫风……与中原文化的历史、儒学、法治、道德、理性结合在一起，使'玄想'与'实际'混为一体，产生了神仙的天界与历史人物、现实生活并见于画面的现象。"[4]汉代的明堂，皇室宫苑、陵墓布局，城市规划，都成了天人感应，天地一体等宇宙观念的物化形式。秦始皇虽迷信方士，求长生之道，但咸阳宫遗址的考古发掘显示，在第3号宫殿建筑遗址所汇壁画为秦始皇生活起居的车马图、仪仗图、麦穗图，也有花木、建筑等。第1号宫殿遗址出土的画像砖，除凤纹装饰外，也多为宴饮游猎等图像，秦代瓦当上虽绘有朱雀麒麟，但俗世间的动物更多，更不要说兵马俑了，大概秦代工匠多务实，其物质文化遗存上几乎未见神仙、鬼怪。而就题材论，汉代帛画、漆画、壁画都涉及神话传说、楼阁拜谒、宴乐人物、祥禽瑞鸟和天文星象等内容，承接了哲学、神学上的天地人神之大一统。艺术由此成为宇宙观念的视觉相等物，实现了对天地时空格局的模拟。这种大一统还是风格学意义上的，体现出"一个图样，或一个历史故事，或一个造型手法，可以在全国各地同

1　时嘉艺.汉代镜铭体式演变与七言镜铭的生成[J].长江师范学院学报，2019，35（03）：67.
2　（汉）刘安，杨有礼.淮南子[M].开封：河南大学出版社，2010：290.
3　（汉）董仲舒.春秋繁露[M].呼和浩特：远方出版社，2005：76.
4　邓乔彬.邓乔彬学术文集（第8卷）：中国绘画思想史（上）[M].芜湖：安徽师范大学出版社，2013：103.

时出现或流行一段时间，每当成为全国风潮时，又都恪守了一个基本形式”[1]。

东汉王延寿在《鲁灵光殿赋》中论述殿内壁画云：“图画天地，品类群生。杂物奇怪，山神海灵。写载其状，托之丹青。千变万化，事各缪形。随色象类，曲得其情。上纪开辟，遂古之初。五龙比翼，人皇九头。伏羲鳞身，女娲蛇躯。鸿荒朴略，厥状睢盱。焕炳可观，黄帝唐虞。轩冕以庸，衣裳有殊。下及三后，淫妃乱主。忠臣孝子，烈士贞女。贤愚成败，靡不载叙。恶以诫世，善以示后。”[2]灵光殿壁画“图画天地”，从天地人皇，宇宙洪荒，伏羲女娲，山海神灵再到善恶当下，表现出牢笼万有、与宇宙齐一的宏大格局。缪哲在《释“图画天地品类群生杂物奇怪山神海灵”》中对《鲁灵光殿赋》进行过详细的文献与图像结合的考证，提出“天”“地”概念并考释了表现天象的神兽、祥瑞、山上或海中的自然神话动物等神兽图像内涵，最后提出西汉中期及以后流行天地人思想，从汉代图像上可看到汉人的宇宙意识[3]。

著名的长沙马王堆汉墓壁画，就是一个显著例证。这两幅帛画都作“T”形。1号墓帛画自上而下，分天上、人间、地下三部分。天上部分有烛龙，左右分别为月中蟾蜍，日中金乌，另有星辰云气，女神擎托新月，神豹拱卫天门等场景。人间部分在华盖与翼鸟之下，一老妇人拄杖徐行，前有两仆跪迎，后有三侍女随行，当是墓主生前生活写照。帛画下段则是地下部分，7人设缮祭祀墓主场景，另有穿璧长龙，2条大鱼与巨人擎大地，蛇龟鸱羊等水族怪兽若干。3号墓的非衣大体相同，但地上部分所绘墓主为利仓之子。继长沙马王堆后，山东临沂金雀山9号墓也出土了帛画，此画上层有日月、金乌、玉兔、山岳、云气，中层世俗人间，共24人，分文武门卫、家奴侍奉、宾朋乐舞等，下层为鱼龙等水族。马王堆帛画最著名的T形帛画，上层天界中的主神，以及金乌，扶桑，蟾蜍与龙，中层世俗人间，下层世界的。再如洛阳卜千秋汉墓壁画，既有太阳星象，又有“鸿门宴”等历史故事，还有青龙、白虎等“四灵”图像，纯然是“天人合一”的格局。

由此可知，汉代的图像艺术，奠定了一种上、下、东、西、南、北的三维空间，以及天地人神共在的美术传统。而这种传统，从孔子衣镜中可见一斑。衣镜

1　顾森.中国绘画断代史：秦汉绘画 [M].北京：人民美术出版社，2004：4.

2　傅慧敏.中国古代绘画理论解读 [M].上海：上海人民美术出版社，2012：150.

3　参见范景中，郑岩，孔令伟.考古与艺术史的交汇 [M].杭州：中国美术学院出版社，2009：181-225.

中的图像分布在镜面的边框及背面的衣镜漆板之上。镜掩有《衣镜赋》，正面主要为西王母、东王公及其侍者，以及青龙、白虎、朱雀、凤凰等当时流行的图像元素，而背面则绘有孔子及弟子的画像及传记，也大体呈现出仙界—现实—历史的格局。其构图也成为后世类似东汉武梁祠等画像石艺术的滥觞。

"武梁祠画像根据内容和装饰部位可分为三大部分，一是祠堂内顶上所刻'祥瑞'图像，其中心思想是'天'以及儒家政治理想。二是左右山墙上的西王母、东王公形象，其中心思想是'仙'或东汉人心目中的永恒境界。第三个，也是最大的部分是绘在三面墙上的 44 个带有榜题的人像和情节性图画，共同组成一部规模浩大的'中国史'。"[1]潘诺夫斯基认为："一个民族、一个时代、一个阶级、一个宗教和一种哲学学说，会不知不觉地体现于一个人的个性之中，并凝结于一件艺术品里。"[2]巫鸿将这一祠堂称为"宇宙图像"正是因为它以一种宇宙全景式的大一统美术，充当了那个时代哲学观念的表征。如刘成纪所言："据此看中国后世的绘画，似乎只剩下了山水、花鸟、人物等，这到底意味着艺术史是日益走向专精还是日益走向褊狭、是日益进步还是日益退化，确实值得思考。"[3]

二、儒道杂糅的精神风貌

因汉武帝"罢黜百家，表彰六经"[4]，汉代儒学大盛，司马迁《史记·儒林列传》记载："及今上（汉武帝）即位，赵绾、王臧之属明儒学，而上亦向之，于是招方正贤良文学之士。自是之后，言《诗》于鲁则申培公，于齐则辕固生，于燕则韩太傅；言《春秋》于齐自胡毋生，于赵自济南伏生；言《礼》则鲁高堂生；言《易》自灾川田生；言《春秋》于齐自胡毋生，于赵则董仲舒。及窦太后崩，武安侯田蚡为丞相，绌黄老、刑名百家之言，延文学儒者数百人，而公孙弘以《春秋》白衣为天子三公，封以平津侯。天下之学士靡然向风矣。"[5]

但汉代儒学，不但经学有今古文的区别，阴阳五行的思想也卷入经义里，谶纬的神话也被采用。如"汉之兴，五星聚于东井。平城之围，月晕参、毕七重。

1　（美）巫鸿.汉画读法 [M]// 北京大学传统文化研究中心.文化的馈赠——汉学研究国际会议论文集（考古学卷）.北京：北京大学出版社，2000：189.

2　（美）欧文·潘诺夫斯基.图像学研究：文艺复兴时期艺术的人文主题 [M].上海：上海三联书店，2011：5.

3　刘成纪.汉代图像世界与大一统美术之诞生 [J].文艺研究，2017（03）：13.

4　（汉）班固.汉书 [M].赵一生点校.杭州：浙江古籍出版社，2000：52.

5　（汉）司马迁.史记（下）[M].沈阳：万卷出版公司，2016：278.

诸吕作乱，日蚀，昼晦。吴楚七国叛逆，彗星数丈，天狗过梁野；及兵起，遂伏尸流血其下。元光、元狩，蚩尤之旗再见，长则半天。其后京师师四出，诛夷狄者数十年，而伐胡尤甚。越之亡，荧惑守斗；朝鲜之拔，星茀于河戍；兵征大宛，星茀招摇：此其荦荦大者。"[1]

　　汉代儒学，杂糅着阴阳五行观念。宋明以来，"以心性为本"的新儒家，认为它背离了孔孟之旨，非正统儒学。劳思光讲："秦汉之际，古学既渐失传，思想之混乱尤甚。南方道家之形上旨趣、燕齐五行迂怪之说，甚至苗蛮神话、原始信仰，等等，皆渗入儒学。以致两汉期间，支配儒生思想者，非孔孟心性之义，而为混合各种玄虚荒诞因素之宇宙论。等而下之，更有谶纬妖言流行一时。"[2]

　　虽然，儒学大盛，但并没有削弱道教的地位。因与好黄老之学的窦太后争斗，辕固生差点命丧野猪之口，御史大夫赵绾和郎中令王臧狱中自杀。但已经取得官学地位的儒家学说在宣元时期已经不可避免地扩大了影响力。宣帝召开的"石渠阁会议"，增"五经七博士"为"五经十二博士"，不仅极大地提高了儒学的地位，也加强了儒家礼仪之道对社会的掌控。在这种情形下，即使皇帝并不倡导，皇室子弟都在学"六艺"、兼习"五经"。西汉中山怀王刘修卒于公元前55年，他的墓葬出土了《论语》等八种竹简，其内容多为儒家学说。刘贺父刘髆的太傅夏侯始昌及其族子夏侯胜都是通《尚书》的大儒，刘贺老师王式更是西汉名儒，通《诗经》，他们都在昌邑国任职。《汉书》卷八十八《儒林列传·王式》中有明确的记载："式为昌邑王师。昭帝崩，昌邑王嗣立，以行淫乱废，昌邑群臣皆下狱诛，唯中尉王吉、郎中令龚遂以数谏减死论。式系狱当死，治事使者责问曰：师何以亡谏书？式对曰：臣以诗三百五篇朝夕授王，至于忠臣孝子之篇，未尝不为王反复诵之也；至于危亡失道之君，未尝不流涕为王深陈之也。臣以三百五篇谏，是以亡谏书。使者以闻，亦得减死论，归家不教授。"[3]刘贺被废黜时，面临奏疏的指控并不服气，他天真地认为自己仅属"无道"，不至于失去帝位，脱口说出儒家经典抗辩："闻天子有争臣七人，虽无道不失天下。"[4]霍光马上以"皇太后诏废，

1　（汉）司马迁.史记（下）[M].沈阳：万卷出版公司，2016：143.

2　劳思光.新编中国哲学史（2卷）[M].桂林：广西师范大学出版社，2005：3.

3　（汉）班固.汉书（下）[M].长沙：岳麓书社，2008：1339-1340.

4　李敖.左传 史记 汉书 资治通鉴[M].天津：天津古籍出版社，2016：339.

安得天子"[1]的严词，迅速结束了刘贺短暂的天子生涯。刘贺在废立之时引经据典妄图挽回局势既说明他政治上的幼稚，也说明他熟读儒家典籍。甚至皇帝都亲自参加今古文的论辩，东汉明帝则十岁能通春秋，而且能通《尚书》，他还写了一部《五行章句》，亲自去辟雍作了一番演讲。

在孔子题材汉画中，一般分两个阵营，一个是以尧舜、大禹、孔子等为代表的儒家方阵，礼乐文化是其核心。一个是以西王母为中心的道门阵营，升仙求道是焦点。由此再反观孔子衣镜之儒道并行，当是汉代思想观念的反映。此后，西王母和孔子及其弟子同在一处的汉画在汉代极一时之胜。在山东嘉祥县纸坊镇的武氏祠之中，东王公、西王母等神话传说刻在两山墙的山尖部位，神仙、灵异、祥瑞等图像刻于顶部，表现儒家门人的高贵形象刻在后壁高处和两山墙的上层。

三、"西王母东王公"程式化主题

李淞认为："秦汉时期，由于皇帝屡屡对升仙思想产生浓厚兴趣"，他通过派遣使者，"向远方求访到达神仙境界，得到神仙的帮助，从而长生不死。"[2]从先秦开始，西王母母题就与"长生不死"发生了联系，至两汉时期，以西王母为首的多神信仰体系在墓葬信仰体系中最终确立。[3]因此，"西王母"是汉画中象征意蕴非常明确的图像母题，它是秦汉时期"长生信仰"图像化、经验化的产物，"将不可见的、形而上的还原为可见的、经验的"[4]。正如阿尔佛雷德·C.哈登对于图像创造所下的结论："许多图案是在表现实际事物的过程中自然地发展起来的，而不是从艺术家的脑子里创造出来的。"[5]西王母是"升仙"观念形象化、艺术化表达。西王母常借由图像的特殊指向，将墓葬空间渲染成超越性的时空结构。西王母作为一个被人崇拜的神灵，在墓葬中，常常需要"在场"去主持一场完整的"死后升仙"仪式。"谒见西王母"所传达的隐喻信息就是墓主人可以通过"谒见"西王母，而在彼岸世界获得"长生"。

孔子衣镜的发掘，将西王母与东王公作为核心的神仙信仰，提前到了刘

1 李敖.左传 史记 汉书 资治通鉴[M].天津：天津古籍出版社，2016：339.
2 李淞.论汉代艺术中的西王母图像[M].长沙：湖南教育出版社，2000：279.
3 练春海.论汉代图像的秩序构建[J].南京艺术学院学报（美术与设计版），2008（03）：102-106.
4 赵宪章.语图叙事的在场与不在场[J].中国社会科学，2013（08）：147.
5 转引自（英）E.H.贡布里希.秩序感：装饰艺术的心理学研究[M].范景中等译.长沙：湖南科学技术出版社，1999：246.

贺所在昭宣时期，并奠定了汉画中西王母、东王公的程式化主题。在孔子衣镜中，加入了"东王公"这样的新元素，"西王母"象征系统获得了新的发展，图像的表现形式发生了变化。但以"西王母"为核心的墓葬信仰体系，并没有因为新元素的加入而发生"倒塌"，反而在信仰体系中，获得了与神话传说中"帝王谒见西王母"相同的合法性地位，并建构出一套新的视觉系统，超越了因索尔（Timothy Insoll）所说的"符号时间传播的跨度"[1]。此后，这样的图像组合在东汉时期被固定下来，并传播到全国。

西王母和东王公为信仰核心的地位，也可以从孔子衣镜的画面构图中体现。在这个构图中，所有的次要形象均被表现为侧面，只有西王母和东王公是正面危坐。他们威严神圣，无视左右侍从从而直视着图像外的观者。观者发现自己的目光被导引到画面中心。这个构图因此不是封闭和内向的，西王母、东王公也不仅仅存在于画面的内部，其宗教意义通过与观者的视觉交流而得到实现。事实上，这种开放性的构图是以假设的画外观者和膜拜者的存在为前提的。巫鸿在《观无量寿经变》一文指出"在中央的构图中，阿弥陀佛作为整幅经变画中唯一的正面形象出现，直视着画框之外的前方，全然不理会周围熙熙攘攘的人群。因此，这个佛像的意义就不仅存在于图画之中，还有赖于画面之外的观众和崇拜者的存在而实现"[2]。大卫·弗里德伯格在《形象的威力》中也论及了偶像眼睛的威慑力，让观者难以回避。这就解释了圣像破坏运动中人们为什么会首先毁掉画中或者雕像中人物的眼睛。[3]中国古代青铜礼器的纹饰上也有许多"眼睛"。这种承载了巨大能量的投射，会很自然地将观者卷入与画上世界的互动之中，可以想象当年许多善男信女就是被这样的目光所擒获。西王母信仰在西汉晚期走向兴盛，最突出表现在大规模祭祀活动的出现——前文提到的"西王母诏筹"事件。这次运动历经二十六郡国才将诏筹传递至京师长安，聚众千数，从正月到秋季才止，持续大约半年。运动时间之久，波及范围之广，群众情绪之激昂，无不说明此次事件社会影响之巨，震动朝野。当时西王母之崇拜已经深入人心，假托西王母传书百姓，

1　Timothy Insoll, Archaeology , Ritual. *Religion*（Routledge，2004）. 151-152.

2　（美）巫鸿. 超越大限：巫鸿美术史文集（卷2）[M]. 郑岩编. 上海：上海人民出版社，2019：211.

3　David Freedberg, *The Power of Images*，*Studies in the History and Theory of Response*，University of Chicago Press，Chicago and London，1989，p.85. 转引自（美）巫鸿. 礼仪中的美术（上）. 北京：生活·读书·新知三联书店，2005：79.

佩戴诏筹才能不死之仪式，足证对生死之掌控。西王母信仰本质是一种宗教宣传。至此我们看到其作为宗教艺术作品所具有的神圣克里斯玛特质，这种特质之所以能"令人敬畏、使人依从"[1]，关键在于它"与'终极的''决定秩序的'超凡力量相关联"。傅修延教授曾用"畏／悦"来形容观者的心情，认为"悦"多于"畏"，因为其威严的注视是与对神仙世界的宣教同时进行的，让人五体投地[2]。

　　总之，汉画的"天人合一"格局之形成，既因历史所安排，又缘于精神气候。林林总总的巫、神、仙、怪与宗教一起，渗透在政治、纲常、人伦、教化、经济与社会生活中。这就难怪汉代人会怀着那样的创作热情，去"图画天地、品类群生"，会真正造就了艺术的、丰满的"天人合一"，而非哲学的苍白了。[3]

1　（美）E. 希尔斯 . 论传统 [M]. 上海：上海人民出版社，1991：93.
2　傅修延 . 试论青铜器上的"前叙事"[J]. 江西社会科学，2008（5）：23-44.
3　参见刘成纪 . 汉代图像世界与大一统美术之诞生 [J]. 文艺研究，2017（03）：13.

第四章　龙纹漆盘与三一为宗

　　法国历史学家费尔南·布罗代尔（Fernand Braudel）提倡"由下至上看历史"[1]，因为社会各阶层的"吃饭、穿衣、居住永远不是一个毫不相关的问题"[2]。福柯（Michel Foucault）建立了微观权力分析模式，强调对饮食日用等"微不足道的细节"的关注[3]。布尔迪厄（Pierre Bourdieu）提醒研究者言谈举止等细节是"最不容易发觉"的研究入口，因为太"习以为常了"，但却"体现了其背后的秩序"[4]。在海昏侯刘贺墓出土的漆器中，有一件龙纹漆盘（图4-1）构图简约，却华美异常，值得深入探究。这件龙纹漆盘以3只神龙为题材，展现了漆艺匠人精湛的漆画技艺和独具的匠心，彰显了西汉漆器的时代特征。而关于这件漆盘的图像主题，我们认为：龙纹漆盘的主题为天象图，像"三一"，其中心象征天极，外围由三龙环绕，其"弧三角的三条边线向外延伸形成三条卷龙纹"的构图方式，让人联想到宇宙生成的图式。其中心构图，圆心象征天极，周围环绕的三组篦点纹饰实际象征着"天一""地一""太一"三组星官，或者兼具"三垣"星官的象征意义。

　　对于"三一"的概念，李零曾说："与'太一'的研究有关，'三一'

1　Braudel, Fernand. *Afterthoughts on Material Civilization and Capitalism*. Trans. Patricia M. Ranum. Baltimore: Johns Hopkins UP, 1977.

2　Braudel, Fernand. *Afterthoughts on Material Civilization and Capitalism*. Trans. Patricia M. Ranum. Baltimore: Johns Hopkins UP, 1977.

3　Foucault, Michel. *Discipline and Punish: The Birth of the Prison*. Trans. A. Sheridan. New York: Pantheon, 1977.

4　Bourdieu, Pierre. *Selections from The Logic of Practice*. Ed. Alan D. Schrift. *The Logic of the Gift: Toward an Ethic of Generosity*. London: Routledge, 1997: 190-230.

图 4-1　海昏侯墓龙纹漆盘及线稿
汉代，高 4 厘米、直径 18 厘米。(《五色炫曜南昌汉代海昏侯国考古成果》[南昌：江西人民出版社，2016 年]，第 175 页。线稿为笔者手绘)

是个向乏明说、迄无确解的大问题。"[1] 而有关三一图像，迄今为止亦没有发现较为典型的出土材料。因此，海昏侯墓出土的这只云龙纹漆盘，其图式为我们理解三一图像提供了一种新的实证。

　　此海昏侯刘贺墓出土的龙纹漆盘，以圆心为中心，将卷云、勾龙、星象等元素巧妙糅合，整个构图象征天穹与"三一"的完美结合。而"三一"的表现形式，除了对称的三龙造型，最具象征意义的，应是龙首所指、漆盘中心、象征天极的星图。星图呈三角形构图，其弧形三角的三条边线恣意延展，与卷龙纹勾连纠缠，线面互补，虚实相生，整合成彼此独立又相连的三个分区，实现了纹样布局的均衡美感。其流动变幻的形态，对称与灵动的融合，红与黑的经典配色，充满活力与神秘气息。其图像语言让人联想到古人对于宇宙生成的种种阐释。以下，我们分别由圆心的星图、外围的三龙图以及连接两者的构图方式所具有的象征意义，试以"三一"图式的概念内涵解释之。

第一节　"三一"星象与三垣

　　"三一"与"太一""天一"关系密切。"三一"之名，最早见于《史记·封

---

[1] 李零. 中国方术续考 [M]. 北京：东方出版社，2000：10.

禅书》记载，汉武帝时，方士向武帝上奏"祠太一方"，围绕太一的祭祀，先后出现了三种祠祭方案，其中出现了祠三一：

　　　　亳人谬忌奏祠太一方，曰：天神贵者太一，太一佐曰五帝。古者天子以春秋祭太一东南郊，用太牢，七日，为坛开八通之鬼道。于是天子令太祝立其祠长安东南郊，常奉祠如忌方。

　　　　其后人有上书，言"古者天子三年壹用太牢祠神三一：天一、地一、太一"。天子许之，令太祝领祠之于忌太一坛上，如其方。

　　　　后人复有上书，言"古者天子常以春解祠，祠黄帝用一枭破镜；冥羊用羊祠；马行用一青牡马；太一、泽山君地长用牛；武夷君用干鱼；阴阳使者以一牛"。令祠官领之如其方，而祠于忌太一坛旁。[1]

以表示之如下：

表 4-1　亳人谬忌奏祠太一方

方士	祠主	祭牲	原文
亳人谬忌	太一	太牢	天神贵者太一，太一佐曰五帝。古者天子以春秋祭太一东南郊，用太牢，七日，为坛开八通之鬼道。
其后人有上书	三一（天一、地一、太一）	太牢	古者天子三年一用太牢祠神三一：天一、地一、太一。
后人复有上书	黄帝、冥羊、马行、太一、泽山君地长、武夷君、阴阳使者	一枭破镜、羊、一青牡马、牛、干鱼、一牛	古者天子常以春解祠，祠黄帝用一枭破镜；冥羊用羊祠；马行用一青牡马；太一、泽山君地长用牛；武夷君用干鱼；阴阳使者以一牛。

　　所谓"三一"，即指天一、地一和太一。其中，"太一""天一"的概念出现较早，围绕这这两种名称，古人将其与战国秦汉流行的黄老学说中天、地、人三才的观念进行糅合，于是演绎出了"三一"的概念。

　　在汉代思想中，"太一""天一"乃至"三一"都并非一种单一的概念，而是兼具星象崇拜与神灵崇拜，由战国秦汉有关宇宙生成的观念中脱胎而来

---

[1]　（汉）司马迁．史记全本新注（第1册）[M]．张大可注释．武汉：华中科技大学出版社，2020：333.

的。在有关太一的研究中，钱宝琮《太一考》，葛兆光《众妙之门：北极与太一、道、太极》，李零《"太一"崇拜的考古学研究》《"天一"考》等文，均已将"太一""天一"的复杂来源和多种涵义一一做过辨析。其中，古人从天文角度对其进行解说，主要是将"太一"与中宫天极的星象联系在一起。

一、天极

天极 中宫 紫宫

从现存天文史料来看，古代将太一与星象联系起来，均是将天极（北极）作为太一所在。《史记·天官书》称："中宫，天极星，其一明者，太一常居也；旁三星，三公，或曰子属。后句四星，末大星正妃，余三星，后宫之属也。环之匡卫十二星，藩臣。皆曰紫宫。"[1]注意到"太一常居"这个说法，人们一开始并没有将太一直接等同于星宿，而是说太一位于中宫天极最为明亮的一颗星上。

天极 北辰

在古代，天极最早又称为北辰。《尔雅·释天》："北极谓之北辰。"[2]《论语》："为政以德，譬如北辰。"[3]

天极星的数量

需要指出，北辰并非只有一颗星，而是一组星，即《天官书》中所说的"天极星，其一明者"，又如《春秋合诚图》："北辰，其星五，在紫微中。"[4]《晋书·天文志》："北极五星，钩陈六星，皆在紫宫中。北极，北辰最尊者也，其钮星，天之枢也。天运无穷，三光迭耀，而极星不移，故曰'居其所而众星共之'。"[5]而在《史记·封禅书》中，亦出现有"太一三星"的说法，其文曰："其秋，为伐南越，告祷太一。以牡荆画幡日月北斗登龙，以象太一三星，为太一锋，命曰'灵旗'。为兵祷，则太史奉以指所伐国。"[6]

此外，"天一"亦是由三星组成，《天官书》记载："前列直斗口三星，

1　（汉）司马迁.史记全本新注（第2册）[M].张大可注释.武汉：华中科技大学出版社，2020：756.
2　（宋）欧阳修.欧阳修集编年笺注[M].成都：巴蜀书社，2007：12.
3　九龙创作.从成语、名句读《论语》[M].北京：中国发展出版社，2014：01.
4　四川大学中文系中国古代文学教研室.中国文学：先秦两汉卷（修订版）[M].成都：四川人民出版社，2005：02.
5　房玄龄.晋书（第01部）[M].北京：中华书局，1974：153.
6　（汉）司马迁.史记全本新注（第1册）[M].张大可注释.武汉：华中科技大学出版社，2020：338.

随北端兑，若见若不，曰阴德，或曰天一。"[1] 由此可知，太一、天一均是后起的星官名称，而从古代天文学的常识来看，星官本来指的便是一组星。

"由于观象授时的需要和观测方便，古人逐渐将由恒星组成的各种不同形象的星群加以区分，形成早期的星座。这些星座包含的星数不等，多者可达几十颗，星官指的就是中国天文学中传统的星座。三国陈卓把石氏、甘氏、巫咸三家占星成果加以整理合并组成一个 283 星官，共 1464 颗恒星的星表，为后代天文学家所沿用。"[2]

天极星的形状

天极星的形状为"太一锋"，《汉书·郊祀志》晋灼注："一星在后，三星在前"。李零据此，结合 1960 年湖北荆门市漳河车桥战国墓出土"兵避太岁"戈、1972 年陕西户县（今鄠邑区）朱家堡曹氏墓出土解谪瓶上的朱符、1973 年湖南长沙马王堆汉墓 3 号墓出土《避兵图》三种考古资料，探讨推测"太一锋"的星象结构，其文曰："'太一锋'，据《汉书·郊祀志》晋灼注是'一星在后，三星在前'，与曹氏朱符的第二符作 Y 形的四星正好相合，对比可知，'一星在后'即'兵避太岁'戈和《避兵图》中的'大'字形神物；'三星在前'即'兵避太岁'戈和《避兵图》中的三龙。"[3]

需要注意的是，相较太一锋"一星在后，三星在前"的分布方式，"天一"是位于北斗斗勺所指和北极之间的三颗星，形状分布是一种更为典型的三角形形状。

二、三垣

其实，我们知道，在中国古代的天文系统中，正是在东、西、南、北、中五宫的基础上，诞生了三垣星官的概念。陈遵妫在《中国天文学史》中这样解释三垣的形成："三垣是环绕着北极和比较靠近头顶天空的星象，分紫微、太微、天市三区，各区都有东西两藩的星，围绕成城垣的样子，因而叫做三垣。"[4]

后世的三垣一般指上垣之太微垣、中垣之紫微垣及下垣之天市垣。而在古代星象学说的发展过程中，三垣的形成最初也经过了漫长的演变和调整过

1　（汉）司马迁.史记全本新注（第 2 册）[M].张大可注释.武汉：华中科技大学出版社，2020：757.

2　冯时.中国古代物质文化史 [M].北京：开明出版社，2013：77.

3　李零.中国方术续考 [M].北京：中华书局，2006：05.

4　陈遵妫.中国天文学史 [M].上海：上海人民出版社，2016：290.

程。太微垣的名称晚到唐初的《玄象诗》中才见到，而在《史记·天官书》中已见紫宫、太微之名，《开元占经》辑录的《石氏星经》中可见紫微垣和天市垣的名称。

第二节 "三龙"与宇宙图示

有关"三一"图像，李零和饶宗颐有关马王堆《太一出行图》的研究，虽然在用兵还是避兵问题上意见略有不同，但他认可图中的"三龙"即"三一"：青龙是天龙，象天，代表"天一"；黄龙象地，代表"地一"[1]；而黄首青身龙则代表"太一"。那么，为什么要以龙的形象作为象征？

简言之，有关"三一""太一""天一"的概念，常常被古人用来解说宇宙生成。古人解释宇宙生成，"水"被视为一个重要的元素；而在战国秦汉以来的观念中，有着龙为水物的说法，因此以三龙象征三一，与天一生水、太一生水的观念一相契合，三龙也便成了三一的形象表达。

钱宝琮讲："读汉人的作品，常常遇到'太一'两字，……有时解作'天地未分，混沌之气'，和《易·系辞传》中的'太极'差不多。有时当一个固有名词用：或是玉皇大帝之古名；或是北极的星名；或是太古的皇帝，又是仙人；或是一种星占术的书名。"[2]李零认为，从文献记载看，"太一"有星、神和终极物三种含义。[3]而有关"三一""太一""天一"的各种宇宙生成论说法中，除了"气"的重要性，"水"也是活跃因素。其中最有代表性、为人耳熟能详的，是"天一生水"的说法，以及郭店楚简中《太一生水》的篇章。

而古人以龙为水物。《周礼》："画缋之事：杂五色。东方谓之青，南方谓之赤，西方谓之白，北方谓之黑，天谓之玄，地谓之黄。青与白相次也，赤与黑相次也，玄与黄相次也。青与赤谓之文，赤与白谓之章，白与黑谓之黼，黑与青谓之黻，五采备谓之绣。土以黄，其象方，天时变；火以圜，山以章，水以龙。"[4]以周礼所记画缋之事作为马王堆避兵图的旁证，亦多有相合处，

1 李零.马王堆汉墓"神祇图"应属辟兵图.考古，1991（10）：940-942.参见李淞.中国道教美术史（第1卷）[M].长沙：湖南美术出版社，2012：28.

2 钱宝琮.钱宝琮科学史论文选集[M].北京：科学出版社，1983：207.

3 参见陈鼓应.道家文化研究[M].北京：生活·读书·新知三联书店，1999：320.

4 中国美术学院中国画系.品格与意境[M].杭州：中国美术学院出版社，2008：04.

而前人不读经，未见引用此条史料。

汉代在圆盘形器物上描绘象征宇宙图式的图像，其器物以铭文镜最为典型，其图式亦可与此件龙纹漆盘进行比较。笔者推测，此件龙纹漆盘之图式，不同于以往柿蒂纹漆盘，或是由汉代连弧纹铭文镜的图式逐渐发展而来。

汉代是中国古代铜镜史上的第二个高峰期，纹饰题材前所未有的丰富，各种纹饰都被广泛地应用于铜镜上，而连弧纹铭文镜就是汉代最流行的铜镜种类之一。连弧纹铭文镜的出现，是高浮雕艺术在以铜镜为载体的艺术品上的具体实践，也最能体现这一时期的制镜水平。连弧纹铜镜最早出现于战国时期，是由新石器时期齐家文化的"七角星纹镜"变化而来。连弧纹铭文镜从西汉中期到东汉晚期均有出土，其主要特征是镜体圆形、圆钮、钮座饰并蒂连珠纹或四叶纹，座外装饰不同的纹饰，内区主要为连弧纹圈带，外区为铭文区，皆为素缘。

有学者根据连弧纹铭文镜的布局方式，将铜镜纹饰分为三重，认为分别隐喻太阳、天空和宇宙，并构成了天地人三者相互依存的宇宙观。[1] 当时的制作者是否有这样的思想高度不得而知，但连弧纹铭文镜的使用延续数百年，应很难简单地全部归结为宇宙论中。

第三节 "三一为宗"与"三元图像"

由于汉代盛行阴阳学说，在图像表现上总是出现成双成对的二元图像，如日轮——月轮，伏羲——女娲，西王母——东王公，青龙——白虎，风伯——雨师等。古代中国宇宙观中的基本的二元结构也被转换为视觉形象。马王堆帛画正是这种构图的典范，我们发现它包含许多在纵横两个方向上都相互关联的对子。除了沿构图中轴对称分布的许多镜像以外（包括龙、天马、豹、天门的守卫者、飞天、龟、猫头鹰、鱼和土羊），太阳与月亮相对，太阳里的金乌与月亮中的蟾蜍相对。帛画自上而下的四个部分同样组成了两个对子。

在这件龙纹漆盘上，我们却看到了"三元图像"的构图。我们认为这是汉代"三一为宗"的视觉化呈现。所谓"三一为宗"是说：天、地、人三者合一以至太平，神、气、精三者混一而长生。"天""地""人"者即"阳（太阳）""阴

1 邓林，汉代铭文镜研究 [D] 上海：上海大学，2017：128.

（太阴）""和（中和）"；"神""气""精"者亦即"阳""阴""和"。《周易·系辞传》中就有类似的观点，《周易·系辞下》中说："易之为书也，广大悉备，有天道焉，有人道焉，有地道焉。兼三才而两之，故六。六者非它也，三才之道也。"[1]《说卦》中也说："昔者圣人之作《易》也，将以顺性命之理。是以立天之道，曰阴与阳；立地之道，曰柔与刚；立人之道，曰仁曰义，兼三材而两之，故易六画而成卦。分阴分阳，迭用柔刚，故易六位而成章。"[2]

　　武帝时期，黄老道家失去了对官方政治生活的主导，但可以确信的是，它在另一个领域的影响力却大大加强了。武帝时期对方士的迷恋以及祠灶、海上寻仙等活动，实是黄老思想的变种。它表明了这种哲学从解决国家重大政治问题向解决个人长生等私人问题的蜕变。在整个汉代，黄老从没有真正失去影响，而是通过和方士、巫术的结合成为道教，由此可以看出，这种哲学不但不会成为帝王嗜欲的制约力量，反而会为此推波助澜。如王夫之《读通鉴论》："武帝之淫祠以求长生，方士言之，巫言之耳。儿宽，儒者也，其言王道也，琅琅乎大言之无惭矣；乃附会缘饰，以赞封禅之举，与公孙卿之流相为表里，武帝利赖其说，采儒术以文其淫诞，先王之道，一同于后世缁黄之徒，而灭裂极矣。"[3]武帝时代的皇家建筑，最主要的精神取向就是表达对神仙世界的向往。而一些方士则直接就是这类建筑活动的倡议者，并承担起了建筑规划师的角色。从它的源头（稷下道家）到后来的《吕氏春秋》《淮南子》，无一不将养生贵己作为最重要的哲学使命，它主张节制嗜欲的本意也是为了实现对生命的有效护持。某些西汉时期的形象和器物如博山炉、玉衣、早期昆仑图像等，是道教出现前神仙家思想的产物，某些东汉新出的形象则可能与早期道教信仰和组织有关（如三晓、天地使者、地下冥吏），但达到这些理解所使用的的分析方法仍是以建立图像和文献（包括铭文）之间的联系为主。一个时代的概念、思想或信仰，甚至名物制度会存在于其时代的文字，也可能以图像的形式表现出来。综合把握文字性和非文字性的材料，对理解各时代的思想、概念、信仰和名物制度等都有帮助。值得注意的是，海昏侯墓龙纹漆盘这种装饰风格，继承东周遗风，这类环状的"三兽纹""四兽纹"，多见于铜器、漆器装饰。春秋战国之际的山东临淄郎家庄 M1 齐国贵族墓出

1　南怀瑾.易经别讲 [M].上海：复旦大学出版社，2002：452.
2　陶新华.四书五经全译（三）[M].北京：线装书局，2016：554.
3　李敖.左传 史记 汉书 资治通鉴 [M].天津：天津古籍出版社，2016：534.

图 4-2　漆盘纹样
左上：贵州清镇平坝汉墓出土；右上：乐浪王光墓出土；左下：江苏邗江宝女墩汉墓出土；右下：平壤石岩里 201 号墓出土（《关于汉代漆器的几个问题》[《文物》，2004 年第 12 期]，第 50 页）

土漆器中就有大角鹿三兽纹，也有后蹄翻转的兽类造型，似受到北方草原地区的装饰动物纹影响。到了秦代，这类漆器实例不多，到汉代这种图式大为流行。汉代漆盘常在盘心部位饰以位于漩涡中的三兽。如长沙徐家湾 401 号墓漆盘与山西万安汉墓漆盘、贵州清镇平坝汉墓漆盘与乐浪王光墓漆盘、江苏邗江杨寿乡宝女墩汉墓漆盘与平壤石岩里 201 号墓漆盘（图 4-2），盘心所绘者均如出一辙。如江苏大云山汉墓 1 号墓出土了多件漆盘，这些漆盘均饰三组神兽（羽人）纹与云气纹（图 4-3）。再如蟠凤纹漆奁、变形鸟纹卮与变形凤鸟纹奁（图 4-4）、云兽纹漆盘（图 4-5），这些出土器物相距千里，但

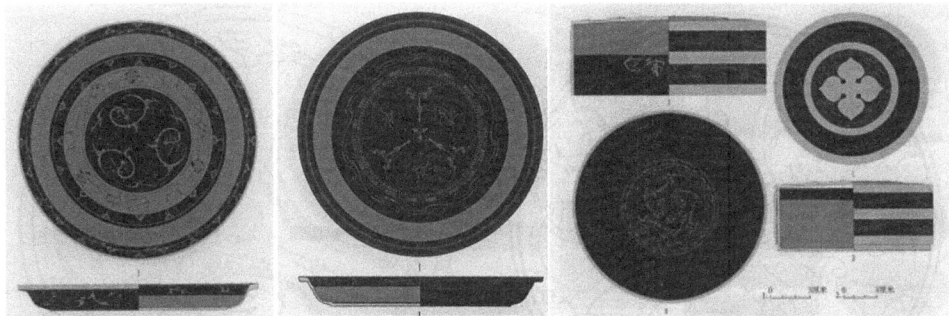

图 4-3　漆盘
左：六区下层出土漆盘；中：九区下层出土漆盘；右：六区下层出土漆奁（奁盖及剖视图底纹）
（《大云山——西汉江都王陵 1 号墓发掘报告（三）》[北京：文物出版社，2020 年]，第
987、1004、1098 页）

图 4-4　漆盘纹样
左：蟠凤纹漆奁；中：变形鸟纹卮；右：变形凤鸟纹奁。分别出自：江陵马山 1 号楚墓；湖北
云梦睡虎地 34 号墓；四川青川郝家坪 26 号墓。（《中国古代漆器造型纹饰》[武汉：湖北美
术出版社，1999 年]，第 43、61、161 页）

图 4-5　西汉彩绘云兽纹漆圆盘（图
片由湖北省博物馆提供）

图案竟非常相似。这反映了汉代人对漆器的共同追求和喜爱之情，也表明了在大流通背景下，技艺上的相互促进和借鉴。

其实早在《太一出行图》中，就有类似的"三元"图像，饶宗颐考证马王堆帛画《太一出行图》中的"三龙"形象，根据南朝孙柔之《瑞应图》中"青龙，水之精也，乘云而雨上下，不处渊泉"[1]，以及"黄龙，四龙之长也。（德）至渊泉，则黄龙游于池"[2]的记载，指出图中"三龙"即"三一"，其中青龙象天，代表"天一"，黄龙象地，代表"地一"，而黄首青身龙则代表"太一"。李零赞同饶宗颐所说，指出其上的龙象征水，郭店楚简"太一生水"的水，进而提出"三龙即三一"的说法。我们认为，上述线索正是从不同角度反映了泰帝传说与黄帝神话以及太一观念的渊源关系，而汉武帝时期的太一崇拜与"太一""泰帝"等名号的出现，亦可溯源至战国秦汉的黄帝之学。

《史记·封禅书》："神君最贵者太一，其佐曰大禁，司命之属皆从之。"[3]，亳人缪忌奏祠太一方，武帝听方式文成之言，"乃作画云气车，及各以胜日驾车辟恶鬼。又作甘泉宫，中为台室，画天地、太一诸鬼神。"[4]总之，太一面目多端，被视为天神或神君，地位虽最高，却总不是孤单存在。《史记·天官书》："中宫天极星，其一明者，太一常居也；旁三星三公，或曰子属。后句四星，末大星正妃，余三星后宫之属也。"[5]陕西定边郝滩新莽至东汉早期壁画墓墓室西壁上，"太一座"和西王母左右并列，重要性难分轩轾，都有华盖，华盖下都有状若悬泉或瀑布状的水，都位于壁画的左上角。西王母端坐于三个蘑菇状平台的昆仑悬圃之上，玉兔、蟾蜍、九尾狐相伴，其前有一幅众神兽乐舞的场面（河伯、苍龙，奏乐的怪兽）。"太一座"三字榜题的长方形方框，整个涂满朱红，居于较西王母更接近中央的位置，占据了视觉的焦点。有学者认为瀑布状的大水象征太一，象征宇宙和生命的源头，榜题之下则有一排作者的头戴高冠，身着朱红或石绿色衣服的人物三或四人高居云端，可能即象征伴同太一的星或佐。定边郝滩墓室西壁和靖边杨桥畔墓前室东壁所见的"太一坐"图，在构图特征上几乎一致。其上端都有描绘繁

1　王重民.敦煌古籍叙录[M].北京：商务印书馆，1958：168.

2　（梁）沈约.宋书（卷1-40）[M].长春：吉林人民出版社，1995：471.

3　司马迁.史记[M].北京：北京时代华文书局，2014：40.

4　司马迁.史记[M].北京：北京时代华文书局，2014：39.

5　司马迁.史记[M].北京：北京时代华文书局，2014：143.

图 4-6　山东沂南北寨汉画像石
（《汉画像中道教神仙世界》[《博物馆研究》，2016 年第 3 期]，第 68 页）

简不同的华盖。

　　值得注意的是，考古工作者陆续在山东嘉祥、济宁、费县、河南唐河等处西汉中期到东汉末的文物（画像石墓及石阙）上都发现了一种"巨人怀抱伏羲、女娲"的"三元"图像。山东嘉祥花林村画像第二石中，有一怪人，左手抱羲牺、右手抱女娲。河南南阳汉画像石画面上，一巨人怀抱两蛇躯人，左右互揖。山东沂南北寨汉墓画像石中，一神人居中，双臂紧拥手持规、矩，人首蛇尾的伏羲、女娲，上方空处刻两只相对而立的凤凰（图 4-6）。研究者对这个形象的内容有不同意见，或称其为盘古，或称其为高媒、天帝或太一。虽然目前尚难对其定名下结论，这类"三元"图像似乎反映了一种与《易经》所说"太极生两仪，两仪生四象，四象生八卦"[1] 的二分系统有区别的宗教和哲学概念。汉末道教经典经常宣传"三一为宗"的思想，认为事物均由三要

1　徐澍，张新旭 . 易经 [M]. 合肥：安徽人民出版社，1992：374.

素构成，三者之间彼此依赖，对立统一，三合相通："元气有三名——太阳，太阴，中和。形体有三名——天、地、人。天有三名——日、月、星，北极为中也。"[1] 如《太平经·甲部第一》说："一以化三：左无上，右玄老，中太上。太上统和，无上统阳光，玄老统阴。"[2]《太平经钞·乙部》（《襄楷传》注引同，这段话出自兴帝王篇，敦煌本作"和三五与帝王法"）说："顺天地之道，不失铢分，立致太平，瑞并兴。元气有三名：太阳，太阴，中和……此三者常当腹心，不失铢分，使同一忧，合成一家，立致太平，延年不疑也。"[3] 帝王所要求的恰是"致太平"和"延年长生"，方法就是"天、地、人三者合一"，"神、气、精三者混一"而"三气合并为太和，太和即出太平之气。……阴阳者，要在中和。中和气得，万物滋生，人民调和，王治太平。"[4]

小结

汉代信奉绝对的二元对立，龙纹漆盘这种"三元"图式却大量出现，这是道教宇宙观的图像表征。《太平经》认为事物均由三要素构成，三者之间彼此依赖，对立统一，三合相通："元气有三名——太阳，太阴，中和。形体有三名——天、地、人。天有三名——日、月、星，北极为中也。"[5] 三重垂直结构是传统的宇宙图式，尤其体现在"天一、地一、人一"或三皇（天皇、地皇、人皇）信仰中，我们在 3 世纪就可以找到记载，上清以前的道经如《太平经》《三皇文》《五符序》已有证明。这就是中国对世界的基本划分，并非道教所独有，只是道教大量采纳而已。这代表了汉代道教的一种宇宙模式，强调宇宙的三个组成部分及其高下次序——天、地、人，可以说这个漆盘代表了早期道教的宇宙观。汤一介指出，在《太平经》中，"三一为宗"这个概念不但为"治国至太平"提供了理论基础，而且是成仙不死的关键。再回过头看一看美术考古材料，有些东汉晚期的山东画像石墓似乎是按这种原理设计的。如济宁张东汉晚期墓出土的一块画像石两面刻一系列"三分"图像，

1　俞理明 .《太平经》正读 [M]. 成都：巴蜀书社，2001：30.

2　俞理明 .《太平经》正读 [M]. 成都：巴蜀书社，2001：3.

3　俞理明 .《太平经》正读 [M]. 成都：巴蜀书社，2001：30.

4　俞理明 .《太平经》正读 [M]. 成都：巴蜀书社，2001：30-31.

5　俞理明 .《太平经》正读 [M]. 成都：巴蜀书社，2001：30.

包括伏羲、女娲，及中央神祇、龙虎鹿三跷，三神骑玄武，三人奔月，三首怪兽，等等。《抱朴子》载："若能乘跷者，可以周流天下，不拘山河，凡乘跷道有三法：一曰龙跷，二曰虎跷，三曰鹿卢跷。"[1]墓中所刻仙人骑龙虎鹿升天的图像与葛洪所说次序完全一致，证明三跷的思想在汉代就已产生了。美国西雅图美术馆藏东汉至三国三段式神仙镜，三国重列神兽镜，俗称"三段式神兽镜"。这类神仙镜的总体布局也表现了早期道教常见的"一分为三"的世界观。

1　（晋）葛洪. 抱朴子 [M]. 上海：上海古籍出版社，1990：117.

第五章　青铜当卢与四神信仰

在刘贺墓西侧，考古人员挖掘出一座带有真车马的陪葬坑，占地约 80 平方米，这在我国南方地区尚属首次发现。车马坑出土大型木质彩绘车 5 辆，马 20 匹，文物 3000 余件。这些文物，制作工艺极其考究，价值极高。其中当卢有 80 余件，式样纷繁，有圆形、圆叶形和长叶形，材质有铜制、银制、鎏金等。尤其是两组青铜错金银当卢，更是精美绝伦。这些当卢上的四神纹饰，包含了一些前所未见的新因素，与文献记载的四神形象不一致，也与汉画像砖的四神纹饰差异很大，修正和丰富了传统图像志的主题。尽管学者们对四神当卢图像的认定存在共识，但是关于它们之间关系的解释却存在严重的偏差，因此有必要做深入的图像学考察。

第一节　图像结构与核心图像的确认

对同一图像，学者们常常会推出不同的解释，把绘画中的某个成分识别出来是比较容易的，但由此而推出一种逻辑结构就相当困难了。

两汉前期，在一些地方的祠堂画像中流行某些有固定模式的图像，最显著的就是所谓"四神图像"。四神，也称四维、四灵、四兽等。中国传统的天文学体系将赤道附近的星空划分为二十八宿，并分别由四神（象）统辖。象是中国传统星官体系最基本的概念，作为四个赤道宫的象征，最终形成了由五种动物组成的四组灵物，具有四种不同颜色，代表四个不同方向，并与二十八宿完成固定配合的严整形式，这便是东宫青（或苍）龙、西宫白虎、南宫朱雀（或鸟）和北宫玄武。

四神图像虽于汉前出现，但作为一种思想和观念的载体，并最终成为一种常见的文化符号，则在汉代。仅以 2000 年出版的《中国画像石全集》为例，该书收录了绝大多数汉画像石资料，共刊出图版 1776 幅，其中四神图像便有 199 幅，比例远远超过同类题材，也超过伏羲、女娲、西王母、东王公等人物神仙图像，可见四神图像在汉代的重要性与普及程度。四神的确立，不仅反映了古人对"宇宙形态"的认识，更融入了中国传统文化体系。《淮南子·天文》和《史记·天官书》等书中对四象已有系统记载。北宫玄武为龟蛇交缠之象，在西汉宫廷建筑构件——四神瓦当上已有明确反映。

玄武之名汉代之前已出现，如《楚辞·远游》："时暧曃其曭莽兮，召玄武而奔属。"[1] 四神的名称，早见于《礼记》《吴子·治兵》《考工记》等战国典籍。《礼记·曲礼》记载："行，前朱鸟而后玄武，左青龙而右白虎。招摇在上。"[2]《吴子治兵》："必左青龙，右白虎，前朱雀，后玄武。招摇在上，从事于下。"[3] 可见，在古代四神的方位排列关系到古代的礼制。公元前 5 世纪晚期的湖北随县曾侯乙墓中的一件衣箱，其左右为青龙白虎，中央是北斗七星，四周是月亮行经的二十八宿。这是最早反映青龙白虎的图像之一。该墓葬年代明确，为战国初年的公元前 433 年，把二十八宿和四象记载的可靠度提前到了 5 世纪。

此外，河南上村岭西周虢国墓出土的一面铜镜背面所铸有鸟兽图饰，分别居于四个方位，与汉代盛行的四神铜镜有着模式的同一性，只是北方之神是一只鹿，应是北宫之象的早期形式。而位于河南濮阳西水坡仰韶文化时期 M45 中的大型龙虎蚌塑，则透露出四神图像的要素早在史前末叶即已出现。

潘诺夫斯基的研究确立了图像学分析在探究图像内容和意义转变方面的地位，将图像的意义与其背后的知识史相联系，对图像成立的文化环境进行探究，最终以图像作为特定心理或观念的象征体为旨归，从而揭示出"一个民族、一个时期、一个阶段、一门宗教或哲学信仰之基本态度的根本原则"[4]。基于我们对两汉时期整个"知识"背景的了解，四神图像有一

1　（战国）屈原. 楚辞 [M]. 哈尔滨：北方文艺出版社，2018：90.

2　（清）阮元. 十三经注疏·礼记 [M]. 北京：中华书局，1982：1250.

3　邵学清，孙金城. 中国历代兵法译注评（上）[M]. 北京：现代出版社，2017：50.

4　潘诺夫斯基. 视觉艺术的含义 [M]. 沈阳：辽宁人民出版社，1987：36.

个匹配的图像系统。这个背景的重要基点之一就是汉代盛行阴阳学说，出现了大量成双成对的图像，如日轮、月轮，伏羲、女娲，青龙、白虎，朱雀、玄武等。四神中的每一种动物图像都有悠久的演变史，表现出样式的多重性。其中龟蛇合体是玄武的主导样式，不过也出现了有龟而无蛇的造型。由于汉代统治者的推崇和社会观念的影响，四神图像逐步兴盛，并在近四百年的发展历程中不断演变，形成了一套系统而完整的图像体系。海昏侯墓所出土的这四枚青铜当卢纹饰，有龙虎雀龟鹿，龙虎雀鱼、日月，龙虎、雀等纹饰，可确定为"四神主题"纹饰，但专家们对"玄武"的认定还存在较大差异。

第二节　图像解读的三个层面

我们知道，美术史上的重要图像不仅来自特殊的文化传统，而且进一步融为这种传统的有机部分。只有深入把握图像与特定文化传统的内在联系，才能较为接近图像的本义，从而避免所谓"视觉的隐形"。潘诺夫斯基图像学理论设置了渐进的三个层次。在他看来，图像作品可以从三个层面上来加以考察：最外在的一层为形式层面，关注图像中形象的辨认；进一步的图像解读为"图像志"层面，关注图像再现的故事，即图像的主题内容；第三个层次为图像学层面，关注图像的深层意义，探讨艺术作品与当时文化语境的关系。由客观描述到内涵分析，潘诺夫斯基这三个层面的划分实效显而易见。正如潘诺夫斯基的学生拉文（Irving Lavin）所说："正是对于意义的这种不懈追问和求索——特别是在人人都认为没有任何意义可言的地方——使得潘诺夫斯基将艺术理解为与传统的人文学科（liberal arts）同等重要的思想业绩。"[1]

一、第一个层面：画面描述

当卢，指"当颅"，是古代系于马头部的饰品，形式各异，大多放在额上部，不能遮住眼鼻。这种物件古已有之，《诗经·大雅·韩奕》中周王赏赐给韩侯的礼物中就有，"玄衮赤舄，钩膺镂钖"[2]，郑玄笺为"眉上曰钖，刻金饰之，

1　Irving Lavin. Panofsky's *History of Art in Meaning in the Visual Arts*：*Views from the Outside*[M]. Princeton: Insti-tute for Advanced Study, 1995:6.

2　祝秀权. 诗经正义（中）[M]. 上海：上海三联书店，2020：353.

今当卢也"[1]。孔颖达疏说"钖，马面当卢，刻金为之。所谓镂钖当卢者，当马之额，卢在眉眼之上。"[2]可见，当卢就是放在马额中间的马具，起装饰作用，简而言之，当卢就是骏马的身份证，也是贵族身份地位的象征。北周王褒《日出东南隅行》就说，"高箱照云母，壮马饰当颅。单衣火浣布，利剑水精珠。自知心所爱，执宦执金吾。"[3]西汉时期，当卢十分盛行，有几个重要的因素。一方面汉武帝尚武爱马，不仅用战马充实汉军骑兵，还听信方士之言，以西域马为天马，认为是神龙的化身，乘之能升天成仙。因此，汉武帝时期开始流行马鞍装饰，并以域外珠宝为上。汉朝卜筮的著作《易林》说"异国他土，出良骏马。去如奔亡，害不能伤"，[4]"陇西冀北，多见骏马。去如焱飚，害不能伤"[5]，可知在汉人观念中，异域骏马还有驱害辟邪之功能。《西京杂记》卷二记载："汉武帝时，身毒国献连环羁，皆以白玉作之，玛瑙石为勒，白光琉璃为鞍。在暗室中，常照十余丈，如昼焉。自是长安始盛饰鞍马，竟加雕镂。或一马之饰直百金，皆以南海白蜃为珂，紫金为花，以饰其上，犹以不鸣为患。或加铃镊，饰以流苏，走如钟磬，若飞幡葆。后得二师天马，常以玫瑰石为鞍，镂以金银鍮石，以绿地五色锦为蔽泥。后稍以熊罴皮为之，熊毛有绿光，皆长三尺者，直百金。卓王孙有百余双，诏使献二十枚。"[6]这样的马具，非一般乘骑所用，影响所及，造成长安贵族盛饰鞍马之风，骑上来自域外的良马，马身满饰域外的金银珠宝，是时人感到十分荣耀的事。此外，汉武帝追求长生不老，屡行求仙之举，影响广大和深远。中唐诗人李贺的另一首《马诗》提到："武帝爱神仙，烧金得紫烟，厩中皆肉马，不解上青天。"[7]在政治的参与和多种因素助推下，当卢的制作和使用就十分普遍。汉代当卢出土不少，洛庄汉墓出土 2 件，满城汉墓有 38 件，最流行的款式有尖叶形和圆盘形两类，一般以青铜制作，有的鎏金，造型和纹饰都很精致。海昏侯墓 80 余件当卢中，最引人注目的是这两组上宽下窄尖叶形的青铜鎏

1　祝秀权.诗经正义（中）[M].上海：上海三联书店，2020：354.

2　向熹.诗经词典[M].成都：四川人民出版社，1997：773.

3　（宋）郭茂倩.乐府诗集（上、下）[M].上海：上海古籍出版社，2016：390.

4　中国国家图书馆.原国立北平图书馆甲库善本丛书[M].北京：国家图书馆出版社，2013：1041.

5　中国国家图书馆.原国立北平图书馆甲库善本丛书[M].北京：国家图书馆出版社，2013：1045.

6　（晋）葛洪.西京杂记：汉魏丛书[M].长春：吉林大学出版社，1992：305.

7　（唐）李贺.李贺诗集[M].上海：上海古籍出版社，2015：56.

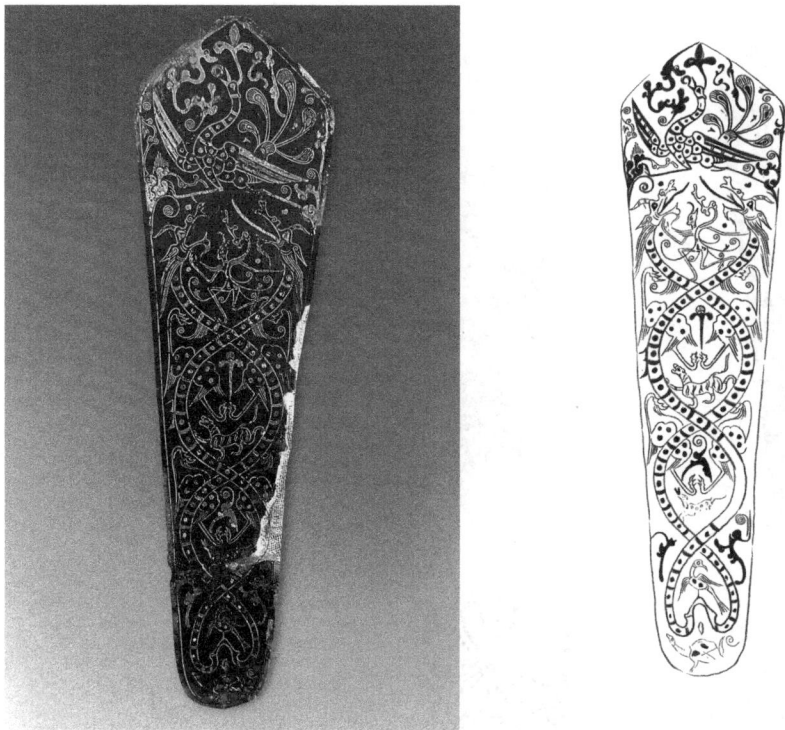

图 5-1 第一组当卢及线稿
错金银神兽纹青铜当卢，长26厘米、宽3—9厘米。（《金色海昏：汉代海昏侯国历史与文化展》
[北京：文物出版社，2020年]，第73页）

金四神当卢。这几枚当卢材质之珍贵，工艺之精细，纹饰之华美，结构之清晰，形象之丰富，均令人称叹。第二组的三枚当卢材制、外观均十分相似，四神图案精美而繁复，周身粗看都有一些瑞草、云纹，细细观之，则可以探知更多的讯息。

对图像进行文字表述并不容易，必需一定的"知识"，同时又得防范这些"知识"可能导致的遮蔽和歪曲。先看第一组当卢（图5-1），这枚当卢经修复后，图像十分清晰，双龙交错，右龙伸出长舌，左龙无舌，当为雌雄之别。双龙盘旋形成四环，由上至下，环内分别有一御龙的羽人，一白虎，一黄鹿，一雀鸟，而且虎头高昂，上顶金色的权杖，黄鹿奔腾，鹿角清晰。在双龙交错的最上方，见凤鸟展翅，最下方，则为一只乌龟，龟体明确。当卢中出现了龙、虎、鸟、龟等神兽，可知与四神脱不了干系，但其形象和方位，与我们熟悉的四神并不一致。

再看第二组当卢（图5-2），右数第一枚当卢从上往下看，上部中央为一

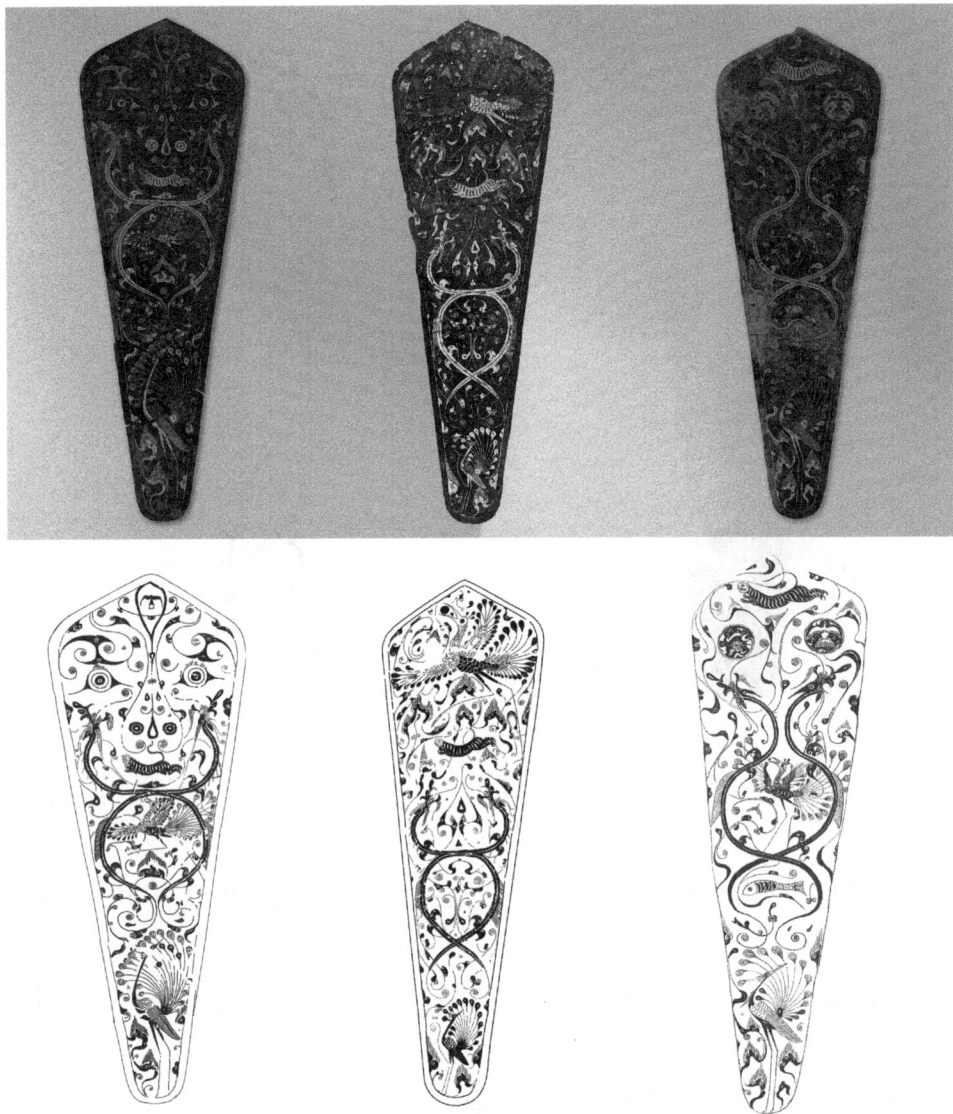

图 5-2 第二组当卢及线稿
错金银神兽纹青铜当卢，长 26 厘米、宽 3—9 厘米。（《金色海昏：汉代海昏侯国历史与文化展》[北京：文物出版社，2020 年]，第 68、70、72 页）

只奔跑状的白虎，下面左右两边分别有一圆形。左边圆圈内有玉兔、蟾蜍，意为月亮，右边圆圈内隐约可见一只三足乌，意为太阳。下面部分双龙交错，形成环形，上环可见一只凤鸟，形象华美，展翅做歌舞状。下环内有一鱼清晰可见。最低端是一只正回首的朱雀，尾羽做开屏状，羽饰华美，清晰可数。

当卢周身饰云气纹，迂回曲折，有仙境缥缈之感。第二枚当卢，与前枚当卢相比，其主体形象较少，而且顺序也有所不同。这枚当卢最上方的凤鸟形象更为突出，其下是奔驰的白虎。白虎下方也有两条青龙，盘旋方式与第一枚当卢不同，乃是头相对，颈尾相交。当卢末端也是朱雀，体型略小，当卢周身也有云气纹。第三枚当卢与第二枚类似，只是最上方为白虎，凤鸟则移到了双龙交织的环内，而当卢末端的朱雀体形硕大，尾部作扇屏状。

四枚当卢中，一枚有五神，一枚为六神，另两枚为四神。一枚有玄武，但只是一只龟，而非龟蛇合体；两枚没有玄武；另一枚虽无玄武，却有日月神与鱼，而表示日月的两个圆圈左右逆反，而鱼列中央，似显怪异。一枚当卢白虎与朱雀之间，竟是一只逐鹿，且鹿也处于中间方位，俨然有占据中央之神的地位。这两组当卢结构、纹样不同在于：

（1）第一枚当卢的四神图为龙虎雀龟，再加上鹿，合成五神。第二组当卢的四神图为龙虎雀鱼，不见了龟、鹿，加上日月神合成六神。日月神图像比较好理解，这是汉画中见惯了的图像。最引人注目的是鱼和鹿的出现，引入思考，它们也曾是四神体系中的一员吗？

（2）出现了玄武缺位的情况。

二、第二个层面：画面分析

图像阐释不能离开当时的文化语境。以四神组合为题材的文物，如果不计入麒麟时代的文物——例如西周晚期的虢国铜镜的话，那么，它最早出现于汉代。按文物资料可以分为五类：一是四神瓦当，二是四神砖石图画，三是四神石阙，四是四神铜镜，五是以四神为纹饰的玉器和铜器。以四神为主题纹饰的当卢，在史料记载和汉墓挖掘中，都极为少见，更凸显了这些当卢的罕见价值。海昏侯墓这几枚错金银当卢图像，其青龙、白虎、朱雀三神当无疑义，有待讨论的是玄武。玄武在汉代是一个颇为庞杂的体系，人们对玄武本象的诠释有三种：龟、龟蛇以及龟蛇相交。龟蛇合体，象征阴阳交合，孕化事物，最终成为玄武的主导图像。

第一枚当卢的问题在于：因为海昏侯墓的发掘，在四神之外，又见到第五方神，神鹿，它被安置在中央位置，不可撼动。那么，鹿在其中，是否可以作为当时四神观念的体现呢。鹿，谐音"禄"，为麒麟的原型，作为神兽被先民崇拜不足为奇。麒麟作为四灵兽之外多出的一兽，最初显然就是北宫的象征，后来只是由于北宫为玄武所代，才以麒麟转配中央。[1] 麒麟是传说中的神兽，自然界自无此种动物。《礼记·礼运》："出土器车，河出马图，凤凰麒麟，皆在郊椒。"[2]《礼记·礼运第九》："麟、凤、龟、龙，谓之四灵。"[3] "麒""麟"两字都作"鹿"字旁，可见与鹿有着密切关联，头上的一角是最为鲜明的特征。《说文·鹿部》云："麟，仁兽也。麖身，牛尾，一角。"又云："麐，牝麒也。"[4] 可知为独角兽。冯时认为玄武早期图像不是龟蛇而是神鹿，并将四象传说与河南濮阳西水坡遗址、西周四象铜镜图相互考察，认为玄武早期形象为神鹿。[5] 他在《星汉流年》[6]一书中更明确指出，四神中的玄武，最早只见于汉初成书的《淮南子》，在这之前则有《吕氏春秋》中提及的龟。他认为四象起源很早，可以推到 6000 年前，不过最初玄武没有出现，它的前任有蛇，有龟，有鹿。这个鹿即是后世说的麒麟，当麒麟被玄武取代以后，它又被移作中央神，这样第五方神就出现了。关于海昏侯墓这枚四神当卢，他认为"整幅图像的设计理念及其所展现的以四神配以中央麒麟共同协助墓主升仙的思想生动而完整"。[7] 陈久金也曾论述四象观念源于华夏民族的图腾崇拜，战国以前四神玄武图案是鹿而不是龟蛇，战国后，夏民族的龟蛇图腾取代了胡人的鹿成为北宫之象。[8] 不仅是鹿，甚至骆驼都曾出现在北宫方位。骆驼在稍后时期作为汉代器物上一系列象征方位的动物之一，也曾出现在窦绾墓出土的博山炉上。骆驼代替象征北方的玄武被列入方位性动物，在这里它似乎与神灵世界取得了特定联系。

两汉时代，随着天文学的发展和阴阳五行思想的盛行，天地间所有的事物都试图以五行思维模式来解释和规范，原为祥瑞动物的"四灵"变为"五兽"，并被附会成天象学中的"五星"之精，于是，在西汉初期就出现了"五星配五兽之说"。此外，"色"与"阴阳五行"学说相结合，五行又与五色相配属，金、木、水、火、土分别对应白、青、黑、赤、黄，并代表五方位。

1　冯时.中国天文考古学 [M].北京：中国社会科学出版社，2007：428.
2　古月.国粹图典：纹样 [M].北京：中国画报出版社，2016：38.
3　陈戍国.四书五经校注本（1）[M].长沙：岳麓书社，2006：479.
4　（汉）许慎.说文解字 [M].北京：中华书局，1963：202.
5　冯时.中国天文考古学 [M].北京：中国社会科学出版社，2007：426-434.
6　冯时.星汉流年 [M].成都：四川教育出版社，1996.
7　冯时.文明以止：上古的天文思想与制度 [M].北京：中国社会科学出版社，2018：30.
8　陈久金.从北方神鹿到北方龟蛇观念的演变：关于图腾崇拜与四象观念形成的补充研究 [J].自然科学史研究，1999（2）：115-120.

其中黄代表中心、中央；青为青龙，代表东方；赤为朱雀，代表南方；白为白虎，代表西方；黑为玄武，代表北方。《史记·封禅书》记载："汉兴……二年，东击项籍而还入关，问：'故秦时上帝祠何帝也？'对曰：'四帝，有白、青、黄、赤帝之祠。'高祖曰：'吾闻天有五帝，而有四，何也？'莫知其说。于是高祖曰：'吾知之矣，乃待我而具五也。'乃立黑帝祠，命曰北畤。有司进祠，上不亲往。悉召故秦祝官，复置太祝、太宰，如其故仪礼。因令县为公社。下诏曰：'吾甚重祠而敬祭。今上帝之祭及山川诸神当祠者，各以其时礼祠之如故。'"[1] 此条材料说明自汉高祖刘邦始祭五帝。刘贺墓中出土的简牍中也提及"五帝"，简文中的五帝，与五方、五色等元素相配伍，如："睾（四幸），敢谒西方白帝，次就君常山，乘白龙，戴白盖，素衣高（缟）常（裳）。"再如："睾，敢谒东方青帝"。朱凤瀚等学者认为，汉代国家祭祀中有五帝祭祀，但传世文献中并未详载祭祀细节。明确以五方帝为祷祝对象的文本，出土文献中于此应为首见。[2]

《淮南子·天文训》："何谓五星？东方木也，其帝太皞，其佐句芒，执规而治春，其神为岁星，其兽苍龙。……南方火也，其帝炎帝，其佐朱明，执衡而治夏，其神为荧惑，其兽朱鸟……中央土地，其帝黄帝，其佐后土，执绳而制四方，其神镇星，其兽黄龙……西方金也，其帝少昊，其佐蓐收，执矩而治秋，其神为太白，其兽白虎，……北方水也，其帝颛顼，其佐玄冥，执权而治冬，其神为辰星，其兽玄武"。[3] 但中央之兽毕竟不符合天象，逐渐被摈弃，四象（四宫）说在西汉中后期的主导地位最终确立并巩固。因此，五神作为特定时代的创意，并没有维持太久的影响，东汉时代的图像艺术已是一统的四神，玄武也牢牢立定在北方。奔鹿没有回归原位，在中央位置也很难见到它的身影了。

第二组当卢图像的问题在于：鱼的出现，如果认定四神为腾龙、朱雀、白虎和玄鱼。能否确定地说鱼也是北方神之象，是四象中的另一个版本。由甲骨文的发现看，四方与四方风观念的形成，不会晚于商代。但将四方配以象征性的动物形象，甚至绘出它们相聚一起的图形，那就晚出了许多时代，前朱雀，后玄武，左青龙，右白虎，恐怕也只能追溯到汉代或汉以前不久。

1　转引自顾颉刚.古史辨自序（下册）[M].北京：商务印书馆，2011：478.

2　参见朱凤瀚.海昏简牍初论[M].北京：北京大学出版社，2020：279-286.

3　（汉）刘安.淮南子[M].北京：民族出版社，2003：12.

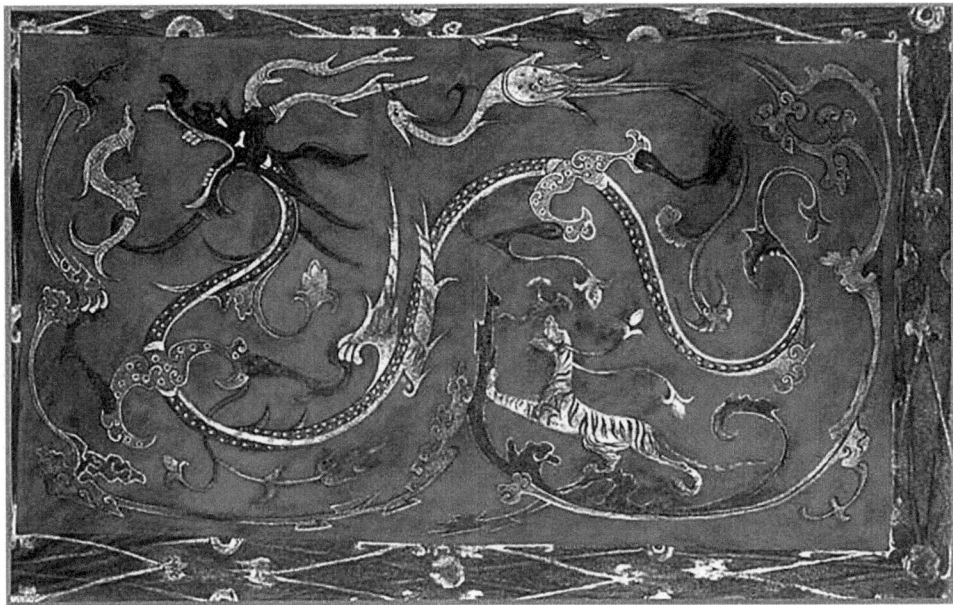

图 5-3　四神云气图
汉代，长 5.14 米、宽 3.27 米，河南博物院藏，图片由河南博物院提供。

即便在西汉时期，玄武的出场也并不平顺，甚至在相关图像上见到的是鱼而不是玄武。在河南永城芒砀山西汉梁共王墓主室，绘有天顶壁画《四神云气图》（图 5-3），东为朱雀，西为白虎，中间绘一条 7 米长腾龙，龙舌上（画面南端）卷一怪兽，鸭首、鳞身、鱼尾，背上长鳍，贺西林考其为鱼妇[1]，这显然是北方之象的另一个版本。河南卜千秋墓顶平脊上《夫妇升仙图》中揖西面的黄蛇图像，贺西林也考其为鱼妇。

《山海经·大荒西经》云："有鱼偏枯，名曰鱼妇，颛顼死即复苏。风道北来，天乃太水泉，蛇乃化为鱼，是为鱼妇。颛顼死即复苏。"[2]这种灵异的出现，往往是灵魂复苏和生命转化的象征。《山海经》说北方神禺强是鱼身，也许鱼形就是北方神的另象。北方神有多面性，鱼确曾扮演过这个角色。过去在讨论汉画四神之车时，提到在龙车、虎车、鸟车之外，也见到鱼车，那就是北方神的宝车。《山海经·海外北经》说："北海之渚有神，人面鸟身，珥两青蛇，践两赤蛇，名禺强。"[3]《列子·汤问》："而五山之根无所连著，

1　贺西林.古墓丹青：汉代墓室壁画的发现与研究 [M].西安：陕西人民美术出版社，2001：16.
2　金钟.山海经全新注释 [M].广州：广州出版社，2017：343.
3　金钟.山海经全新注释 [M].广州：广州出版社，2017：350.

常随潮波上下往还，不得暂峙焉。仙圣毒之，诉之于帝。帝恐流于西极，失群圣之居，乃命禺强使巨鳌十五举首而戴之。"[1]《庄子·大宗师》："禺强得之，立乎北极。"[2]又曰："北海之神，名曰禺强，灵龟为之使。"[3]成玄英疏："禺强，水神名也，亦曰禺京。人面鸟身，乘龙而行，与颛顼并轩辕之胤也。虽复得道，不居帝位而为水神。水位北方，故位号北极也。"[4]据史书记载，夏禹之父鲧的本名为禺京，是灵龟的化身。《史记·夏本纪》正义曰："（殛）鲧之羽山，化为黄熊入于羽渊。熊，音乃来反，下三点为三足也。"《尔雅·释鱼》也说"鳖三足为熊"[5]，即将鲧作为只有三只足的神龟化身。曾侯乙墓内棺头档、足档、东侧与西侧壁板上的人面鸟身主神，可能都是水神禺强及其变形。

应该说，学者们关于四神当卢中许多图像的认定存在共识，但是关于它们之间关系的解释却存在严重的偏差。那么鱼是否可作为北方之神呢？章义和认为答案是肯定的。他援引陈久金的意见，认为胡人图腾退出北方星名后，由华夏族的龟蛇图腾取而代之。因为北方为水，而龟蛇为水生动物，正可配于北方星座，那么同样是水生动物的鱼图腾入选四神，也就不足为怪了。最后，他得出结论："四神观念经历了漫长的演变，其中北方神的形象是最复杂、最奇异、最不稳定的，可以说这两件当卢的图像，确证了玄武的出现是四神体系中最晚定型的……即使在西汉龟蛇合体出现以后，相当长时期内仍未完全确认。究其原因，一方面或许玄武为北方之神的信念未深入人心，另一方面，也因龙、虎、雀等形象确立较早且有明确物种参考，而玄武形象过于玄乎，依靠前后传承和口口相传的工匠长期无法领略其中深意，无法清楚描绘其形象。"[6]此论确为中的。不过考虑到当卢为随葬明器，笔者还有些不成熟的浅见，不当之处，请方家指正。

首先，鱼崇拜远比鹿崇拜在历史上更为久远，更为广泛。水是生命之源，原始先民往往逐水而居，鱼作为原始人类重要的食物来源，以其强大的繁殖力，赢得了广泛崇拜。在距今约7000—5000年的半坡文明中，鱼崇拜就十分突出并牢牢地占据着人们的精神世界，如著名的半坡人面鱼纹彩陶盘。

1　南怀瑾.列子臆说（中）[M].上海：复旦大学出版社，2017：115.
2　巫鸿.时空中的美术[M].北京：生活·读书·新知三联书店，2009.
3　（晋）郭象.庄子[M].北京：首都经济贸易大学出版社，2007：60.
4　马恒君.庄子正宗[M].北京：华夏出版社，2005：112.
5　（晋）郭璞.尔雅[M].王世伟校点.上海：上海古籍出版社，2015：172.
6　章义和，陈俏巧.南昌西汉海昏侯墓新出土当卢初探[J].地方文化研究，2016（3）：15-16.

在笔者看来，第二组当卢的鱼居中央之位，并非指代玄武方位，而是指子孙繁衍。四神博局纹镜是西汉晚期至东汉中期最精美、流行时间最长的一种铜镜，这种汉镜在装饰花纹中间，有规则地分布着"T、L、V"纹样，特别规范，而且一般用青龙、白虎、朱雀、玄武四神图案作主题纹饰，又称为规矩四神镜。镜铭则复杂多样，最常见的有两大类，其一为："尚方御镜大毋伤，巧工刻之成文章，左龙右虎辟不祥，朱鸟玄武顺阴阳，子孙备具居中央，长保二亲乐富昌，寿敝金石如侯王。"铭文特别指出子孙备具居中央。鱼有子孙繁衍之意，宜判为中央之位，不是玄武之位。在这枚当卢中，玄武缺位。

据刘贺墓出土的孔子像漆衣镜《衣镜赋》文字："新就衣镜兮佳以明 / 质直见请兮政以方 / 幸得降灵兮奉景光 / 修容侍侧兮辟非常 / 猛兽鸷虫兮守户房 / 据雨蜚雾兮函凶殃 / 傀伟造物兮除不详 / 右白虎兮左仓龙 / 下有玄鹤兮上凤凰 / 西王母兮东王公 / 福熹所归兮淳恩臧 / 左右尚之兮日益昌 /[***] 圣人兮孔子 /[**] 之徒颜回卜商 / 临观其意兮不亦康 /[心] 气和平兮顺阴阳 /[千秋万] 岁兮乐未央 /[亲安众子兮] 皆蒙庆。"[1]可知此图下端当为玄鹤，非玄武（图3-9）。

其次，上文中分析的第一枚当卢，它的底部纹饰龟体明确，确定是玄武形象。那么，足可证明，此时此地已有常见的玄武图案出现，有而不用，原因何在？笔者认为，海昏侯墓四神当卢"玄武"或缺位，或出现多种变体，除了四神观念尚未完全定型这一客观原因外，笔者认为，其中还有一个重要原因可能是作为随葬明器，设计者为了起到有效控制其精魂的作用，而有意为之。在某些时候，器物被认为是有灵魂的，甚至还拥有强大的能力。有些学者认为："原始社会的人们相信无生命的东西也都有一个灵魂，如果随葬器物的灵魂受死者灵魂的驱使，就需要把器物打破，否则，死者不能享用。"[2]对于碎物葬，也有人提出可能是从史前时期人们实用的瓮棺葬演变而来的，处于蒙昧时期的人们相信在瓮棺中开一个小孔，可以供灵魂自由出入。

史前时期的碎物葬通常在墓地现场打碎器物。器物的精魂随之与器物分离，任由墓主灵魂驱使。殷商时期，毁器的现象开始普遍，被毁的器物有铜器、玉器和陶器等，自殷墟晚期开始，明器化的现象越来越明显。"明器"是丧

1 （美）巫鸿 . 物·画·影穿衣镜全球小史 [M]. 上海：上海人民出版社，2021：19-20.
2 中国科学院考古研究所，陕西省西安半坡博物馆 . 西安半坡：原始氏族公社聚落遗址 [M]. 北京：文物出版社，1963：220.

葬专用器具，孔子将其最大的特点归纳为"备而不可用"，也就是介于有用与无用之间的折中处理方式。而"不可用"状态，主要在于它符合削弱随葬器物精魂以便控制的需要，是"在丧葬中毁坏器物"这一观念的发展。巫鸿在《明器的理论和实践：战国时期礼仪美术中的观念》中，总结了要达到这个目的的几种做法："①微型：这种丧葬器物主要模仿礼器，但体量逐渐缩微。②拟古：这种丧葬器物并不是对古代礼器的忠实模仿，而常常是对某种古意的创造性发挥，因而经常给人稚拙粗略的印象。③变形：伴随着微型和拟古的倾向，一些丧葬铜器的器型被故意简化和蜕变，甚至改变整体机制。④粗制：墓葬中的一些铜器虽然不做微型，但制作粗糙。⑤素面：许多丧葬铜器朴素无纹，反映了对形式的特殊考虑。⑥仿铜：考古发现的仿铜丧葬器物主要是陶器，但是也包括一些漆、木、铅器。⑦重套：大墓中常有相互对应的成套丧葬器物与实用礼器，两者之间在大小形状花纹制作等方面的异同应当具有特殊的礼仪意义。"[1]

在画面中故意留下一些缺陷或瑕疵也可能是一种有效的方法。《历代名画记》记录了一个画龙点睛的典故，大概是关于人们如何约束图像中各种事物灵魂的最早记录。墓葬中的各种实物（包括明器）虽然有灵魂，但在制作时已经被各种方式削弱了，以便墓主人对它们进行控制。

从公开资料看，此次海昏侯墓车马坑中有5辆车60匹马的痕迹，当卢则有80多件。从争议最多的这两枚四神当卢看，一枚白虎为主神，下有日月逆反的两圆，一枚朱雀为主神，分别代表的是西方和东方。在神话传说中，西方代表的是冥世，东方代表的是人世，当卢上辅以云纹、羽人、权杖等纹饰，足以表明海昏侯国人对生死的认知和成仙的渴望。而能反映此类思想的图案刻于作为随葬品的当卢上，可以推测此当卢专为明器，而非普通的马饰。作为明器，墓葬特地做了成套的四神当卢，这些当卢在主体纹饰、结构上有很大的相似性，但是细节上，例如主体形象的排列顺序、大小、数量却有意呈现出一定差别。正如同巫鸿总结的墓葬明器"重套"的做法，即"大墓中常有相互对应的成套丧葬器物与实用礼器，两者之间在大小形状花纹制作等方面的异同应当具有特殊的礼仪意义"[2]明器有成套，所以四神各自不同，同时

1　（美）巫鸿.时空中的美术 [M].北京：生活·读书·新知三联书店，2009：195-199.

2　（美）巫鸿.时空中的美术 [M].北京：生活·读书·新知三联书店，2009：199.

为了控制其精魂，以便受制于墓主人，大多数当卢的四方神纹饰都不全，而选择玄武缺位也许是由于地方方位决定的。实际上，这种情况并不是特例，在满城汉墓1号墓出土的车马器中，有两枚叶形当卢也具有相似的特点，马王堆锦缎上的四方神纹饰也不全。

此外，两汉之时，人们对北方的特殊态度，也易引发玄武的缺失或被替换。汉熹平年间陈氏镇墓瓶上朱书文字有载："生人上就阳，死人下归阴；死人上就高台，死人口自臧（藏）；生人南，死入北；生死各自异路。"[1] 北方指向的是死亡，如若从死者的角度考虑，在墓葬这个微型宇宙中，能被展现的自然是其他三向。如前文所述，刘贺墓内棺上的朱鸟南向，似也能间接看出时人对北方之象所喻指的幽冥之都和死亡不祥的排斥。

三、第三个层面：主题寻找

将图像与社会主流观念联系还是与使用者群体联系，是看作一般通用图像还是看作特殊图像、是置放于大的原境中（社会）还是置放于小的原境中（墓葬），对图像意义的揭示就不同。若直视这几枚当卢图像表面的语义：天地相照、凤鸟衔珠，日月同辉，云气缭绕，"四神"相映成趣，营造出仙境的氛围，体现出西汉上层对于长生不老，升仙求道的祈求。当卢作为陪葬明器，象征所饰之马为天马、龙马，引领着墓主的升仙之途。汉武帝曾派张骞出使安息，后来为得汗血宝马更不惜发动战争。《史记·大宛列传》记载："初，天子发《易》云'神马当从西北来'。得乌孙马好，名曰'天马'。及得大宛汗血马，益壮，更名乌孙马曰'西极'，名大宛。"[2] 然而天马既到，久之并不能升天，武帝之梦想最终归于破灭。山东济南洛庄西汉济北王陵出土的一件装饰在马额部的鎏金铜当卢中（图5-4），中央透雕一匹骏马，其身体作180°扭转，这种风格可能受到了北方草原民族艺术的影响。其肩部附有一只小巧的羽翼，虽不算醒目，但却点明这是一匹天马。

汉墓中的车马出行有着极为复杂的含义，有的表现死者生前的身份地位，有的描写送葬场面，还有一部分应当是带着墓主人去往仙界的行列。金乌、玉兔、蟾蜍、凤鸟、青龙、白虎、朱雀、玄鱼，这些具有祥瑞意味的图案，为能工巧匠自由运用，在当卢上有机组合，创造出一幅缥缈、和谐的升仙图景。

1　池田温.中国历代墓券略考[M]//东阳文化研究所纪要》（第86册）.1981：193-278.
2　（西汉）司马迁.史记[M].北京：中国戏剧出版社，2007：574.

古人认为太阳运行由乌运载，"日中金乌"与三足乌、"金乌载日"一样是汉代太阳的艺术符号。《山海经·大荒东经》载："汤谷上有扶木，一日方至，一日方出，皆载于乌。"[1]长沙马王堆1号墓、3号墓帛画都出现了日中金乌形象。前文所引洛阳卜千秋壁画墓也有此类图像。"金乌长飞玉兔走，青鬓长青古无有"[2]。月亮的艺术象征符号则有玉兔、蟾蜍、桂树。月中有兔记载最早是在战国时期，到汉代已广为流传，至晋人傅玄《拟天问》便有"月中何有，白兔捣药，兴福降祉"的词句。"月中蟾蜍"在文献中出现的时间点却还是千古讼案。屈原《天问》："夜光何德，死则又育？厥利维何，而顾菟在腹。"闻一多先生根据语言学的11个佐证，力证"顾菟"是"居渚"等词的音变，仅指蟾蜍而不兼指兔子。[3]长沙马王堆1号汉墓帛画、3号汉墓帛画及山东临沂金雀山9号

图5-4 洛庄汉墓当卢
（《秦汉文明》，[北京：北京时代华文书局，2017年]，第26页）

墓帛画中的月轮上，都出现了兔和蟾蜍的形象。因此冯时将第一组当卢断为四神升仙图，而且认为其图像表现不仅相当完美，而且其观念又有所发展。[4]

而若将此视作墓葬营造的一个微观宇宙，一种宇宙图示的表示，其设计与装饰所表现出来的信仰和价值也大相径庭。汉代社会在"事死如事生"观念的支配下厚葬盛行，墓室空间布局"阳宅化"，建墓者的意图不仅在于创造简单的日常生活，他们也提供了一个宇宙环境。[5]墓葬的门阙被称为天门——灵魂进入来世的入口，其他一些形象——包括宇宙神伏羲和女娲、太阳和月亮、四神（龟、龙和白虎），就把这个石棺转化为死者的宇宙。在这个微观宇宙中，有四神、日月、乌鸦、蟾蜍和玉兔、西王母、东王公等与之相关的图像符号。

1 （汉）刘向，（汉）刘歆.山海经[M].崇贤书院注.北京：北京联合出版公司，2017：299.
2 彭定求.全唐诗[M].光绪十三年（公元1887年）上海同文书局石印本，卷0565.
3 闻一多.闻一多全集（第5卷）[M].武汉：湖北人民出版社，1993：511-515.
4 冯时.文明以止：上古的天文思想与制度[M].北京：中国社会科学出版社，2018：30.
5 （美）巫鸿.礼仪中的美术[M].北京：生活·读书·新知三联书店，2005：101-122.

将这样的当卢随葬墓中，就预示着墓主可在一个与天地共形的宇宙空间中，骑着天马进入由四方神兽护卫、仙寿恒昌的天界之境。叶舒宪曾指出，仰韶文化出现的"北首"葬式可能已有以北方象征阴间之意。[1]《春秋繁露·阴阳始终》载："天之道，终而复始。故北方者、天之所终始也，阴阳之所合别也。"[2]因而在此墓葬宇宙中，玄武是一个微妙的使者，代表了生死转化和阴阳交接。

承前所论，在四神中，玄武的形象最玄奥。孙作云以为玄武源于北方神禺强，其形为龟，后演变为鲧，为水神。《山海经》曾记载"鲧窃帝之息壤以堙洪水"，可是他治水没有成功，被尧帝所杀。在神话里，鲧虽然被殛于羽山，但是并没有死，而是幻化成黄熊、龙、三足鳖、鱼等动物。《左传·昭公七年》记载："昔尧殛鲧于羽山，其神化为黄熊，以入于羽渊，实为夏郊，三代祀之。"《史记·夏本纪》："舜……乃殛鲧于羽山以死。"其实，"鲧"的名字已经喻示了与水的关系。《天问》在鲧禹治水的叙述中安插"鸱龟曳衔，鲧何听焉"[3]的疑问，证明鲧的传说和鸱龟的传说在历史上确曾有过交叉。

而龟和太阳又有所关联。近年来商代出土的器物龟纹和鱼纹往往同铸一器，隐含了龟为水物的观念。如1982年3月清涧发现的三个龟鱼纹盘和山西石楼桃花庄发现的铜盘器形相同，只是后者在盘底中央饰圆涡纹，而周璧也有三条鱼纹。有些器物龟背上常以圆涡纹为主体，兼饰云纹和日纹。云雷为天上之物，体现了以龟为太阳使者的意识。

《山海经·西山经》记载："西南三百六十里，曰崦嵫之山，其上多丹木……其阳多龟，其阴多玉。"[4]可见古人是以龟为阳物的。《山海经·海外东经》说："下有汤谷。汤谷上有扶桑，十日所浴。在黑齿北。居水中，有大木，九日居下枝，一日居上枝。雨师妾在其北。其为人黑，两手各操一蛇，左耳有青蛇，右耳有赤蛇。一曰在十日北，为人黑身人面，各操一龟。"[5]龟居于日出之处（汤谷）和日落之处（崦嵫）的，兼具日神和水神的身份，承担的是在暗夜将太阳自西方（或北方）送往东方的任务，既是死亡的象征，又是复生的象征。

1　叶舒宪.中国神话哲学 [M].北京：中国社会科学出版社，1993.
2　曾振宇.春秋繁露 [M].开封：河南大学出版社，2009：295.
3　洪兴祖.楚辞补注 [M].北京：中华书局，1983：16.
4　（汉）刘歆.诗经·山海经 [M].王蔚主编.海拉尔：内蒙古文化出版社，2007：382.
5　（汉）刘歆.诗经·山海经 [M].王蔚主编.海拉尔：内蒙古文化出版社，2007：539.

小结

图像的"意义"是立体的，除了社会语境，还有时间的维度。潘诺夫斯基图像学理论对文艺复兴艺术做了出色的考察，但忽视了时间的变量。其实许多图像具有相似性，可看作是同一类型或母题，其不同之处可看作是变异，启发我们从"类"的层面再作思考。图像原境不是一个静止的时间断面，它有一个传播过程。在时间轴上，与"图像志"紧密关联的可视为原创一端，而衍生的、松散的、呈符号化递减的，可视为变异一端。四神观念经历了漫长的演变，在汉代更成为官方礼祀的神灵，且具有宇宙论意义，在民间信仰中又十分普及，形式和功能都较为复杂。在繁杂的图像文化中，由神话学向宗教学转变，逐渐被图案化、符号化，形成完整的图像志。海昏侯刘贺墓出土的这几件当卢图像，确证了玄武形象的复杂、奇异以及四象组合的最终定型，其产生和演变有着丰富的文化内涵，为后人进一步研究四神观念和信仰世界提供了重要的窗口。

第六章 异域之风与黄金图像

第一节 出土器物与秦汉胡风

海昏侯墓出土了大量精美文物，不少金、银、玉文物的图案均体现了浓郁的草原风格。

一、独角兽银当卢

海昏侯墓出土两件银当卢（图 6-1），一件回首张望，一件奋马蹄疾（也可解释为卧状）。两件器物中的兽，皆遒劲有力，十分灵动。这两件当卢，有似羊的独角兽图案，也有学者认为是麒麟，与西汉广西普陀铜鼓墓铜牌饰

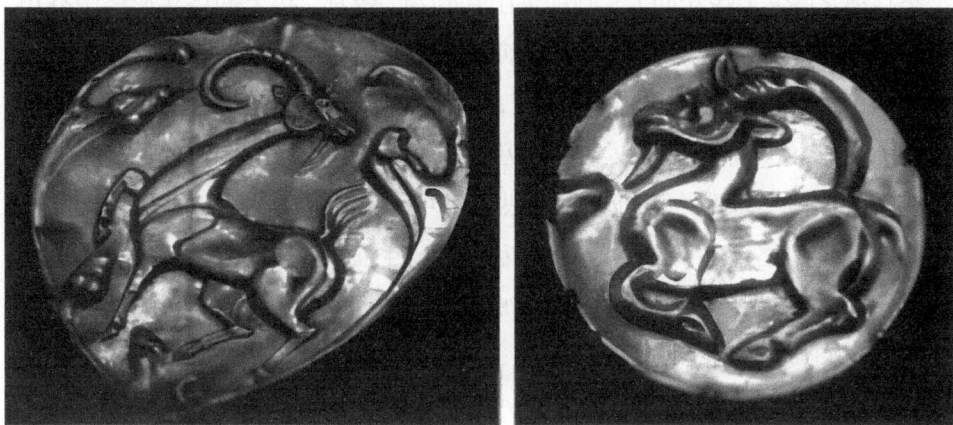

图 6-1 山羊纹银当卢

汉代，最大宽 10.3 厘米，江西省文物考古研究所、首都博物馆藏。（《五色炫曜南昌汉代海昏侯国考古成果》[南昌：江西人民出版社，2016 年]，第 105 页）

图 6-2 龙形石盖钮
汉代，残高 3.09 厘米、宽 2.57 厘米、厚 0.45 厘米，
海昏侯刘贺墓出土。
（《金色海昏：汉代海昏侯国历史与文化展》[北京：
文物出版社，2020 年]，第 239 页）

和汉长安城武库玉的形象类似。似羊的独角兽的形象，作为高级的车马具之饰，当有瑞兽之义，这种独角神兽，当与同时代的匈奴文化有关系。西汉的疑似是麒麟形象。

二、龙形石盖钮

刘贺墓出土的龙形石盖钮也是具有北方草原匈奴风格的器物。按《金色海昏：汉代海昏侯国历史与文化展》图片描述：

大理石岩材质，片状，双面透雕 S 形龙，昂首挺胸，做蹲状。杏眼。上下颌均向下内卷，口中衔珠宝，耳如叶、微上翘，头顶一束鬃毛下垂外卷，尾部上翘。以阴线勾勒出身体结构。底部钻有前横孔、中直孔和后斜孔，用以等距离嵌在圆形漆器上。

这是欧亚草原十分流行的动物形象（图 6-2），刻画简约。头部为兽头和鹰类猛禽之喙，上喙长而大，向前突出并回勾，竖耳。头上的鸟头形格里芬角，已经简化成卷云纹，延伸至背上。前肢也略做卷云纹，下身反转向上。突出而回勾的上喙，后体反转的整体造型，与阿尔泰－斯基泰虚幻动物最为相似。这是北方鄂尔多斯地区游牧文化常见的器物纹饰，其云纹化的角和前肢，加之造型的流畅，证明为汉地工匠所熟知的中原制品。这种动物最为典型之处是鹰头鹿身，格里芬头形，下体反转，地域性强。这种虚幻的有角神兽在中原似狼似虎又似马，不一而足，经常被当作噬咬的对象，失去旧有的神兽之义，成了纯粹的装饰题材。

三、双狼噬猪纹石嵌饰

刘贺墓出土的双狼噬猪纹石嵌饰也有草原之风。这件器物左外侧残，灰色蛇纹石化大理石，有白黄色沁，片状，单面镂空浅浮雕双狼猎猪图，生动逼真。

图 6-3　双狼噬猪纹石嵌饰
汉代，长 5.38 厘米、宽 3.7 厘米、厚 0.61 厘米，海昏侯刘贺墓出土。（《金色海昏：汉代海昏侯国历史与文化展》[北京：文物出版社，2020 年]，第 238 页）

双狼位于猪的上方，一左一右形成夹击，左狼撕咬猪背，左前爪揪住猪颈上鬃毛，右狼猛咬猪头部，左前爪擒住猪吻部，右前爪按在左狼腿上。猪在下部，张口挣扎。兽身以平行短线纹表现鬃毛（图 6-3）。

　　这件玉饰已残，但基本的构图还可看清楚。为狼形动物，无法明确判断是否有格里芬头形的角或尾，但有可能属于上述战国以来北方地区流行的狼形虚幻动物，这个似狼的动物上吻突出，与固原战国带饰上的虎，下文西汉带饰上的虚幻动物形象类似。[1]

　　这种表现动物互斗场景的纹饰在汉墓中并非孤例，徐州狮子山汉楚王陵的金代扣就有草原猛兽题材的纹饰（图 6-4）。金带扣是北方草原匈奴人的腰带，因华贵精美，传入中原后为汉代贵族所喜。这副金带扣 1995 年于徐州狮子山楚王墓出土，由两块长方形金带板和一枚金扣舌组成。其中一块带板背侧錾刻"一斤一两十八朱（铢）"，另一块侧面錾刻"一斤一两十四朱（铢）"，

1　南昌汉代海昏侯国遗址博物馆.金色海昏：汉代海昏侯国历史与文化展 [M].北京：文物出版社，2020：238.

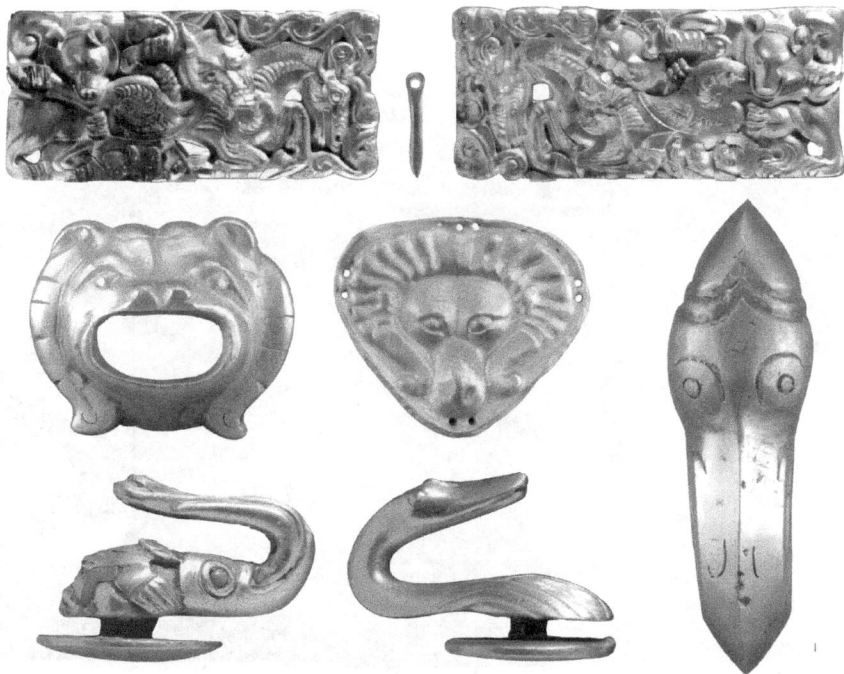

图 6-4 狮子山楚王墓出土金带扣（正、背）
汉代，徐州狮子山西汉楚王墓出土，徐州博物馆藏。
（《徐州考古发现的汉代金器》[《文物天地》，2019 年第 5 期]，第 67–72 页）

带扣图案描绘了一熊一虎双目圆睁，用利爪大力撕咬马匹的场景，马前肢跪
地，后肢扭曲翻转，正奋力挣扎，虎撕咬着马颈，熊按压住马后身贪婪地撕咬。
金带扣的边沿还雕刻着 8 只鹰头形象，整个场景堪称惊心动魄。这副带扣虽
以草原猛兽为题，但从制作工艺、系结手法看，当为中原内陆制品。

还有伊犁特克斯县恰甫其海水库墓地出土骨雕牌饰。这件骨牌出土于特
克斯河南岸 B 区 3 号墓地 1 号墓，时代约为公元前 5 世纪至前 3 世纪。左侧
浮雕不全，有狼（熊）咬兽的画面，右端浮雕完整，有狼（熊）咬马画面，
马前肢弯曲，后肢翻转上扬。有学者研究指出，这种青铜牌（器）在北方少
数民族地区，如内蒙古鄂尔多斯、玉隆泰、瓦尔吐沟等地均有出土，年代多
为战国晚期到西汉，多为虎咬羊、狗咬马、虎咬马、群虎咬猪、鹰虎搏斗、
虎吞兽、牛虎斗等图像。但无论成色或工艺似乎都不能与楚王陵所出者相比，
疑其或自中原流出，或为草原工匠所仿制。

新近甘肃张家川马家塬西戎墓出土战国末期的金带钩，可以填补战国末
陇西地区的一个空白。镂空带钩上有左右两对方向相反虎咬鹿的图案，鹿的

后肢向上翻转，构图特征和前述骨雕牌饰相类似。

钩首呈长颈龙首状，颈为三棱状，肩部三角形边框内镂空雕铸对称的狼形图案，狼呈倒立状，头向下，张嘴，竖耳，前腿前伸，躯干后部向上翻转，尾斜伸，尾梢卷曲。钩身为长方形，有长方形边框，边框内镂空雕铸正反对称的虎噬大角羊图案一组。边框及动物躯干处镂空三角形、卷云形等图案，内镶红石髓，填以朱砂。

另有双豕相斗纹金腰带饰共有 7 片，组成带状缠绕于墓主人腰部。以薄金片捶揲而成。豕首相交，互咬颈部。圆目，凸鼻，桃形立耳。躯干和腿部捶揲出圆点纹，四角各有固定用的两个孔眼。

四、熊形石嵌饰

此件石嵌饰的造型存在争议，有的学者称其为"玉佩饰"。这件玉饰呈片状，浅雕。头部取正面剪影，似熊面。小耳圆眼，双眉上挑，扁形鼻、鼻梁有线纹，张嘴吐舌，露三颗门齿。身形取侧面剪影，熊形爪足，右爪放于胸前，右腿弯曲，右膝跪地；左足着地，左膝撑起左肘，左爪附于左耳旁，袒乳露脐凸腹，四肢粗壮有力，臂股刻有纹饰，整体呈蹲坐状（图 6-5）。这件玉饰出土后，其名未有定论。学界有"畏兽""乌获""方相氏"等多种说法。夏华清认为，其为本土神兽，当从"畏兽""玄熊""乌获（力士）"中选择。根据李新和朱存明教授的考证，这是一件熊形玉饰，放置在墓中陪葬有驱邪避恶，保护墓主人不受侵扰之意。我们认为，因其与双狼噬猪纹石嵌饰等玉饰出自同一漆盒，其确切名称与源流或许还有待商榷。

图 6-5　熊形石嵌饰
汉代，高 5.25 厘米、宽 4.08 厘米，厚 0.26—0.38 厘米，由浅灰白色灰岩雕琢而成，海昏侯刘贺墓出土，南昌汉代海昏侯国遗址博物馆藏。（《金色海昏：汉代海昏侯国历史与文化展》[北京：文物出版社，2020 年]，第 237 页）

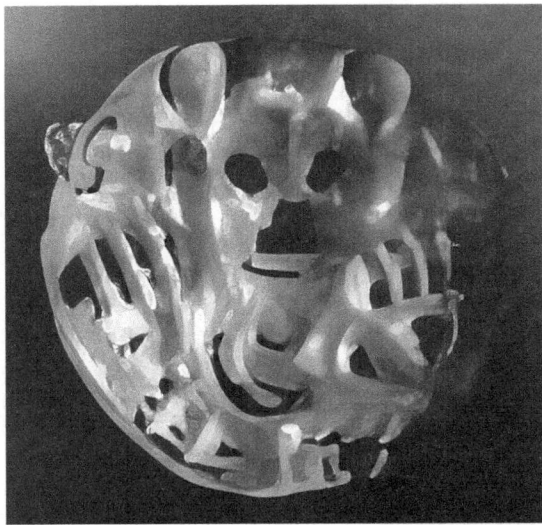

图 6-6　金箔节约
汉代，江西省文物考古研究所。（《五色炫曜南昌汉代海昏侯国考古成果》[南昌：江西人民出版社，2016年]，第104页）

五、金箔节约

这是较少人谈到的金箔节约（图6-6），邢义田称之为"金节约"。这种鎏金节约多为圆形，直径约2至5—6厘米左右，模压而成。正面突起如泡，有以熊头和双爪占主体的纹饰。其工艺之精致美观，远远超出北亚或中亚出土的类似之物。总之，具有这样特色的金或鎏金之物竟然出现在时代相去不远的江苏徐州、盱眙，山东章丘，江西南昌和河南永城的诸侯王或王后陵墓中，这无疑反映了自汉初以来上层诸侯与亲贵相当普遍的好尚。类似的双熊咬马牌饰也曾出现在内蒙古和国外的收藏，但无论成色或工艺似乎都不能与楚王陵所出者相比，疑其或自中原流出，或为草原工匠所仿制。这样以兽首为主题的装饰在欧亚大陆西端颇为流行。蒙古草原也曾出现它的踪迹，铜质鎏金，纹饰虽已漫漶，但兽面朝前，大眼、突吻，一双大耳仍可清楚辨识，其为熊首无疑，可惜没有出土信息可据。有出土信息的是战国晚期燕下都辛庄头30号墓出土的镶有绿松石的金熊和羊节约。据邢义田先生研究，尚未在欧亚大陆西端找到早于战国晚期或公元前3世纪兽纹节约的例子。[1]再者，狮子纹的马首装饰似乎没有受到蒙古草原牧民和中原统治者的青睐，熊、羊、牛、象头纹却受到欢迎和接纳。

在南越王宫博物馆藏的熊饰踏跺，由宽大的空心砖制成，用以铺垫宫室台阶。这颇可证明来自域外的熊造型深受欢迎，不仅用于仿制马具，更曾被应用到其他的装饰上。

不仅如此，其他西汉诸侯王陵也出土了不少具有草原艺术特色的仿制饰物。如江苏徐州狮子山楚王陵、盱眙大云山江都王墓，河南永城芒砀山梁王墓，山东章丘洛庄汉初吕国王墓中的鎏金铜牌饰可为代表。安徽巢湖北山头1号

1　邢义田. 金尘集：秦汉时代的简牍、画像与文化传播[M]. 上海：中西书局，2019：173.

汉初墓出土的两件漆盒上分别有极精美对称的四马图案，四马一致翻转后肢，底部刻有"大官"二字。

此外，海昏侯墓北藏椁出土的乐俑身穿舞裙、呈跪姿，披着遮面纱巾，也透露着一股胡风。

江苏徐州狮子山楚王陵、盱眙大云山江都王墓，河南永城芒砀山梁王墓，山东章丘洛庄汉初吕国王墓，以及海昏侯刘贺墓出土的鎏金铜牌饰及马具当卢、节约等，它们明显都不是源自草原，而是朝廷赏赐或由诸侯王自家作坊所造。中国古代的统治者一向喜欢殊方异物，两汉书和《西京杂记》都有不少记载，汉武帝的上林苑就是一座域外珍宝和珍禽异兽聚集的博物馆。"草原风"产品的炽盛，或源自北方游牧民的自铸，抑或是华夏工官仿造的匈奴风格，供应草原牧民，也供应嗜好洋玩意儿的本朝王公贵人。以上种种具斯基泰风格的纹饰母题被仿制到只有华夏中原才产制的漆器和玉饰上，不但充分说明异域装饰母题或造型的转移应用，更足以证明西汉自上而下的风气。尤其值得注意的是巢湖北山头1号墓的墓主，据考古报告分析，不是一般平民，但也不是西汉初年的诸侯或侯，可能仅仅是汉代居巢县的县令、长之类。换言之，自战国以来原本在上层贵族和诸侯王国流行的异域风，在文景之时似乎已向下吹到了地方首长这一级。中国北方草原地区，曾是东西方文化艺术的结合点和集散地，以匈奴为首的这些游牧族群，在欧亚草原的广袤地带进行了漫长的迁徙，传递着中西方的古老文明，并滋养和壮大自身，自战国以来，逐渐形成了强大的社会组织与文化共同体，他们的草原文化也影响到中原，在秦汉社会刮起一股强劲的胡风。海昏侯墓所出的动物咬斗纹饰件、银质独角羊等器物，证明了这种风气的存在。

第二节　盛世为金与异域崇拜

人们曾天真以为，历史学可以如兰克所言用客观主义与科学方法还原"真实地发生过的往事"。但一切历史都是思想史，历史学家讲述的其实只是想象的真实。于是，有些历史学家主张仅凭"同情的洞见"[1] 或"想象的理解"[2]，

1　（英）柯林伍德. 历史的观念 [M]. 北京：商务印书馆，2017：271.
2　（英）柯林伍德. 历史的观念 [M]. 北京：商务印书馆，2017：271.

将历史封闭在"思想家的心灵之内"[1]。历史无法重演，但可以借助历史文本、物质文化研究或者图像等实证材料，寻找往昔。

公元前 74 年，汉昭帝驾崩，刘贺从昌邑入长安继承皇位，但继位仅 27 天，就在残酷的政治斗争中败北，被废黜帝位并被遣回故国。公元前 63 年，被汉宣帝封为海昏侯，赏赐食邑四千户迁往豫章。却因言谈间不慎流露出对当年宫斗失败的追悔，被人密告而受到严惩，公元前 59 年悄然辞世。在豫章时，为了维系与中央政权那丝虚无的联系，他曾虔诚地准备过一堆金器，幻想参与朝廷的酎金礼。然而他乃"嚚顽放废"之人，参与宗庙祭祀的政治资格最终还是被剥夺，因此那些贵重的金器只能随主人一同被埋入深深的墓穴，直到两千年后重见天日，轰动学界。

刘贺墓出土金器 478 件，约 115 公斤，形制有金饼、金版、马蹄金与麟趾金等。因仅有金饼墨书"南海海昏侯臣贺元康三年酎金一斤"，可以确定是为酎金礼而制的，其余金子的用途则暂难确定。不过有两种造型特别引人注目：一种铸成马蹄状，底凹，内为中空，口沿饰有金丝，覆琉璃片，壁面饰四道规整的横向波纹，唤作"马蹄金"；另一种则铸成尖足蹄状，底部触地，顶部一圈细巧金丝线纹饰带，做工精致，形态骄矜，名为"麟趾金"。马蹄金的定名一直存在争议，但学界一般认为，其是以协天马、白麟等祥瑞而制。"天马"在《史记》《汉书》中屡有提及，是产自乌孙（伊犁河流域）、大宛（费尔干罕）和康居（撒马尔罕）等地的良驹宝马，以体型高大、健壮著称。公元前 2 世纪，汉廷遣使至乌孙求得良马，名曰"天马"。前 103 年，汉武帝命李广利再次率军出征大宛，终获数千匹汗血马凯旋，称为"天马"，更乌孙马为"西极马"，并作《天马歌》。太始二年（前 95），武帝又下令新铸裹蹄（马蹄）金和麟趾金，以应白麟、天马等祥瑞。史书记载如下："三月，诏曰：'有司议曰，往者朕郊见上帝，西登陇首，获白麟以馈宗庙，渥洼水出天马，泰山见黄金，宜改故名。今更黄金为麟趾、裹蹄，以协祥瑞焉。'"[2]将黄金铸成麟趾和裹蹄之状以应祥瑞，并以最高政令的形式晓谕天下，可见其绝非等闲之事。"裹蹄"就是天马之蹄。

海昏侯墓出土的马蹄金为铸造而成，分别铸有"上""中""下"等不

1　（英）柯林伍德．历史的观念 [M]．北京：商务印书馆，2017：272.

2　（汉）班固．汉书 [M]．西安：太白文艺出版社，2006：36.

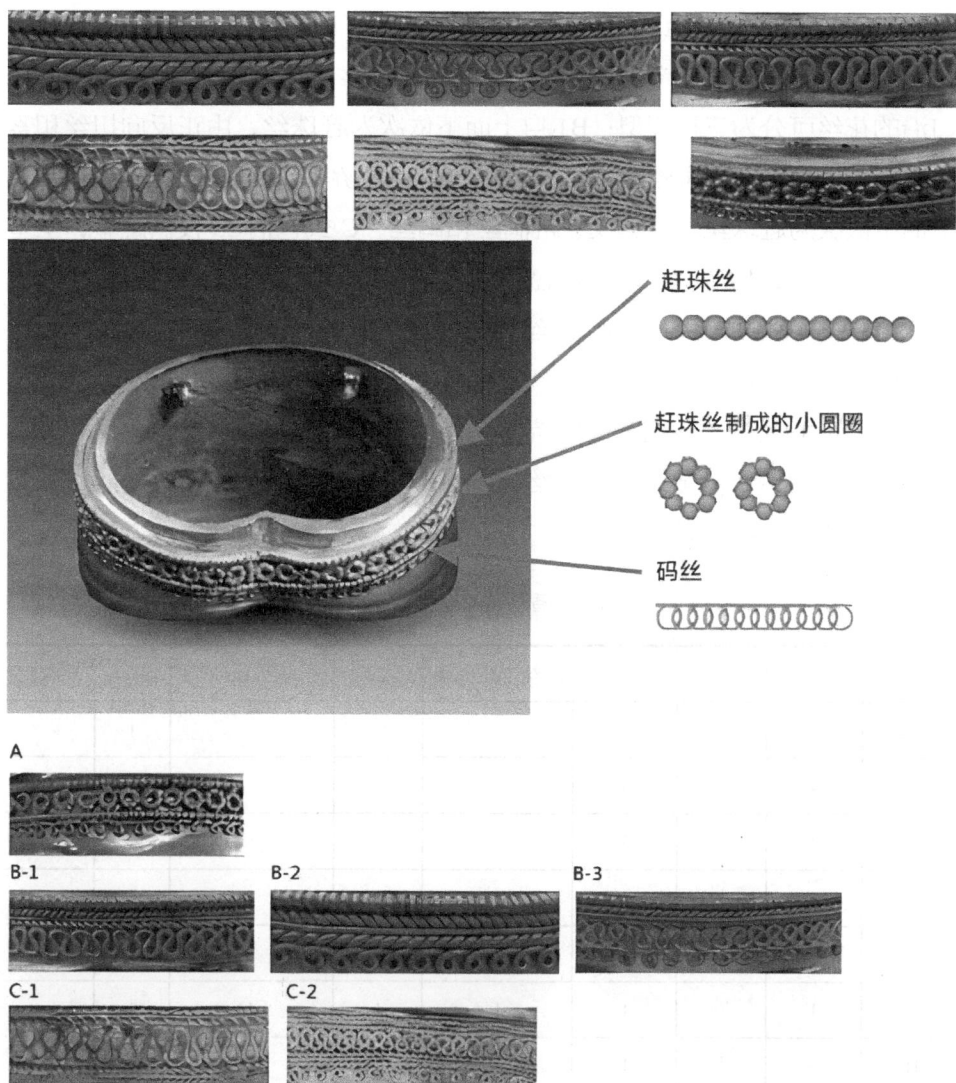

赶珠丝

赶珠丝制成的小圆圈

码丝

A

B-1　　　　　　　　　　B-2　　　　　　　　　　B-3

C-1　　　　　　　　　　C-2

图 6-7　海昏侯墓马蹄金、麟趾金的花丝类型

同的字铭，口沿饰有丰富多边的装饰图案（图 6-7）。按丝的形态，可分为素丝（plain wire）、扭丝（twisted wire）、桥洞丝（corrugated wire）、赶珠丝（beaded wire，连珠纹）和码丝（helicoid wire，或称"螺丝"）。[1] 其花丝装饰又可分三类。

1　本文对部分花丝的定名和分类借用了当代细金工艺的称谓，参见杨一一等.西汉废帝海昏侯刘贺墓出土马蹄金、麟趾金花丝纹样的制作工艺研究 [J].南方文物，2018（2）. "巩丝"在本文被称为"桥洞丝"，因花丝形态命名，参图 2。Jack Ogden（杰克·奥格登）. *Revivers of the Lost Art: Alessandro Castellani and the Quest for Classical Precision.*（回顾消逝的艺术：亚历山德罗卡斯特拉尼和对古典细金工艺的探寻）In Walker, S. and Soros, S.W. *Castellani and Italian Archaeological Jewelery.*（卡斯特拉尼与意大利考古珠宝艺术）New Haven: Yale University Press, 2004: 181-198.）

A 式包括 17 枚大马蹄金，口沿花丝相同，自上而下依次为赶珠丝、赶珠丝构成的小圆环组成一圈装饰带，然后是赶珠丝和码丝。B 式包括 31 枚小马蹄金，口沿的花丝可分为三种亚型：B1 自上而下依次为赶珠丝、由正反向扭丝和素丝组成的麦穗纹、桥洞丝；B2 与 B1 相同，只是桥洞丝换成一圈码丝；B3 自上而下依次为赶珠丝、麦穗纹、桥洞丝和码丝。C 式包括 25 枚麟趾金，上壁周缘装饰花丝，后壁有一赶珠丝盘成的圆环状结节，口沿的花丝也可分为两种亚型：C1 两组麦穗纹间为桥洞丝；C2 与 C1 类似，仅在第二组麦穗纹下多饰一圈码丝。[1]

西北工业大学文化遗产研究院的刘艳博士在《汉帝国与希腊化世界的交往——再议海昏侯墓金器中的花丝装饰》中对海昏侯墓马蹄金的花丝类型做了精确的统计，列表如下。

表 6-1　海昏侯墓马蹄金的花丝类型

类型	数量	字铭	赶珠丝	钮丝（正向）	素丝	钮丝（反向）	码丝	桥洞丝
A	9	上	3				1	
	4	中	3				1	
	4	下	3				1	
B1	12	上	1	1	1	1	1	
	2	中	1	1	1	1	1	
	1	下	1	1	1	1	1	
B2	6	中	1	1	1	1		1
	2	中	1	1	1	1		1
	3	下	1	1	1	1		1
	2	下	1	1	1	1		1
B3	1	上	1	1	1	1	1	1
	1	中	1	1	1	1	1	1
	1	下	1	1	1	1	1	1

---

[1]　参见刘艳 . 汉帝国与希腊化世界的交往——再议海昏侯墓金器中的花丝装饰 [J]. 早期中国研究，2020（1）.

表6-2 海昏侯墓麟趾金的花丝类型

	数量	字铭	扭丝（正向）	素丝	扭丝（反向）	码丝	桥洞丝	赶珠丝
C1	12	上	2	2	2		1	1
	4	中	2	2	2		1	1
	3	下	2	2	2		1	1
	1	无	2	2	2		1	1
C2	1	上	2	2	2	1		1
	4	中	2	2	2	1		1

　　由表格分析可知，海昏侯墓金器花丝的基本构成要素虽相同，但花丝形态和排列方式不一，图像呈现出不同的视觉效果。此外，这批马蹄金和麟趾金的制作工艺虽相通，文字标识并无统一规范。如大马蹄金底部有铸字和贴字，底部铸字的有"上"和"下"字，贴字的只有"中"字。小马蹄金也有铸字与贴字两种，有1件无字。工匠水平不一，有的制作较精细，有些略粗，很可能这批马蹄金和麟趾金不是同一批制成的。

　　一、花丝源流和中原制造

　　海昏侯墓马蹄金中的扭丝工艺和花丝形态，最早出现在西北地区的战国晚期墓葬。在甘肃张家川马家塬M16（前4—前3世纪）出土的一件黄金臂钏，用厚金片卷曲成扁圆筒形，两端就饰有麦穗纹，中间凸起的瓦棱纹间也有同样的花丝装饰，其间还镶嵌绿松石和费昂斯等外来材料，色彩亮丽，体现出浓厚的草原风格。江苏盱眙大云山江都王一号墓（前128）出土的羊纹金饰片正面有浅浮雕羊首纹，边缘饰两道扭丝金线，其内饰金珠纹与椭圆素面金线纹，部分椭圆内有穿孔。其他如河北中山王刘胜墓（前113），广州南越王墓（前122）、江苏扬州西汉刘毋智墓和西安汉墓等出土的羊纹金饰片，均采用模压工艺成型，并以扭丝和金珠装饰点缀。

　　据《汉书·武五子传》记载，海昏侯刘贺燕居时曾戴过缀有羊纹金饰片的惠文冠。山阳郡太守张敞奉命监视刘贺，谒见时见他"衣短大绔，冠惠文冠，佩玉环，簪笔持牍趋谒"[1]。汉时此类名物又被称为"赵惠文冠"，纱冠上加"黄

1　（汉）班固．汉书 [M]．西安：太白文艺出版社，2006：502.

金珰，附蝉为纹，貂尾为饰"[1]，方能彰显等级尊优。公元前87年，汉武帝崩，汉昭帝继位，燕王刘旦行僭越之事，即有"赋敛铜铁作甲兵，数阅其车骑材官卒，建旌旗鼓车，旄头先驱，郎中侍从者着貂羽，黄金附蝉，皆号侍中"[2]。颜师古注："附蝉，（谓）为金蝉以附冠前也。""貂""羽""黄金附蝉"组成只有皇帝侍从才能佩用的冠饰。这说明至少在武帝晚期至昭帝时，已有黄金附蝉于冠上。纱冠饰金，插装貂、羽，已成高等级纱冠定制，目前虽无出土实物，但推测其形制应与晋代出土附蝉金珰相近。大云山江都王墓与满城汉墓发现的羊纹金纱冠，也许就是最早的"惠文冠"，其装饰纹样带着草原风格。这几件饰品上均有似羊的独角兽图案，与《汉书》中所载麒麟形象极为相似。

从装饰题材来看，这些金饰都有浓厚的草原文化风格，有相同的工艺传统，基本上可以断定是使用外来工艺的本地制作。一般而言，出土细金制品的墓葬等级较高，大多为诸侯王墓。这类金饰属于锤揲、掐丝和金珠焊接三种工艺，制作复杂，使用者多是诸侯王或王室成员，身份尊贵，推测其很可能由中央工官统一加工制作，再由朝廷赏赐给各诸侯王使用。在这些细金制品中，以河北定县和刘贺墓出土的马蹄金、麟趾金花丝形态最丰富，也最华美（图6-8）。

关于黄金文化传统，叶舒宪先生在《文化传播：从草原文化到华夏文明》一文中阐述道："东亚地区出土的黄金制品的史前文化主要有两个，即河西走廊中部的四坝文化和内蒙古赤峰地区的夏家店下层文化，出土的金质器物皆为饰。……河西走廊上的四坝文化与赤峰到燕山地区的夏家店下层文化用一条联线联接……据此可以得知，在中国文化史上黄金生产和使用的习俗是先在西北和北方草原地区出现，随后和玉石之路的情况一样，南下传播到中原地区和其他地区。"[3]公元前2世纪以降，中国境内出现大量使用外来技术和外来材料——琥珀、玛瑙和红玉髓制作奢华工艺品的证据。海昏侯墓就发现了琥珀，如前文所述，海昏侯墓不少出土器物图像装饰体现出浓厚的草原文化风格，动物咬斗纹在汉代诸侯王墓出土的黄金腰带饰中风行一时。以上种种，致使一些学者推断汉代诸侯王墓发现的花丝制品与匈奴文化大有关联。匈奴是北方最强大的游牧民族，据史料记载，匈奴人十分喜爱金银制品，并以此作为奢侈品来随葬。《史记·匈奴列传》记载："其送死，有棺椁金银

1　（南朝宋）范晔，（晋）司马彪.后汉书（下）[M].长沙：岳麓书社，2009：1217.

2　（汉）班固.汉书[M].西安：太白文艺出版社，2006：498.

3　叶舒宪.文化传播：从草原文化到华夏文明[J].内蒙古社会科学（汉文版），2013（1）.

图 6-8　马蹄金
长约 6.5 厘米、宽约 4.9 厘米、厚约 4.9 厘米，底径约为 250 克，南昌汉代海昏侯国遗址博物馆藏。
（图片由笔者自摄）

衣裘，而无封树丧服。"[1] 公元前 174 年，汉文帝赠予匈奴单于黄金制品"服绣袷绮衣、绣袷长襦、锦袷袍各一……黄金饰具带一，黄金胥纰一。"[2] 匈奴历年积累的黄金数量不在少数。霍去病元狩二年（前 121）击破浑邪王、休屠王部，虏获了休屠部用来祭天的金人，以及元狩四年（前 119）深入漠北攻破匈奴王庭，封狼居胥，都缴获了匈奴大量黄金。

　　然而，从考古发现来看，匈奴墓中发现的花丝金器极少，工艺较为粗劣，花丝装饰中也不见桥洞丝和码丝等精细的设计。《盐铁论》中曾言："匈奴车器，无银、黄、丝、漆之饰。"[3] 这里指的是车舆的朴质无华，也体现出匈奴黄金工艺的不发达。自汉武帝反击匈奴之战，对匈奴造成沉重打击，草原上层人士开始"乡慕礼义"，中原地区"胡风"骤减，那些带有浓郁草原风格的纹饰更是由此淡化。

　　刘贺墓马蹄金和麟趾金中的赶珠丝和桥洞丝在中国很少见，在地中海和黑海地区却非常流行。赶珠丝是古典时代（前 6—前 4 世纪）和希腊化时代（前 4—前 1 世纪）地中海金器的典型特征，古罗马金饰中较为少见。[4] 色雷斯人在

1　（汉）司马迁.史记[M].北京：中国戏剧出版社，2007：508.
2　（汉）司马迁.史记[M].北京：中国戏剧出版社，2007：510.
3　（汉）桓宽，王利器.盐铁论校注（10 卷）[M].上海：上海古典文学出版社，1958：216.
4　参见刘艳.汉帝国与希腊化世界的交往——再议海昏侯墓金器中的花丝装饰[J].早期中国研究，2020（1）.

图 6-9　蜡染蓝白印花棉布
新疆和田尼雅民丰县遗址 1 号墓出土，新疆维吾尔自治区博物馆藏。（《汉风中国文物展》[北京：科学出版社，2014 年]，第 123 页）

古典时代，分布在希腊北部和斯基泰人所在的南俄草原的南部地区，其土地盛产金银矿。韦莱卡（Veleka）河（位于保加利亚东南部和土耳其东北部）附近的色雷斯墓葬（前 3—前 2 世纪）出土的金牌饰就以赶珠丝和扭丝作装饰，还刻有希腊字母。希腊古城法纳戈里亚（Phanagoria）的公元前 5 世纪墓葬中也有类似金饰。黑海流域的俄罗斯塔曼半岛出土的一对金耳饰（前 350—前 300），以赶珠丝在中心勾勒出细长的花瓣，周围环绕着素丝组成的各式小花，外缘以赶珠丝、麦穗纹和金珠构成繁缛精细的装饰带。公元前 4 世纪斯基泰贵族所用的黄金项圈，花丝技术美轮美奂。桥洞丝在公元前 4—前 3 世纪希腊金饰中极为流行，如伊特鲁里亚金饰，就采用了捻珠、花丝等工艺。

　　希腊文化对汉代艺术的影响，也体现在丝织品上，如新疆尼雅出土的棉布蜡染工艺就绝非秦汉中原所曾有（图 6-9）。图 6-9 左侧描绘手持丰饶角的女神，右端上方残存狮爪和狮尾，这些都和希腊神话有关，也明确和中原无涉。这件纺织品不可能来自中原，只可能是公元 1—2 世纪尼雅或尼雅贸易范围内，某地工匠受东西各方装饰艺术母题影响，兼容并蓄而后制作的。

　　综上所述，海昏侯墓马蹄金和麟趾金的花丝工艺，显然带有东西方文明交流的痕迹，体现了希腊艺术的强烈影响。那么，赶珠丝和桥洞丝这种带有地中海文明色彩的工艺元素，是如何传入中国的？

二、汉宛之战与异域崇拜

汉武帝伐南越、滇国，征匈奴、大宛，张骞出使西域，打通与西域罗马的通道，大量财富流入汉朝，中西文化交流日益频繁。《汉书》载："殊方异物，四面而至……且通西域，近有龙堆，远则葱岭"[1]。海昏侯墓出土的琥珀与满城汉墓的玉衣极有可能由此传入中原。《史记》描述了从大宛以西至安息的诸国虽说着不同的语言，但他们习俗相似、语言相通，并且都"擅市贾"，尤以大宛"饶汉物"。在各色各样的贸易物品中，马匹深受西北边地游牧人群的珍视。西域各国中，首推乌孙马和大宛汗血马。乌孙国"多马，富人至四五千匹"[2]。其他塔里木盆地诸国如龟兹国、波斯国、大秦国等，也产出良马。汉朝想获得西域良马主要有两个途径，一是进贡，二是战争掠夺。"天子发书《易》，曰：'神马当从西北来'。得乌孙马好，名曰'天马'"[3]。后来匈奴欲击乌孙，乌孙又以良马千匹为聘礼献汉。为了获得大宛国的汗血马，汉武帝频频遣使往西域。"天子好宛马，使者相望于道"[4]。他听说大宛有好马藏在贰师城，派壮士车令等人出使大宛，"持千金及金马以请宛王贵山城善马"[5]。以金马为厚礼相赠，但大宛王视马为本国宝物，不仅怠慢汉使，且不肯以马交易，汉使怒，椎金马而去，因此引发了改变中亚政治格局的汉宛之战。为了得到宛马，武帝命贰师将军李广利西出玉门关，远征大宛，获得汗血宝马数十匹，中马等三千余匹，带回国内仅千余匹。大宛国王蝉封"遣其子入质于汉，汉因使使赂赐以镇抚之"[6]。"宛王蝉封与汉约，岁献天马二匹"[7]。武帝大喜，将大宛汗血马正式冠名为天马，乌孙马为西极马，并做《西极天马歌》表达欣喜之情。敦煌悬泉置出土汉代简牍中有大宛向汉朝进贡大宛马的记录。从武帝时代起，汉血马成为西域国家岁贡特产，终两汉之世，不曾断绝。

1 （汉）班固.汉书[M].西安：太白文艺出版社，2006：795.
2 （汉）班固.汉书[M].西安：太白文艺出版社，2006：785-786.
3 （汉）司马迁.史记[M].北京：中国戏剧出版社，2007：574.
4 （汉）司马迁.史记[M].北京：中国戏剧出版社，2007：574.
5 （汉）司马迁.史记[M].北京：中国戏剧出版社，2007：575-576.
6 （汉）司马迁.史记[M].北京：中国戏剧出版社，2007：577.
7 （汉）班固.汉书[M].西安：太白文艺出版社，2006：784.

陕西兴平汉武帝茂陵东侧 1 号无名冢被认为是汉武帝姊阳信长公主墓[1]，其 1 号从葬坑一尊鎏金铜马，据研究就是天马的体型。铜马通体鎏金，昂首挺立，马口微张，马齿微露，双耳直竖，马体匀称，肌肉丰满，筋骨强健，英姿飒爽，颈上毛短而直立，透着一股英武气度。"武帝情存远略，志辟四方，南诛百越，北讨强胡，西伐大宛，东并朝鲜。"汉血马的特征，突出的特点是瘦高，颈长，马头小，头骨锋，耳朵尖，腿细且长，骨精肉细，身体壮而不肥，与中原矮小短粗的蒙古马截然不同。《三辅黄图》未央宫条记载："金马门，宦者署。金马门，宦者署。武帝时，得大宛马，以铜铸像，立于署门，因以为名。东方朔、主父偃、严安、徐乐，皆待诏金马门，即此。"[2]

《汉书·西域传》云："汉兴至于孝武，事征四夷，广威德，而张骞始开西域之迹。其后骠骑将军击破匈奴右地，降浑邪、休屠王，遂空其地，始筑令居以西，初置酒泉郡，后稍发徙民充实之，分置武威、张掖、敦煌，列四郡，据两关焉。自贰师将军伐大宛之后，西域震惧，多遣使来贡献。汉使西域者益得职。于是自敦煌西至盐泽，往往起亭，而轮台、渠犁皆有田卒数百人，置使者校尉领护，以给使外国者。"[3]自张骞出使西域，丝绸贸易开辟了世界上最长的一条商道，来往丝绸之路上的外国商使络绎不绝，使者相望于道。汉匈之间尽管战争冲突不断，但边境地区互市贸易始终未断绝，甚至由小规模民办转为官办，且与乌桓"岁时互市"，与鲜卑"通胡市，因筑南北两部质馆"，汉武帝追求的政治理想"日月所烛，周之成康"得以实现，而四夷入贡正是是教通四海的象征。张骞出使西域，汉武帝平定南越，灭立国八十多年的卫氏朝鲜，汉朝国力达到鼎盛，对外交流频繁，西域诸国纷纷朝贡，殊方异物四面而至，汉朝得到不少域外珍奇。公元前 2 世纪晚期，卫青北击匈奴，西汉的疆域北至河套阴山；元狩二年（前 121）的春天，霍去病被任命为骠骑将军，出陇西两次出击匈奴，受降匈奴累计八万多，从此河西走廊地区再无边患，边民得以休养生息，其地设酒泉郡，武威、酒泉、张掖、敦煌四郡。汉朝还不断在西域设郡加强其控制，守境安土，抵御外来游牧民族的侵扰，这些边郡成为丝绸之路上重要的贸易中转站。其中甘肃省敦煌悬泉置成为最大的驿站，迄今还保留着各类遗物 1.7 万余件，其中内涵丰富的

1　范晔.[M].张道勤校.杭州：浙江古籍出版社，2000：877.

2　何清谷.三辅黄图校注[M].西安：三秦出版社，2006：207.

3　（汉）班固.汉书[M].西安：太白文艺出版社，2006：777.

简牍 1.5 万枚，记录了从公元前 2 世纪始西域 30 多个国家往来长安在此停留的珍贵记录。而"天马"赫然出现在这些官方记录中："元平元年（前 74）十一月己酉……使甘 [延寿] 迎天马敦煌郡。为驾一乘传，载御一人。御史大夫广明下右扶风，以次为驾，当舍传舍，如律令。"[1] 这条汉简记录了公元前 74 年敦煌官民迎接"天马"之事。当时汉朝与大宛国"岁献天马二匹"的约定一直在执行，朝廷相当重视，定下明文，从长安到敦煌，都要设驿站提供车马食宿。天马是汉廷举国上下一致追寻的神物，也是战略物资。咸阳博物馆陈列的汉代玉仙人奔马就是明证，天马、羽人和云纹踏板都细致刻画，骑者身上还有飞翼，表明了汉代人的天马崇拜和升仙信仰。丝绸之路上，从"西极马""汗血马"到"天马"，"西域震慑，贡马不绝"。敦煌汉简第 148 条"建平五年十一月庚申，遣卒史赵平送自来大宛使者侯陵奉献、诣□□以……（A）乐哉县（悬）泉治。（B）（Ⅱ 0114 ④：57）"除了乌孙马和大宛马，汉朝还得到月氏马、康居马。敦煌悬泉置出土汉简有康居遣使向汉朝入贡良马的记录："甘露二年正月庚戌，敦煌大守千秋、库令贺兼行丞事，敢告酒泉大守府卒人：安远侯遣比胥鞮罢军候丞赵千秋上书，送康居王使者二人、贵人十人、从者六十四人。献马二匹、橐他十匹。私马九匹、驴卅一匹、橐他廿五匹、牛一。戊申入玉门关，已阅（名）籍、畜财、财物。"这是敦煌太守府发往酒泉太守府的平行文书，时在甘露二年（前 52）三月八日，康居王派遣大批使团入贡，随行 78 头马匹和骆驼等贡物。

汉武帝尚武爱马，不仅用战马充实汉军骑兵，同时又追求长生。他听信方士的话，以西域的马为天马，认为是神龙的化身，乘之能升天成仙。《史记·大宛列传》记载："初，天子发《易》云'神马当从西北来'。"得乌孙马好，名曰"天马"。及得大宛汗血马，益壮，更名乌孙马曰'西极'，名大宛。"[2] 太初四年（前 101）春，李广利伐宛大获胜，热衷求仙的汉武帝作《西极天马歌》，引其为升仙者坐骑，"天马来兮从西极，经万里兮归有德。承灵威兮降外国，涉流沙兮四夷服。"[3] 表达了乘之升仙的向往。

而贸易所带来的交流，必然对中原地区的文化造成影响，当时最受时人青睐的是来自域外的舶来品。江苏盱眙大云山汉墓出土的银车马饰上不但有

1　荣新江.华戎交汇：敦煌民族与中西交通 [M].兰州：甘肃教育出版社，2008：31.

2　（汉）司马迁.史记 [M].北京：中国戏剧出版社，2007：574.

3　（汉）司马迁.史记 [M].北京：中国戏剧出版社，2007：101.

错金纹饰，还镶嵌水滴状的玛瑙和绿松石。汉武帝时身毒（印度）曾进献白玉、玛瑙和琉璃制成的马具，"自是长安始盛饰鞍马，竞加雕镂，或一马之饰直百金"，以宝石盛饰马鞍。[1] 考古上目前虽无法证实，但具有异域风格的奢华工艺品在汉墓中的发现不胜枚举，可以说都是这种风尚下的产物。西汉诸侯王墓中常见一种黄金带饰，装饰着游牧文化的动物咬斗纹，不少是汉地工匠所作。至于它们的用途，邢义田曾指出，中原工匠生产的域外风格工艺品，不仅供应草原民族，也供应喜欢殊方异物的本朝王公贵人。可见任何外来风格，一旦受到欢迎，马上就会引起仿效。[2]

在古代社会中，对域外珍异的占有常常与文化交流、文化传播联系在一起，意味着权力等级和知识所有权。张骞开通西域以后，在通往西域的丝绸之路上，"使者相望于道。诸使外国一辈大者数百，少者百余人"[3]，"驰命走驿，不绝于时月，商胡贩客，日款于塞下"[4]。这些"皆深眼，多须髯，善市贾，争分铢"[5] 的胡商，在进行着商业贸易的同时，也传递着各种文化信息。他们把中国、印度、波斯、希腊四大文化体系连接起来，大量来自异域的奇珍异物也由此进入中国，"闻天马葡萄则通大宛安息。自是之后明珠文甲通犀翠羽之珍盈于后宫。蒲梢龙文鱼目汗血充黄门。巨象、狮子、猛犬、大雀之群食外圉。殊方之异物四面而至"[6]。班固《西都赋》："西郊则有上囿禁苑，林麓薮泽，陂池连乎蜀汉，缭以周墙，四百余里。离宫别馆，三十六所。神池灵沼，往往而在。其中乃有九真之麟，大宛之马，黄支之犀，条支之鸟。逾昆仑，越巨海，殊方异类，至于三万里。"[7]

汉代中原地区的消费者主要是上层的统治精英，而生产者似以官方作坊为主。他们引领的 "异域风"由汉廷吹向诸侯王国，再影响到全帝国。《后汉书·马援传》记载马廖在上疏中曾有皇太后躬履节俭，事从简约，廖虑美业难终，上疏长乐宫以劝成德政的话："……夫改政移风，必有其本。传曰：'吴王好剑客，百姓多创瘢，楚王好细腰，宫中多饿死。'长安语曰：'城中好高髻，

1　吕壮.国学经典西京杂记译注 [M].上海：上海三联书店，2018：322.

2　邢义田.立体的历史——从图像看古代中国与域外文化 [M].台北：三民书局，2014.

3　（汉）司马迁.史记 [M].北京：中国戏剧出版社，2007：574.

4　（南朝宋）范晔，（晋）司马彪.后汉书（下）[M].长沙：岳麓书社，2009：1012.

5　（汉）司马迁.史记本（下）[M].沈阳：万卷出版公司，2009：676.

6　（汉）班固.汉书 [M].西安：太白文艺出版社，2006：795.

7　孙晓云.中国赋（上）[M].江苏凤凰美术出版社，2019：125.

四方高一尺，城中好广眉，四方且半额，城中好大袖，四方全匹帛。' 斯言如戏，有切事实。"[1] 马廖的上疏是以长安俗语劝勉皇太后保持节俭的美德，以劝四方。但从侧面佐证了汉代宫廷文化左右时代风尚的不争事实。汉代最能够掌握域外珍异的无疑是汉天子、重臣及诸侯贵戚。有史料记载，在所有来自邻国的贡品中，汉武帝最珍爱的是西胡王馈赠的一个玉盒和一支瑶杖，因而在去世的时候 "入梓宫中"。

通过四方朝贡或变相的贸易，汉帝国周边国族的使者或商人将值钱的珍稀源源送到长安或洛阳，中国与域外间的科技文化交流频繁，大量域外物种涌入汉地，形成了我国历史上第一个中外文化交流的高峰。远方国家入贡奇禽异兽为汉人街谈巷议之美事，被视为政治清明、军事强大的表征。秦汉统治者出于猎奇、享乐的需求，将这些四处搜罗而来的域外稀有物种，充于上林苑中，以观赏为目的来畜养。堪称长安郡志的《三辅黄图》记载长安奇华殿 "在建章宫旁，四海夷狄器服珍宝，火浣布、切玉刀、巨象、大雀、狮子、宫（宛）马、充塞其中。"[2]（宫马当为宛字之误）《洞冥记》亦曾载："（昭祥苑）苑周回四十里，万国献异物，皆集苑中。"[3] 昭祥苑，武帝时所修，在甘泉宫西，专门用来陈列外国所献珍品。此外，秦汉时期最大的皇家苑囿——上林苑则聚而栽植了大量异域珍奇植物。《三辅黄图》谓："扶荔宫，在上林苑中。汉武帝元鼎六年破南越，起扶荔宫。以植所得奇草异木，菖蒲……山姜……甘蔗……留求子……桂……密香、指甲花……龙眼、荔枝、槟榔、橄榄、千岁子、甘橘皆百余本。"[4] 方圆三百里的上林苑据说曾种植 "群臣远方"所献 "名果异卉"达三千余种[5]。上林苑许多杂技、幻术也通过丝绸之路从西域或罗马传人。《史记·大宛列传》云："汉使至安息，安息以大鸟卵及梨轩善眩人献于汉。"[6] "眩人"据颜师古注云："眩通与幻，今吞刀吐火、植树种瓜、屠人截马之术皆是也，本从西域来。"汉武帝经常在上林苑设宴款待外国使节，宴会中常有七盘舞、剑舞、巴渝舞、踏歌等歌舞表演。箜篌、胡筘、胡笛、胡角等乐器自从西域传入后，便成为宫廷伴奏乐器。汉宣帝元

1　（南朝宋）范晔，（晋）司马彪. 后汉书（上）[M]. 长沙：岳麓书社，2009：290.

2　何清谷. 三辅黄图校注 [M]. 西安：三秦出版社，2006：213.

3　林剑鸣，吴永琪. 秦汉文化史大辞典 [M]. 上海：汉语大词典出版社，2002：548.

4　何清谷. 三辅黄图校注 [M]. 西安：三秦出版社，2006：195-196.

5　何清谷. 三辅黄图校注 [M]. 西安：三秦出版社，2006：216.

6　（汉）司马迁. 史记 [M]. 北京：中国戏剧出版社，2007：575.

康二年（前64），乌孙国王与汉通婚，为了适应乌孙风俗，朝廷组织公主的宫属侍御百余人"舍上林中，学乌孙语"，算是中国有史以来第一所外语学校。

　　喜好异地奇物的并不是只有两汉帝王和诸侯王。汉初宦者中行说投奔匈奴，曾对匈奴单于喜好汉廷所赐缯絮、食物，极不以为然。中原产制的缯絮、食物对匈奴贵人而言，也是异域珍奇。由此一端，可以推想具有异域特色的物品，市场广大，不限于中原。除了中央和诸侯王国的工官作坊，应也曾有不少民间作坊参加模仿，供应中外不同层级市场的需求。过去《西京杂记》被视为后世伪书，不受重视，但其中若干记载，例如巨鹿的织匠陈宝光，长安的铸作巧工丁缓、李菊，却不妨看作是私人纺织和铸造作坊存在的遗影。又《西京杂记》提到高帝、武帝、宣帝和哀帝时，中外各地献异物，影响到一时之好尚。

　　以贵金属用作马饰最早出现在中国北方诸国，大约公元前4—前3世纪之际，金银马饰在边地的繁盛应与西北地区游牧邻国的密切交往大有干系。在河北易县燕下都辛庄头M30出土的黄金马饰具有浓厚的草原风格，有些刻有汉字铭文，表明可能为本地产品。如叶舒宪先生提到过的：当这些精美的玉制、青铜制甚至黄金制的马具装饰物出土时，[1] 人们会产生疑问：两三千年前的马匹，为什么能够获得如此之高的帝王级待遇呢？其实对中原文明而言，从周穆王的八骏肇始，马一开始就有神异属性。华夏帝王演绎的马神话不在少数，尤其是汉武帝。《汉书·武帝纪》太始二年（前95）诏书："往者朕郊见上帝，西登陇首，获白麟，以馈宗庙，渥洼水出天马，泰山见黄金，宜改故名，今更黄金为麟趾、褭蹄以协瑞焉。"[2]《汉书·武帝纪》："元鼎四年（前113）六月，得宝鼎后土祠旁。"[3]"秋，马生渥洼水中，作《宝鼎》《天马》之歌。"[4] 传说南阳新野的暴利长在武帝时遭刑，被流至敦煌屯田，屡次看到渥洼池旁有奇特的野马饮水，他便组织当地人捉来献给武帝（渥洼，指敦煌市西南30公里处南湖黄水坝，也有人认为是敦煌城外鸣沙山的月牙泉）。"国之大事，在祀与戎"[5]，作为太始二年的这次郊祀，汉武帝是要通过神传

1　叶舒宪.文化传播：从草原文化到华夏文明 [J].内蒙古社会科学（汉文版），2013（1）：12.
2　（汉）班固.汉书 [M].西安：太白文艺出版社，2006：36.
3　（汉）班固.汉书 [M].西安：太白文艺出版社，2006：33.
4　（汉）班固.汉书 [M].西安：太白文艺出版社，2006：34.
5　（春秋）孙武.孙子兵法（第1卷）[M].长春：吉林摄影出版社，2004：66.

递出什么旨意，从中可检索出几个关键词：上帝、白麟，天马、黄金、协瑞。马蹄金（褭蹄）、麟趾金制作和使用的功能、目的、意义，以及汉武帝的真实意图和雄才大略，不是十分明显吗？

三、黄金与升仙信仰

汉代多金，自宋代起几成定论。苏轼在《仇池笔记》中讲："王莽败时，省中黄金六十万斤；陈平四万斤间（离间）楚；董卓郿坞金亦多。其余赐三五十斤者不可胜数。而近世金不以斤计，虽人主（即君主）未有以百金与人者，何古多而今少也？"[1] 宋太宗曾问大臣杜镐："西汉赐与，悉用黄金，而近代的难得之货，何也？"[2] 镐曰：当是时佛事未兴，故金价甚贱。……"叶梦得也讲："汉时赐臣下黄金，每百斤、二百斤，少亦三十斤；虽燕王刘泽以诸侯赐田生金，亦二百斤。"有人对《汉书》中皇帝赐金做过统计，竟达八九十万斤。其中汉文帝赏赐周勃 5000 金，赏赐陈平 2000 斤；汉宣帝先后赏赐霍光共 7000 斤。史料记载如下。

《史记·平准书》："其明年，大将军、骠骑大出击胡，得首虏八九万级，赏赐五十万金，汉军马死者十余万匹，转漕车甲之费不与焉。"[3]

《汉书·食货志》："此后四年，卫青比岁十余万众击胡，斩捕首虏之士受赐黄金二十余万斤。"[4]

《汉书·惠帝纪》："赐给丧事者，二千石钱二万，……视作斥上者，将军四十金，二千石二十金，六百石以上六金，五百石以下至佐史二金。"[5]

《汉书·文帝纪》："其益封太尉勃邑万户，赐金五千斤。丞相平、将军婴邑各三千户，金二千斤。朱虚侯章、襄平侯通邑各二千户，金千斤。封典客揭为阳信侯，赐金千斤。"[6]

《史记·梁孝王世家》："孝王未死时，财以巨万计，不可胜数。及死，藏府余黄金尚四十余万斤，他财物称是。"[7]

元狩二年（前 121），霍去病击破浑邪王、休屠王部，缴获祭天金人；

1　杨玉峰.泉币春秋：中华钱币文化撷萃 [M].合肥：安徽文艺出版社，2014：201.
2　彭信威.中国货币史 [M].北京：应急管理出版社，2021：125.
3　（汉）司马迁.史记 [M].北京：中国戏剧出版社，2007：148.
4　（汉）班固.汉书 [M].西安：太白文艺出版社，2006：123.
5　（汉）班固.汉书 [M].西安：太白文艺出版社，2006：16.
6　（汉）班固.汉书 [M].西安：太白文艺出版社，2006：20.
7　（汉）司马迁.史记 [M].北京：中国戏剧出版社，2007：304.

元狩四年（前 119），汉武帝发动漠北之战，霍去病攻破匈奴王庭，封狼居胥，饮瀚海而还，这两次战役带走了匈奴人积攒了数百年的财富。元狩五年（前 118）和元狩六年（前 117），卫青、霍去病率兵再次出击匈奴大获全胜，将士们所得赏赐高达 70 余万斤黄金。汉代诸侯王藏金量也很大，史籍载梁孝王家中财物不可胜数，死时库存黄金 40 余万斤。西汉制度，聘皇后用黄金 2 万斤。王莽当政，黄金国有，他垮台时，"省中黄金万斤者为一匮，尚有六十匮，黄门、钩盾、减府、中尚方处处各有数匮"[1]。任昉《述异记》曾讲到汉末荒年"满室黄金而无斗粟"[2]的现象。

关于黄金的来源，有四个渠道。一个是诸侯进献，这就是我们所说的"酎金"，按照封地的人口缴纳纯度达标的黄金给朝廷，如果纯度不达标，那么就会丢官罢职剥夺封爵，就是我们常说的"坐酎金失侯"——不是缴纳的分量不够，而是成色不足。汉武帝的另一个黄金来源就是出售爵位。"令民得买爵及赎禁锢免减罪请置赏官，命曰武功爵。级十七万，凡直三十余万金。"《史记·平准书》记载："其后四年，而汉遣大将将六将军，军十余万，击右贤王，获首虏万五千级。明年，大将军将六将军仍再出击胡，得首虏万九千级。捕斩首虏之士受赐黄金二十余万斤。"[3]还有一个渠道是在国家统一的大背景下，丝路开通，与中亚、西亚、南亚以及东亚频繁贸易往来，期间用丝绸换取了大量的物质，其中包括黄金等流通重金属，所以西汉时黄金的量大质优，不仅国力强盛而且国威远扬。除了出口商品换来的黄金，汉武帝的第四个黄金来源就是淘金。《史记·货殖列传》记载："豫章出黄金。"豫章，最初为汉高帝初年（约于公元前 202 年）江西建制后的第一个名称，即豫章郡（治南昌县），正好是海昏侯的管辖范围之内，黄金量非常充沛。海昏侯虽然只是一个侯，但他是汉武帝最宠爱的李夫人的孙子，他的父亲得到了汉武帝的很多赏赐，其中包括大量马蹄金、麟趾金等[4]，虽被削去王位，但其继承父亲刘博的财产并未被夺取，而且他还幻想有一天恢复王位，能够上缴酎金，铸造了大量金饼。但最终没有等来这一天，这些黄金就陪葬在他的墓葬中了，

1　惠焕章，张劲辉.陕西历史百谜 [M].西安：陕西旅游出版社，2001：136.

2　王凯旋.秦汉生活史话 [M].沈阳：东北大学出版社，2017：88.

3　（汉）司马迁.史记 [M].北京：中国戏剧出版社，2007：146.

4　麟趾金的来源据说是汉武帝曾经捕获一头白色麒麟，认为是祥瑞之兆，就命人按照麒麟的趾制成了麟趾金来赏赐皇室子弟。

所以海昏侯墓葬中的黄金量之大，震撼世人。

汉代的法定货币是铜钱，但皇室的赏赐、进贡、馈赠与朝聘，平民的婚丧嫁娶、家资储备都用黄金衡量。可见两汉时期，黄金作为价值尺度，是所有货币的最高代表。《史记·平准书》记载，早在秦代，中国之币分二等，黄金为上币，铜钱为下币。汉代沿用此法，只是将黄金的单位名称由"镒"改为斤。[1]《汉书·食货志》载："黄金方寸，而重一斤。"[2] 文献中常有以若干"金"或"饼"来作为计算单位。《汉书·惠帝纪》载："视作斥上者，将军四十金，二千石二十金，六百石以上六金，五百石以下至佐吏二金。"[3]《史记·孝文本纪》载汉文帝欲作露台，召匠人规划，算下来需百金，因"百金中民十家之产"，汉文帝就此作罢。[4]《汉书·东方朔传》则记载，汉武帝要扩大上林苑，谈到丰邑、镐邑一带土地肥沃，用黄金衡量地价，"其贾（价）亩一金"，东方朔为此劝谏。此外，汉代还有值千金的樽、值百金的剑和马等，都是以黄金为价值尺度的。[5]

黄金早被当作贵金属流通和储备，春秋时期的楚国就已经出现了一种被打造成板状的黄金，钤印"郢爰""陈爰"等文字。金饼则是战国时期秦国的主要黄金货币。西汉的金饼俗称柿子金，也被称为"饼金"。战国秦汉各类金饼，均带自然龟裂纹，底部空洞凹坑遍布，重量相对均匀。西安北郊谭家乡出土的 219 枚金饼，河北定县中山怀王刘修墓葬出土的 40 枚金饼，南昌海昏侯刘贺墓葬出土的 385 枚金饼，都是此等形制。在海昏侯墓葬出土的金饼中，有 4 枚上面遗留有墨书"南海海昏侯臣贺元康三年酎金一斤"，说明了此为酎金。汉文帝时规定，每年八月祭祀宗庙时，诸侯王和列侯要按封国人口的多少向朝廷进献酎金以供祭祀之用。"列侯坐酎金失侯者百余人"[6]，公元前 112 年，汉武帝以诸侯王所献的酎金成色不好或斤两不足为借口，削夺爵位多达 106 人。诸侯墓出土的金饼实物都带有各类戳记和戳印，以进行必要的标注和成色检验，与中央政府对酎金的要求相符。

海昏侯墓还出土 20 块金板，每块长约 23 厘米、宽约 1 厘米、厚约 0.3 厘米。

1 （汉）司马迁．史记 [M]．北京：中国戏剧出版社，2007：145-151.
2 （汉）班固．汉书 [M]．西安：太白文艺出版社，2006：121.
3 （汉）班固．汉书 [M]．西安：太白文艺出版社，2006：16.
4 （汉）司马迁．史记 [M]．北京：中国戏剧出版社，2007：75-81.
5 （汉）班固．汉书 [M]．西安：太白文艺出版社，2006：519-526.
6 （汉）司马迁．史记 [M]．北京：中国戏剧出版社，2007：150.

这些金板计重 10 多公斤。据秦汉考古权威专家确认，这是汉墓考古史上首次发现的金板。有学者认为"这些金板显然是墓主的黄金储备。从汉武帝开始，王侯一级的高等级贵族都会储备大量黄金，以标志身份，非常珍贵"[1]。秦汉帝王祭祀礼仪过程中一般有册祝、秘祝、封藏等仪节，会用到"玉牒"等文书。《续汉书·祭祀志》载"光武帝封禅袭武帝元封制度，玉牒长一尺三寸，广五寸，厚五寸"，与金板尺寸大致相合。海昏侯墓出土的金板或可定名为"金牒""金策"或"金简"，它们和金饼、马蹄金、麟趾金一样用作祭祀，是准备进献给皇帝的酎金。元康三年，刘贺被封为海昏侯，在被封的同时，"不宜得奉宗庙朝聘之礼"[2]，不能参加宗庙祭祖大典，无权再向皇帝进献酎金，几近宗室除籍。因此，这些酎金都只能埋进墓葬。

西汉黄金多，考古挖掘成果可资证明。近年先后在湖南、河南、山西、河北、陕西、江苏、安徽、广西、辽宁的几十个考古遗址出土了一千多枚马蹄金。元帝时，西汉政府在蜀郡（今四川成都）、广汉两郡设立工官监造金银器等，《汉书·贡禹传》有记载："汉元帝时，方今齐三服官作工各数千人，一岁所费数巨万。蜀广汉主金银器，岁各用五百万。三工官官费五千万。"[3]秦汉时期，金银制造业发展迅速，除了官营，豪富之家也开始私自制作。金银器制作已摆脱原本依附于青铜器、漆器的从属地位，成为独立机构。西汉时匈奴常侵扰边地，为安抚他们，黄金制品常常被当作珍贵礼物，与丝帛、漆器、谷物等赏赐给匈奴贵族。不过，汉代用金数量巨大，金币虽为上币却非都是流通币。金版和金饼可剪，用于市面流通，而马蹄金和麟趾金是非流通的贵金属，主要用于皇家的赏赐和酎金制度。

汉代有关金矿存储的记载十分有限，但张骞凿空西域，带来汉代金艺的提升，至唐代金艺达到高峰，海上丝路中的黄金贸易是催化剂。因此，海上或陆上丝绸之路不仅是丝绸之路、瓷器之路、香料之路，也是黄金之路。虽然三千多年前，在三星堆和金沙遗址中已看到中国式的黄金面罩和面具，但自古以来，中国的金器制作，在民国之前，从未达到希腊迈锡尼文化、古埃及文化、两河流域文明、古波斯的水平。在丝路正式开通之前，西域通道就有金料和制金技术的流入。各种以金银为原材料或者使用金银进行装饰的特

1　江西师范大学海昏历史文化研究中心.纵论海昏[M].南昌：江西教育出版社，2016：399.

2　（汉）班固.汉书[M].西安：太白文艺出版社，2006：502.

3　（汉）班固.汉书[M].西安：太白文艺出版社，2006：575-576.

殊器物开始出现。博山炉等金器制作工艺得到大力发展，这与上层统治阶级的重视和需要是分不开的。

公元前 2 世纪之际，作为财富和身份标识的黄金制品在上层社会风行一时。对黄金的使用开始纳入国家礼制，体现出严明的等级制度。河北满城中山王墓发现的 2 套金缕玉衣，均以金丝连缀，体现出墓主人的尊贵身份。以玉衣殓葬，起源于先秦，在汉代已发展成一套完备的丧葬制度。除了金缕，还有银缕和铜缕玉衣，按材质的高贵低贱，代表着持有者的身份与地位。[1] 汉人视死如生，高等级墓葬大多精心营造，为死者在另一个世界的生活提供各种慰藉，随葬各种食物、生活用品和礼仪用品，其中也包括标识身份的黄金等奢华工艺品，对永生的追求成为精英物品装饰永恒的主流旋律。

客观地说，黄金在地中海文明和西方文明的起源中，均扮演着重要的根源性驱动作用。黄金在华夏文明起源过程中的出现，既然大大晚于玉器和铜器，其所发挥的早期神圣建构作用自然也明显不如玉礼器。但自汉代起，有所变化。《史记封禅书》："自威、宣、燕昭使人入海求蓬莱、方丈、瀛州，此三神山者，其传在勃海中，去人不远；患且至，则船风引而去。盖尝有至者，诸仙人及不死之药皆在焉。其物禽兽尽白，而黄金银为宫阙。未至，望之如云，及到，三神山反居水下，临之，风辄引去，终莫能至云。于是天子始亲祠灶，而遣方士入海求蓬莱安期生之属，而事化丹砂诸药剂为黄金矣。（栾）大言曰：……臣之师曰：'黄金可成，而河决可塞，不死之药可得，仙人可致也。'"[2] 黄金的地位已经不再是一般的贵金属奢侈品，而成为仙人与祥瑞的象征。黄金因具有不朽的特性，与汉代社会盛行的升仙信仰密切相关。《汉书·武帝纪》记载"诏曰：'朕礼首山，昆田出珍物，化或为黄金。'"[3]《汉书》中曾提及汉人认为黄金具有妙用，用来做成器皿有延年益寿之效。"祠灶则致物，致物而丹砂可化为黄金，黄金成以为饮食器则益寿，益寿而海中蓬莱仙者可见，见之以封禅则不死，黄帝是也。"[4] 由文献可知，汉代多金。遗憾的是，汉墓十室九空，黄金很少被保存下来。

马蹄金和麟趾金的由来，历史文献中已有明确记载，与汉武帝见到的天

1　参见卢兆荫.试论两汉的玉衣[J].考古，1981（1）.

2　（汉）司马迁.史记[M].北京：中国戏剧出版社，2007：132-133.

3　（汉）班固.汉书[M].西安：太白文艺出版社，2006：35.

4　（汉）司马迁.史记[M].北京：中国戏剧出版社，2007：136.

马、白麟等祥瑞有关。马蹄金和麟趾金的数量仅占海昏侯墓出土全部金器的15%，而且在口沿上焊缀精美的花丝，并填嵌琉璃片，华美富丽，显然不是普通的黄金货币。汉代细金制品中所运用的外来工艺，尤其是希腊艺术风格的花丝装饰，彰显着精湛技艺和新意诠释，别有意趣。在汉代社会，制作奢华黄金制品的技术，尤其是异域风格的工艺或图像，被赋予了文化象征意涵，因为它们与遥远的西方有关。

小结

域外的奇珍异物在汉代风靡一时，希腊化风格也成为汉地饰物的来源之一。杰西卡·罗森（Jessica Rawson）早已指出，汉代盛行的卷草纹也许源自希腊艺术："湖北省荆州高台出土的一个漆盒上画法细密得多、有简单叶饰的涡卷纹或茎状纹以及沿着它分布的叶片状灌木之中出没的动物表明，此类创作的原型来自更为遥远的西边，来自产生于希腊和希腊化背景之中，通过锡西厄人、阿尔泰山民和匈奴人往东传播到欧亚大陆另一头的树叶、花卉和动物图案。"[1] 公元前 334 年，亚历山大东征，占领埃及，消灭波斯帝国，攻入印度，自此希腊文明开始向东传播，其影响力扩展到波斯和印度，连亚洲草原的游牧族群也受其熏染。随着希腊的殖民者出现在黑海北部和东部，欧亚草原早期游牧民族中最为著名的一支——斯基泰人[2]，文化上也开启了希腊化的进程。希腊文明与东方文明接触、交流、融汇，东方在希腊化时代繁荣起来。古中亚希腊王国（即希腊－巴克特里亚）以及斯基泰军队通过塔里木盆地到达中国，在喜马拉雅山脉北部建立了殖民地。希罗多德写道："（斯基泰人）为追杀辛梅里安人而进入小亚细亚。他们沿途击败了米底人。在斯基泰人到来之前。米底人是小亚细亚的霸主。"[3] 这条史料与后世游牧民族的立国战争如出一辙。比如匈奴追剿月氏、匈人追逐哥特人，以及突厥追杀阿瓦尔人。在最后一个希腊化王国托勒密王朝被古罗马攻克后，希腊艺术风格

1　参见杰西卡·罗森. 异域魅惑——汉帝国及其北方邻国 [J]. 古代墓葬美术研究，2013.

2　公元前 1000 年左右斯基泰民族之故土可能在天山两侧直到中亚吉尔斯内巴勒喀什湖一带。在公元前 8 世纪时，便转移到黑海北部一带，到了公元前 7 世纪时斯基泰人曾在巴比伦、希腊、埃及与中国任佣兵，为东西的货物交流之主要中间者。到公元前二三百年间甘肃一带也曾发现其踪迹，而在他们也曾生存于帕米尔高原东部。

3　（古希腊）希罗多德. 历史上 [M]. 徐松岩译. 上海：上海人民出版社，2018：118.

仍存在金属器、纺织品和珠宝中，继续主导该地区的主流审美倾向。公元前3世纪至公元2世纪，大夏商人在地中海地区以从事金银器贸易闻名，他们的足迹远至中国和印度。西汉元狩元年（前122），张骞使大夏归来，向汉武帝报告，曾在大夏国市场上见到大夏商人从"蜀贾人市"贩运来的蜀布、邛竹杖等四川土产。汉武帝刘彻即位后，开始联络西域各国共同抵御匈奴，同大夏、大宛、贵霜，以及其他中亚地区的希腊化城邦开始建立了广泛的联系，丝绸之路上的商贸往来和文化交流日益繁盛，新技术、新观念随着外来的马匹、金银制品源源不断地进入中国，而汉地所产的缯帛、漆器、黄金、铁器也是西域各国所欢迎的产品。如希罗多德所记，斯基泰人以其草原地区的大本营为中心，业已存在一个长途贸易网络。他们发现黑海沿岸各希腊殖民地与希腊本土的希腊人都愿意以黄金换谷物，即开始同希腊人进行一项收益颇丰的贸易。斯基泰贵族通常以大量做工精美、表现鸟兽形象的金器随葬，这些随葬品成为乌克兰博物馆的顶级藏品。斯基泰本土不产黄金，因此当地黄金都是进口所得。斯基泰人东来，主要是为了寻找黄金。希罗多德说欧洲北部有很多黄金。黄金可能来自阿尔泰山、准噶尔一带。阿尔泰山就是金山的意思。这条黄金之路是早期东西方大陆贸易的重要组成部分。众所周知，黑海地区代表斯基泰艺术的许多金银器，实际上出自黑海沿岸希腊殖民城邦的希腊工匠之手。

汉朝和域外的文化交流是双向的，西汉南越王墓发现的阿契美尼德风格银盒，以及帕尔米拉古墓发现的东汉时期的葡萄纹织物和大量的汉字铭文锦残片，都是中西文明互鉴的物质体现。余英时曾引用《汉书》卷九十六中的记载指出汉代胡人的汉化程度之深。公元前65年龟兹王和他的妻子——曾在长安学习中国音乐的乌孙公主，一同到汉廷朝贡。这对夫妇从汉朝皇帝那里收到了大量包括精美丝绸与其他物品在内的贵重礼物，并在中国居住了大约一年的时间。这对夫妇都十分喜欢汉朝的服饰和制度并彻底汉化，在返回家乡之后仍模仿汉朝皇帝的生活方式。[1] 经由丝绸之路长途跋涉而来的往往是奢华工艺品，人群和物品的流动与往来，常常伴随着技术、知识的交流和艺术与观念的传播。蒂拉丘地发现的大量制作精细的黄金制品中，有不少以珠化

---

1 参见余英时.汉代贸易与扩张——汉朝经济关系结构研究[M].上海：上海古籍出版社，2005：169-170

和花丝作为装饰，还镶嵌绿松石，以小爱神骑于海豚上为造型的黄金扣饰，体现出地中海文明和贵霜艺术的强烈影响，黄金靴扣上的童子马车形象则是典型的中原文化传统。这些混合多种文化特征的物品，为异域风情的新颖设计在社会身份建构过程中所起到的重要作用提供了实证。

相关的考古资料和历史文献都表明，汉廷对天马和来自遥远国度的物品的喜好导致了几个世纪以后中国的统治精英对域外珍异的持久兴趣。尽管来自域外的影响很早就已渗透到中国艺术，但对西方的官方兴趣肇始于西汉时期。当公元前2世纪汉廷派遣使团西至大宛寻找可以对抗匈奴的盟友，中原王朝首次和中亚地区的希腊化王国有了直接的联系。南昌海昏侯墓和其他诸侯王墓发现的黄金制品使用的花丝、珠化等外来细金工艺，以及一些特定的装饰题材，体现出与中亚草原的游牧族群甚至远至地中海地区的广泛联系。在以后的几个世纪，金银器、丝绸、漆器等奢华工艺品，与其他物种、材料经由丝绸之路不断传入中国、中亚诸国和地中海世界，随之而来的还有一些新的知识、技术与观念。器型也许接受了外国式样，但少见通体亦步亦趋的仿品，如果从不同的角度分开来看器形和纹饰，器型更多地代表其实用功能，而纹饰却偏重于传达其文化属性。图案当然有来自西方的成分，却大都已根据中国的审美观念加以改造，而且手法日益精进，以致其中的西方元素淡化得难以察觉。工艺接受过外来的技巧，但其整体风格和发展趋向却未曾被西方引领。各种纹饰交织而成的文化气氛，未能改变其文化的深层结构。

第七章 玉印图像与帝王情结

古人认为玉即美石，今人认为玉主要指和田玉和翡翠，也包括蛇纹石玉（岫玉）、蓝田玉、独山玉、绿松石、玛瑙、石英、汉白玉等玉石或彩石。本文将刘贺墓出土文物中用上述材料加工成的具有典型玉器形制和工艺特征者统称为玉器。

海昏侯刘贺墓出土有 3 件玉印，其材质均为和田玉，其中两方玉印是龟钮（图 7-1），一方无字，一方缪篆阴刻"大刘记印"四字；还有一方阴刻"刘贺"二字（图 7-2），字体也为缪篆，这方玉印的发现对刘贺身份的确定起到了决定性的作用。

秦统一六国，建立玺印制度，规定天子为玺，材质为玉，平民为印，鼻钮最为普遍。卫宏《汉官仪》记载："秦以前，民皆佩绶，以金、银、铜、犀、象为方寸之玺……各服所好，汉以来，天子独称玺，又以玉，群臣莫敢用也。"[1] 汉代的玉印分为官印和私印两种，官印为当权者的凭信，私印为印主人个人身份地位的凭证。汉代初期官印沿袭秦制，直到汉武帝"兴太学，修郊祀，改正朔，定历数，协音律，作诗乐，号令文章"，开始形成统一完备的规范。"孝武皇帝元狩四年，案：初学记引作'二年'。又上有'卿秩中二千石'六字。令通官印方寸大小，官印五分。王、公、侯金，二千石银，千石以下铜印。"[2] 元狩四年，汉武帝对印制进行改革，两次颁令，对形制、印文和钮式、称谓等，

1　钟少异，邱剑敏. 中华大典：军事典：军事技术分典（3）[M]. 沈阳：辽宁大学出版社，2018：1703-1704.

2　钟少异，邱剑敏. 中华大典：军事典：军事技术分典（3）[M]. 沈阳：辽宁大学出版社，2018：1703-1704.

图 7-1　玉印
左，无字玉印；右，大刘记印，出土于主椁室东室南部。(《五色炫曜: 南昌汉代海昏侯国考古成果》
[南昌: 江西人民出版社，2016 年]，第 126—127 页。)

图 7-2　"刘贺"玉印及印文
汉代，和田白玉，边长 2.1×1.5 厘米，图片由南昌汉代海昏侯国遗址博物馆提供。

都作出具体规定，等级森严，使用方面比秦更严格。

　　目前发现的汉代玉印数量众多，制印材质有玉、金、银、铜、玛瑙、琥珀等，印钮式样有瓦钮、覆斗钮、螭钮、龟钮、蛇钮、驼钮、凫钮等。其中规格最高的是 1968 年发现于陕西咸阳市韩家湾的西汉初期的"皇后之玺"玉印和南越王赵眜的"帝印"玉印、"赵"字玉印、中山靖王刘胜墓无印文玉印，均为螭虎钮。据卫宏《汉官仪》所引《史记·高祖本纪索引》记载："子婴上始皇玺，因服御之，代代传授，号曰汉传国玺。"[1] 又记载："天子有传国玺，文曰'受命于天，既寿且康'不以封也，玺皆白玉螭虎钮，文曰'皇帝之玺''皇帝行玺''皇帝信玺''天子之玺''天子行玺''天子信玺'凡六玺。""皇后玉玺文与帝同"[2]，则所出实物与记载相同。南越王的玉印使用螭虎钮，实为僭越，表现其割据一方，妄图自立帝位的野心。至于帝后玉玺之所以用螭虎，《汉官仪》解释说："印者，因也，所以虎钮，阳类。'虎'者，兽之长，取其威猛，以执伏案。"[3] 王侯一等的官印，据卫宏《汉官仪》所载"诸侯王印，黄金橐驼钮，文曰玺，谓刻曰某王之玺。赤地绶。列侯黄金印，龟钮，文曰印。谓刻曰某侯之印。丞相、大将军（案：初《学记》引无'大'字）黄金印，龟钮，文曰'章'。谓刻曰某官之章。御史大夫章。匈奴单于黄金印。橐驼钮，文曰章。御史两千石，银印，龟钮，文曰章。千石、六百石、四百石铜印，鼻钮，文曰印。二百石以上，皆为通官印。"[4] 则刘贺墓所出"大刘记印"，以及"吕章信印"等均为龟钮，是符合其列侯的身份的。"龟者，阴物。抱甲负文，随时蛰藏，以示臣道功成而退也。"[5] 不过其非帝后之印而用玉质，可见当时的印章制度在具体施行中仍有漏洞。汉代大量发现的私印，诸如列侯中的轪侯"利苍"印、普通官员的"李嘉"印、"桓启"印、"朱偃"印、"任彊""赵安"印等私印上部均呈盝顶形，印钮多为覆斗形。

汉代出土大量的无字玉印，对于其原因，目前主要存在三种观点，一种是因为墓主人去世突然，印文没有来得及制作；另一种则依据 2016 年山东青岛市土山屯汉代墓葬所出的两件汉代墨书玉印推测，无字玉印原本有墨书的

1 钟少异，邱剑敏. 中华大典：军事典：军事技术分典（3）[M]. 沈阳：辽宁大学出版社，2018：1703-1704.
2 钟少异，邱剑敏. 中华大典：军事典：军事技术分典（3）[M]. 沈阳：辽宁大学出版社，2018：1704.
3 钟少异，邱剑敏. 中华大典：军事典：军事技术分典（3）[M]. 沈阳：辽宁大学出版社，2018：1704.
4 钟少异，邱剑敏. 中华大典：军事典：军事技术分典（3）[M]. 沈阳：辽宁大学出版社，2018：1704.
5 钟少异，邱剑敏. 中华大典：军事典：军事技术分典（3）[M]. 沈阳：辽宁大学出版社，2018：1704.

印文，但是年久脱落；另据汉代制度，官吏离任后须上缴官印，不能随葬使用，但可另造仿制的官印放进墓中，因此出现大量无字玉印。刘贺墓中发现的无字玉印从其龟钮来看，应是其官印，和他的列侯身份相符，似可认为是其专为陪葬仿制的官印。

至于海昏侯墓出土的有字私印讨论最多，此印边长 2.1 厘米、通高 1.5 厘米，玉质莹润，是汉代常见的"方寸之印"。印文"刘贺"二字为阴刻篆书，左右均等，线条方圆并济，艺术风格古朴大气、端重雅洁，印面上方有密集的短线排叠。印钮高浮雕，动物状，圆目尖嘴，身饰鳞羽，有二爪。因动物体量较小，形象并不太清晰，这枚玉印一出土就受到媒体关注，尤其是印钮图像的争论从未停止，有"螭""蟾""凤"等各种说法，王仁湘先生判为"鸱鸮"，蔡庆良等先生认为是神鸟。练春海将印钮断为鹰钮。

从"刘贺"玉印造型来看，此印伏身回首，短尾疏翅，瞠目钩喙，眉耳毕现，确有猛禽类特征。仔细审视，鸟首较大，似"鸱鸮"；雄健的双翅、令人望而生畏的勾喙，又确有几分"鹰"的力度。但此印头部耳羽后还延伸出一道羽冠，长尾垂卷，阴刻线流畅纤细，又类似凤鸟。

无论鸮还是鹰，在先秦两汉玉器中早有图像先例，但都没有这种长而卷曲的羽冠。如红山文化玉鸮，浅圆雕，短宽尾；再如 1977 年陕西咸阳遗址出土的西汉圆雕玉鹰，两翼平伸，俯首欲冲，其尾羽短而铺散（现藏咸阳博物馆）。可以说，曲喙、双耳羽和长羽冠是刘贺玉印的显著特征。如刘贺墓出土的韘形佩，虽已高度抽象化，但神龙、凤鸟和螭虎三位一体，依稀可辨。其中，凤鸟的勾喙、耳羽、羽冠仍一应俱全。河南永城芒砀山窑山二号墓、广州南越王墓、满城汉墓及河南永城前窑墓等出土玉器上都有此类变形凤纹。同是海昏侯墓出土的鎏金凤鸟纹（也有认为是朱雀）铜马珂，耳羽似尖耳，也有弯曲的长冠。

古代典籍中有不少描述凤凰外形的文献。《山海经·南山经》载："有鸟焉，其状如鸡，五采而文、凤凰，首文曰德，翼文曰义。背文曰礼，膺文曰仁，腹文曰信。是鸟也、饮食自然，自歌自舞，见则天下安宁。"[1]《说文·鸟部》曰："凤，神鸟也。天老曰：凤之像也。前鹿后，蛇颈鱼尾。龙文龟背，燕颔鸡喙。五色备举。出于东方君子之国，翱翔四海之外，过崐岭，饮砥柱，

1　（汉）刘向，（汉）刘歆. 山海经 [M]. 崇贤书院注释. 北京联合出版公司，2017：18.

图 7-3　螭纹玉剑璲
笔者 2016 年自摄于南昌汉代海昏侯国遗址博物馆。（《金色海昏：汉代海昏侯国历史与文化展》
[北京：文物出版社，2020 年]，第 199 页）

濯羽弱水，莫宿风穴。见则天下大安宁。"[1] 晋郭璞注《尔雅》亦称凤乃"鸡头，蛇颈，燕颔，龟背，鱼尾，五彩色。"[2] 没有提到勾喙，但华丽的"凤冠"和曳地的长尾是鸾凤类瑞鸟的标志无疑，殷商甲骨文"凤"字就是一只头戴皇冠、展开羽翼的鸟。汉代是祥瑞思想盛行的时代，作为不受官仪等礼制约束的私印，受造型源流、图案设计、审美取向等因素影响，印钮大多会选择吉祥符号，不太可能是鹰，鸾凤类图像似更为合理。

海昏侯墓出土的这枚玉印，既证明了墓主身份，也引来极大的争论。考古发掘团队认为"龙、凤、螭、鸮的躯体形态非常接近，能够区分出它们的仅是头部形态而非身体特征。因此，认为印钮的头部形态是螭。"[3] 但螭代表龙，是高贵的象征，是皇帝和皇后专属玉印，汉代"皇帝玉玺皆白玉螭虎钮"，所以汉代任何诸侯王、列侯及官僚均无权享用"螭钮"造型，刘贺亦然。以刘贺后期的小心谨慎，是不敢公然行僭越之举的。不过海昏侯墓出土的其他玉器，如白玉剑格、玉剑璲等有螭龙图像（图 7-3）。这种螭龙图像在汉代玉

1　吴东平. 汉字的故事 [M]. 北京：新世界出版社，2006：83.

2　蒋蓝著. 故宫神兽 [M]. 北京：紫禁城出版社，2015：108.

3　参见李双君，薛万琪，蔡冰清，吴函，蔡保全，刘新宇，徐长青，杨军. 江西南昌西汉海昏侯刘贺墓出土玉器 [J]. 文物，2018(11)：72.

器中比较常见，多以剔地、浮雕甚至圆雕的手法雕琢，立体动感比较强，一般雕于玉剑饰、玉佩、玉带钩、玉璧等玉器上。广州西汉南越王博物馆收藏的几块西汉玉璧、西汉玉剑首，河北满城汉墓出土的玉剑饰等，都浮雕螭龙。

那么此印钮，有没有可能是鸮钮呢？鸮通"枭"，是一种带贬义的恶鸟。如《诗经·大雅·瞻卬》云："懿厥哲妇，为枭为鸱。"[1]《楚辞·怨思》载："贤者蔽而不见兮，谗谀进而相朋。枭鸮并进而俱鸣兮，凤皇飞而高翔。"[2]《说文·木部》载："枭：不孝鸟也。日至。捕枭磔之。从鸟头在木上。"[3]可见枭之贬义主要来自"不孝"，而"鸱鸮"则来自"不祥"，但相同的是它们都有难听的叫声，如《说苑·谈丛》曰："枭曰：'乡人皆恶我鸣，以故东徙。'"[4]二者的衍生含义也有差别，枭如被抓住就会把头砍下来挂在树上示众，其字形也是由此意而来，故砍头又谓"枭首"，后衍其意为"枭雄"，即残暴奸佞的英雄。

枭也有相对正面的释义，如《汉书·郊祀志》载："古天子常以春解祠，祠黄帝用一枭、破镜。"[5]颜师古注曰："解祠者，谓祠祭以解罪求福。"[6]《淮南子·说林训》载："鼓造辟兵。"高诱注："鼓造谓枭，今世人五月作枭羹，亦作虾蟆羹。"[7]朱芹注："'鼓造'二字切音为枭。"《晋书·张华传》中也有"六博得枭者胜"[8]之语。故枭的正面形象可能来自它"解罪""辟兵"的功能寓意，六博棋中可能也以鸟为子，枭即是获胜的关键一子。但这种贬义是相对的。如贾谊《鵩鸟赋》这可能也是鸱鸮在汉代的寓意得以转变的思想背景之一。

孔臧《鸮赋》中也能见到这种转变："异物之来，吉凶之符……在德为祥，弃常为妖……修德灭邪，化及其邻。"[9]孔赋主要体现了养德修身、顺应天命、仁义中庸的儒家思想，但亦有老庄祸福相化、淡泊名义之意蕴，可见在汉代

1　陶新华.四书五经全译（4）[M].北京：线装书局，2016：719.

2　（战国）屈原.楚辞[M].哈尔滨：北方文艺出版社，2018：145.

3　萧兵.楚辞新探[M].天津：天津古籍出版社，1988：467.

4　公木.先秦寓言概论[M].济南：齐鲁书社，1984：182.

5　顾颉刚.古史辨自序[M].石家庄：河北教育出版社，2000：191.

6　高明见.杂而多端之道教构成[M].北京：宗教文化出版社，2018：32.

7　李昉编纂，孙雍长，熊毓兰校点.太平御览（第7卷）[M].石家庄：河北教育出版社，1994：943.

8　尚秉和.历代社会风俗事物考[M].长沙：岳麓书社，1991：384.

9　林尹.两汉三国文汇[M].中华丛书编审委员会，1960：215.

儒道并举的思想下，鸱鸮的意义已经不再如先秦那般尖刻犀利，而趋于柔和中性。故《焦氏易林》中就有鸱鸮转祸为福、相对正面的卦辞："鸱鸮破斧，冲人危殆；赖其忠德，转祸为福，倾危复立"[1]"文山蹲鸱，肥脂多脂；王孙获愿，载福巍巍"等。[2]

事实上，历史上曾有过鸮凤并举。作为传说中的神兽，凤凰的图像没有定式，庞进的《凤凰于飞》提到过凤凰起源与猫头鹰的关系，如连云港将军崖曾发现新石器时代留下来的岩画，其中有鸮鸟即猫头鹰的面部形象。如果说岩画上的鸮纹和凤凰的形象还有一定距离的话，敦煌莫高窟465壁画上的"鸮鸟纹"就有几分凤凰状了，因而被称作"鸮凤"。

《左传》中"我高祖少昊挚之立也，凤鸟适至，故纪于鸟，为鸟师而鸟名"[3]的记载，既反映了商部族对鹰的崇拜，也隐约地透示着鹰（古人称"挚"）和凤的关系。江苏连云港将军崖岩画、内蒙古白岔河岩画都反映了殷商东夷人和山戎民族鸱鸮崇拜的遗俗。这种历史文化的巨大差异，引起德国学者汉斯·比德曼的关注："在中国，猫头鹰作为厄运之象征……然而在商朝。猫头鹰却是美好的象征，许多出土的青铜容器上都刻有它的图案。"[4]神话学家叶舒宪先生提出了一个问题："凤凰是第一大祥瑞之鸟，而猫头鹰是古往今来人们心目中可怕的凶鸟，俗话说'夜猫子叫了'，就意味着不祥的事要发生，或者是要死人。这样价值相反的禽鸟，凤要成为鸟王，只有温和祥瑞的一面，没有凶猛威严的一面是不行的，而这凶猛威严的一面就要从鹰鸮类猛禽身上吸取。"[5]也有学者从另外的角度作出了回答："将猫头鹰与凤凰容合成一个'怪鸟'，是为了加强凤凰引魂升天的力量，这在战国至东汉的楚文化中均可找到证据。"[6]楚文化显示，猫头鹰具有协助巫师引魂升天的功能。其实，鸮凤对立，是殷周鼎革在宗教意识和图像史上的折射。从红山文化开始，就有鸱鸮崇拜，三千年前的殷商人，在商代青铜器上多刻鸮纹，多塑鸮尊，寓意吉祥。然而，从西周《诗经·国风·豳风》起，鸱鸮被看成是一种害人之鸟，器物装饰日少，周代以下的造型艺术表现中不见了猫头鹰的身影。商周易代，

---

1 吕华亮.《诗经》名物注析：国风篇 [M]. 合肥：黄山书社，2015：426.

2 豫生. 周易全解（3）[M]. 长春：吉林大学出版社，2009：302.

3 庞进. 凤凰于飞 [M]. 西安：陕西师范大学出版社，2014：18.

4 常庆林著. 殷商玉器收藏与研究 [M]. 北京：蓝天出版社，2004：97.

5 叶舒宪. 红山文化鸮神崇拜与龙凤起源 [J]. 文化学刊，2006(1).

6 鄢维新. 鸱鸮、楚凤与天梯 [M]. 中华文化论坛，2004.

既是权利之争，也是意识形态之争，常庆林和孙新周等认为："商代所有的像生动物雕刻包括鸟类玉器，无不在周代出现，却独独没有鸱鸮，西周青铜器上的纹饰也没有了鸱鸮的身影。这一方面说明，鸱鸮的善、恶之变在商周两个氏族政权的更替，小邦周克大国商之后，小邦周将大国商的最高祖宗神降为恶神，这是顺理成章的事情，没有一个新生王朝会将被自己推翻的旧王朝的标志物再捧为神物！因此，鸱鸮永远地从周代的青铜器、玉器的纹饰中消失了！"[1]至此，鸱鸮沦落为全民所惧怕和厌恶的凶鸟不祥鸟，屡负恶名，《荀子赋篇》抨击时弊是"螭龙为蝘蜓，鸱鸮为凤凰"[2]。《管子·封禅》："今凤凰、麒麟不来，嘉谷不生，而蓬蒿、藜莠茂，鸱枭数至，而欲封禅，毋乃不可乎？"[3]贾谊《吊屈原赋》："鸾凤伏窜兮，鸱枭翱翔。"[4]东方朔《七谏》："枭鸮并进而俱鸣兮，凤凰飞而高翔。"[5]《史记·日者列传》："子独不见鸱枭之与凤皇翔乎？……使君子退而不显。"[6]朱穆《与刘伯宗绝交诗》："北山有鸱，不洁其翼……长鸣呼风，谓风无德。凤之所趋，与子异域。"[7]据《史记·贾生列传》记载贾谊被贬为长沙王太傅，临行作《吊屈原赋》曰，鸱鸮寓意小人，庸才。这其实是一场异常激烈的文化断裂。

史书中刘贺与"枭"确有一点关联，虽只有寥寥数笔，却暗含刀光剑影。《汉书·武五子传》中记载了汉宣帝派遣山阳太守张敞监管刘贺之事。刘贺即位27天就被权臣霍光贬回故土山阳郡（原昌邑国），11年后的元康三年（公元前63年）三月，又被宣帝封为海昏侯，迁往豫章。刘贺被贬山阳期间，"国除，为山阳郡"[8]，不再是诸侯王，失去爵位和政治权力，赐予汤沐邑二千户。尽管如此，汉宣帝即位之初，"心内忌贺"，密令山阳太守张敞时时"谨备"。[9]《汉书》曾有传神史笔："臣敞欲动观其意，即以恶鸟感之，曰：'昌邑多枭。'故王应曰：'然前贺西至长安，殊无枭。复来，东至济阳，乃复闻枭声。'……

1　常庆林.殷商玉器收藏与研究[M].北京：蓝天出版社，2004：97.
2　常庆林.殷商玉器收藏与研究[M].北京：蓝天出版社，2004：97.
3　（南朝梁）刘勰.文心雕龙[M].北京：华文出版社，2007：159.
4　曾国藩.经史百家杂钞（下）[M].长沙：岳麓书社，2015：601.
5　周啸天.诗经楚辞鉴赏辞典[M].成都：四川辞书出版社，1990：1231.
6　（汉）司马迁.史记（下）[M].北京：中国文史出版社，2003：783.
7　练春海.器物图像与汉代信仰[M].北京：生活·读书·新知三联书店，2014：90.
8　（汉）班固.汉书[M].北京：团结出版社，1996：622.
9　（汉）班固.汉书[M].北京：团结出版社，1996：622.

上由此知贺不足忌。"[1] 枭属不孝"恶"鸟，张敞说"昌邑多枭"，其实是语带不善。《汉书》记载霍光欲废刘贺，召群臣商议，田延年认为："今群下鼎沸，社稷将倾，且汉之传谥常为孝者，以长有天下，令宗庙血食也。"[2] 丞相杨敞与众博士亦以为："今陛下嗣孝昭皇帝后，行淫辟不轨。《诗》云：'籍曰未知，亦既抱子。'五辟之属，莫大不孝。周襄王不能事母，《春秋》曰'天王出居于郑'，繇不孝出之，绝之于天下也。宗庙重于君，陛下未见命高庙，不可以承天序，奉祖宗庙，子万姓，当废。"[3] 汉王朝以"以孝治天下"，刘贺因"不孝"被放逐，提前结束政治生涯，他当然明白张敞的言外之意，但并未被此激怒，反而恭顺地承认昌邑多枭的事实，并称长安无恶鸟，这其实是在委婉地向宣帝示好。作为政治斗争的失败者，他只能背负"不孝"之恶名，承认自己失德，令宣帝消除疑虑。

刘贺出生于昌邑，恰是殷商以来遗留崇拜鸱鸮的文化传统之地，受此影响，他并不避讳这个话题，张敞试探他时，他淡然回应。这既表现了他的政治智慧，也折射出他对现实的巨大无力感。刘贺对孔子有特别的好感，也不排除孔子是殷商贵族后裔这一点。《史记·孔子世家》记载："孔子生鲁昌平乡陬邑。其先宋人也，曰孔防叔。防叔生伯夏，伯夏生叔梁纥。纥与颜氏女野合而生孔子，祷于尼丘得孔子……孔子曰……予始殷人也。"[4] 孔子自证"夏人殡于东阶，周人于西阶，殷人两柱间。昨暮予梦坐奠两柱之间，予所殷人也"[5]，这可能只是孔子的一种策略而已。但从孔子的家世来看，孔子是殷人后裔这一点大概是没有问题的。

刘贺被遣返回昌邑后，深知自己处境，变得谨小慎微，几近于关门闭户，如张敞奏报所述："奴婢在中者百八十三人，闭大门，开小门，廉吏一人为领钱物市买，朝内食物，它不得出入。"[6] 在张敞眼中，刘贺萎靡昏聩"年二十六七，为人青黑色，小目，鼻末锐卑，少须眉，身体长大，疾痿，行步不便。衣短衣大绔，冠惠文冠，佩玉环，簪笔持牍趋谒……衣服言语跪起，

1　（汉）班固．汉书 [M]. 北京：团结出版社，1996：622.
2　（汉）班固．汉书 [M]. 北京：中华书局，1962：2937-2938.
3　（汉）班固．汉书 [M]. 北京：中华书局，1962：2945-2946.
4　（汉）司马迁．史记（上）[M]. 北京：中国文史出版社，2003：343.
5　（汉）司马迁．史记（上）[M]. 北京：中国文史出版社，2003：353.
6　（汉）班固．汉书 [M]. 北京：团结出版社，1996：622.

清狂不惠……"[1] 宣帝"知贺不足忌",刘贺才得以就国豫章,重封列侯。"其明年春,乃下诏曰:'盖闻象有罪,舜封之,骨肉之亲,析而不殊。其封故昌邑王贺为海昏侯,食邑四千户。'侍中卫尉金安上上书言:'贺天之所弃,陛下至仁,复封为列侯。贺嚚顽放废之人,不宜得奉宗庙朝聘之礼。'奏可。"[2] 到豫章后,尽管刘贺依旧受到地方官员的严密监视,但从墓葬出土金饼文字"海昏侯臣贺元康三年酎金一斤"可见,在他封侯的当年,他还对政治抱有幻想,备了成色好的酎金助祭。刘贺墓墓室内西回廊北部出土了数十版木牍,是刘贺及其夫人的奏折副本,有朝献、酎金、秋请等内容,其中多次出现"南藩海昏侯臣贺昧死""皇帝陛下""拜上"字样,表达对朝廷谦恭效忠的态度。但"不宜得奉宗庙朝聘之礼",已彻底断送他的政治前途。"数年,扬州刺史柯奏贺,与故太守卒史孙万世交通,万世问贺:'前见废时,何不坚守毋出宫,斩大将军,而听人夺玺绶乎?'贺曰:'然,失之。'万世又以贺且王豫章,不久为列侯。贺曰:'且然,非所宜言。'有司案验,请逮捕。制曰:'削户三千。'后薨。"[3] 因在豫章的不当言行,刘贺又受到"削户三千"的严厉处罚,身体的残败和政治上的数度重创,使刘贺的精神彻底崩溃。《汉书·地理志》"豫章郡海昏"条目中注曰:"先谦曰:《续志》后汉因。刘注'有昌邑城'。《赣水注》'缭水导源建昌县,汉元帝永光二年分海昏立,又东经新吴县,又经海昏县,为上缭水。又为海昏江,分为二水。县东津上有亭,为济渡之要。其水东北迳昌邑城而东,出豫章大江,谓之慨口。昔汉昌邑王之封海昏也,每乘流东望,辄愤慨而还,世因名焉。'"[4] 从"慨口"两字可以看出,刘贺在为海昏侯期间,心情是多么悲愤。

总之,宫变之后的刘贺处境不妙,他的私章印钮等重要用品,包括纹饰处理,断然不敢与汉代有关印钮的规制相冲突,但又不无寄托。"刘贺玉印"为私印,出土于墓主遗骸腰部,可能是墓主的日常佩印,目前没有任何直接证据表明玉印的具体制作时间,也就不能排除在宫变之后。基于此,在笔者看来,这个私章形制做了模糊化处理,龙、凤、螭、鸮,似是而非,似一串隐秘的图像符号,象征其王、帝、侯三重身份和曾经显赫的政治生涯,与他

1　(汉)班固.汉书 [M].北京:团结出版社,1996:622.

2　(汉)班固.汉书 [M].北京:团结出版社,1996:622.

3　(汉)班固.汉书 [M].北京:团结出版社,1996:622.

4　王先谦.汉书补注 [M].上海:上海古籍出版社,2008:2537-2538.

一生经历暗合。

相较于上古先秦，汉代可算是中国历史上第一个具备图像与文字互证条件的时期。汉代是图像兴盛的时代，画像石、画像砖、漆画、帛画、壁画、卷轴画、各种工艺品等图像形式层见叠出，以图像的形式记录了百姓生活、民间信仰、宗教礼仪、社会观念等。恰如思想史家所指出，"在人们生活的实际的世界中，还有一种近乎平均值的知识、思想与信仰，作为底色和基石而存在，这种一般的知识、思想与信仰真正地在人们判读、解释、处理面前世界中起着作用。"[1] 汉代图像所对应的，就是这种作为底色和基石的思想与信仰。宋代史学家郑樵注重图像的史料价值，认为："古之学者，左图右书，不可偏废。"[2] 清代史学理论家章学诚指出图谱之不可或缺："图象为无言之史，谱牒为无文之书，相辅而行，虽欲阙一而不可者也。"[3] 文字与图像"虚实相资，详略互见，庶几可以无遗憾矣。"[4] 这些看法与西方艺术史学中"图像证史"观念契合，揭示了图像所具有的普遍的知识意义和视觉说服力。约翰·拉斯金指出："伟大的民族以三种手稿撰写自己的传记：行力之书，言词之书和艺术之书。我们只有阅读了其中的两部书，才能理解它们中的任何一部；但是，在这三部书中，唯一值得信赖的便是最后一部书。"彼得·伯克说："任何图像都可以用作历史证据。……图像提供的证明，就物质文化史而言，似乎在细节上更为可信一些，特别是把画像用作证据在证明物品如何安排以及物品有什么社会用途时，有着特殊的价值。它们不仅展现了长矛、叉子或书籍等物品，还展示了拿住这些物品的方式。换言之，图像可以帮助我们把古代的物品重新放回到它们原来的社会背景下。"[5] 雅各布·布克哈特认为："只有通过艺术这一媒介，一个时代最秘密的信仰和观念才能传递给后人，而只有这种传递方式才是最值得信赖的。"[6] 但他也清醒地认识文献证史与图像证史的复杂关系，以及图像史料的局限性，从更深刻的层次揭示它的意义：以图像证文献不能证之史，以图像激发舍弃图像而不能发之史观，由此而扩大人类理解自身历史的视野与范畴。即将图像充当第一手史料去阐明文献记

1　葛兆光.中国思想史 [M].上海：复旦大学出版社，2001：13.

2　郑樵.通志二十略：通志总序 [M].王树名点校.北京：中华书局，1995：9.

3　刘知几，章学诚.史通：文史通义 [M].长沙：岳麓书社，1993：219.

4　刘知几，章学诚.史通：文史通义 [M].长沙：岳麓书社，1993：255.

5　彼得·伯克.图像证史 [M].杨豫译.北京：北京大学出版社，2008：12，132.

6　转引自曹意强，杨振宇.艺术史学史 [M].杭州：中国美术学院出版社，2021：18.

载无法记录、保存和发掘的史实，或去激发其他文献无法激发的历史观念。[1]
哈斯克尔曾指出："我们愿称之为艺术这个东西，唯有将之与其他可用证据
结合起来进行研究时，史学家才能对它做出最好的解释。然而，艺术确实有
其自身的'语言'，只有那些努力去探究其多变的意图、惯例、风格和技巧
的人才能理解其奥秘。历史学家和艺术史家之间卓有成效的合作只能建立在
一个基础之上，即充分认识到二者在研究方法上存在着必然差异。"[2]图像是
无言的证人，但图像传达的信息可能被隐匿，也可能被误读，在图像编码与
解码中，可能存在重重误区和陷阱。因此通过图像进行文史研究，还需要借
助多重证据互释。在此，笔者对玉印图像进行深层解读，并非望图生义，也
无意对刘贺的历史形象全盘翻案，但认为对刘贺其人有重新认识之必要。

1　曹意强．图像证史——两个文化史经典实例 [J]．新美术，2005（2）．

2　Francis Haskell. Hisory and its images, New Haven and London: Yale University Press, 1993，pp. 9-10.

结语

　　江西南昌西汉海昏侯刘贺墓是国内发现的面积最大、保存最好、内涵最丰富的汉代列侯等级墓葬，出土了上万件的精美文物。自海昏侯刘贺墓发现以后，有大量专家、学者从不同的角度对海昏侯墓展开了卓有见地的研究。但以往对海昏侯刘贺墓的研究，多是从历史学、考古学、文物学、科技学、艺术学等维度进行的。本课题是在众多已有研究的基础上，根据目前考古发掘所公布的文献材料，从图像研究的角度出发，对南昌海昏侯刘贺墓出土的铜器、玉石器、漆器、金器、陶器图像进行总述，并专门对其中的钟虡、博山炉、车衡饰、云虡纹、孔子衣镜、龙纹漆盘、青铜当卢、马蹄金和麟趾金及玉印进行了深层次的个案阐释，揭示图像背后蕴藏的文化意义及广阔世界。从中不仅可以窥见汉代社会的衣食日用、宫廷政治、礼俗信仰，以及工艺美术的高超成就，也折射出秦汉帝国以降，长江以南的辽阔地域，由边陲重地到中原内陆，由夷越之众到华夏族群，由天地洪荒到中国序列的形成过程，它见证了国家疆域的扩大、东西方交流和江南地区经济的发展，见证了中华民族多元一体过程的形成和发展的沧桑巨变。

　　刘贺短暂的一生经历跌宕起伏，犹如乘坐过山车一般，是常人难以比拟的。按史书中记载，刘贺19岁即皇位，仅27天后，就被以荒淫无度、不保社稷等1000多条理由废黜。看透皇室的争权夺利、尔虞我诈，在此后的15年中，不论是在被剥夺帝位后贬为山阳郡，还是最后被封为海昏侯，刘贺的言行皆小心翼翼、诚惶诚恐，不敢有丝毫怨言。但即使这样，他仍然受到在位的汉宣帝或掌权的霍光的猜忌。公元前68年，霍光去世。2年后，霍家被密告谋反，霍氏一族被满门抄斩。汉宣帝被誉为西汉的中兴之主，但他坐稳了帝位后猜忌有人会利用被霍光废黜的刘贺进行复辟，因此对刘贺进行打压，封地迁移至穷乡僻壤，食邑不断减少，刘贺最终郁郁寡欢，在忧愤中黯然离世。

对于刘贺的真实为人，我们很难完全按照史书中的记载给他定性，但是从海昏侯刘贺墓出土的部分器物中似可管中窥豹。海昏侯墓所出土的大量金器、铜器、车马器、玉器、乐器、漆器、青釉瓷等说明，刘贺作为王侯，生活奢侈，追求物质享受；而孔子衣镜、战国时期的铜器等，则说明刘贺因出生、成长于山东地区，受到儒家思想影响，偏好风雅，有收藏古物的爱好；发现的博山炉、漆器和玉器纹饰、云虡纹等，反映出"天人合一""儒道杂糅""三一为宗"等思想，体现了刘贺受到当时流行的黄老之学影响，追求道家长生不老的缥缈意境，也是他意图脱离俗世的压迫，消极避世的一种体现。

汉代盛行厚葬，墓主人生前使用的物品会大量随葬在墓中，带不到墓里的，也会烧制一些模型随葬。从墓葬中出土的器物，可以对墓主人的身份地位、生前嗜好等有直观了解。从海昏侯刘贺墓出土的众多文物的体量、造型、纹饰图像等方面来说，刘贺墓的等级比其生前列侯的身份要高一些，如随葬螭虎钮的"刘贺"玉印、包金丝缕琉璃席、编钟，大量黄金、铜钱等，均远超出一般列侯的随葬品规格。但同时，在刘贺墓中也发现部分符合列侯等级的随葬品，如龟钮的"大刘印记"和无字玉印、无金缕玉衣等，则又表现出刘贺严守等级制度的一面。中国人讲究"入土为安"，不论刘贺生前是否真的清狂不惠，是否还对皇位存有觊觎之心，但随着他的身死，一切都归于尘土。汉宣帝对刘贺的墓葬是否僭制已不再关注，因为刘贺对他已经没有威胁。

南昌海昏侯刘贺墓所出土器物图像，大多是西汉中晚期典型的样式，比较完整的展现出当时的社会、文化、思想面貌。此时期的汉文化在经历了西汉早、中期的形成过程后，逐渐确立了汉代文化的主要元素、特征，并由此影响了中华民族2000年来的文化发展脉络。其间，虽经过多次王朝更替、民族融合，汉文化的主要精髓仍然保留至今。笔者由于初涉艺术考古领域，驾驭如此宏大的跨学科选题深感举步维艰，考古发掘资料和史料的阅读和整理，图片资料的搜集和比对，近十幅线图的绘制加上时间极为有限都让我左支右绌，所幸有团队成员的通力合作，学术上一起攻坚克难，得以在蹒跚中前行，战战兢兢写就书稿。不妥之处敬请学界同仁批评指正。

经此书稿撰写，增进了对考古学科的敬畏之情，在此向诸多考古领域的先辈与时贤致以真诚的敬意！书稿内容吸收了学界同仁较多成果，恕不一一罗列，谨致谢忱！感谢胡迎建研究员、鲁海峰教授、王春斌研究员、谷莉教授、戴方晨副研究员的鼎力相助和鞭策鼓励，感谢我的研究生魏钰静、王盈盈、薛景中、吕晶晶、姬明豪、刘耘廷、高志明等为本书的注释和图片校对所做的辛苦工作。

海昏侯墓园的考古发现，为说明西汉中晚期的文化史、经济史、艺术史和中外交流史，提供了前所未有的实证资料。发掘工作还在进行，对于今后将获得的考古和图像新识，我们将满怀期待。

参考文献

安徽省文物工作队 . 安徽长丰杨公发掘九座战国墓：考古学集刊：第 2 集 [M]. 北京：中国社会科学出版社，1982.

安居香山 . 纬书 [M]. 东京：明德出版社，1969.

安居香山，中村璋八 . 纬书集成 [M]. 石家庄：河北人民出版社，1994.

班固，钱熙祚校 . 汉武帝内传 [M]. 上海：商务印书馆，1937.

班固，颜师古注 . 汉书 [M]. 北京：中华书局，1962.

毕沅 . 山海经图说 [M]. 上海：上海会文堂书局，1917.

陈国符 . 道藏源流考 [M]. 北京：中华书局，1985.

陈江风 . 汉文化研究 [M]. 郑州：河南大学出版社，2004.

陈立，吴则虞点校 . 白虎通疏证 [M]. 北京：中华书局，1994.

陈亮 . 汉代墓葬门区符篆与阴阳别气观念研究：中国汉画研究：第三卷 [M]. 桂林：广西师范大学出版社，2010.

陈佩芬 . 上海博物馆藏青铜镜 [M]. 上海：上海书画出版社，1987.

陈勤建 . 中国鸟信仰 [M]. 北京：学苑出版社，2003.

陈寿撰，裴松之注 . 三国志 [M]. 北京：中华书局，1999.

成都华通博物馆，荆州博物馆 . 楚风汉韵：荆州出土楚汉文物集萃 [M]. 北京：文物出版社，2011.

崔豹 . 古今注 [M]// 纪昀，永瑢 . 景印文渊阁四库全书 . 台北：台湾商务印书馆，2008.

德布雷 . 图像的生与死 [M]. 上海：华东师范大学出版社，2014.

邓菲 . 中原北方地区宋金墓葬艺术研究 [M]. 北京：文物出版社，2019.

丁瑞茂 . 朴古与精妙——汉代武氏祠画像 [M]. 台北："中研院"历史语言研究所，2007.

丁山 . 商周史料考证 [M]. 上海：龙门联合书局，1960.

董勋撰，吴衍熙 . 问礼俗：汉魏遗书钞 [M]. 嘉庆三年 1798.

段成式，方南生 . 酉阳杂俎 [M]. 北京：中华书局，1981.

傅举有 . 马王堆汉墓不朽之谜 [M]. 杭州：浙江文艺出版社，2011.

范晔，李贤 . 后汉书 [M]. 北京：中华书局，1965.

房玄龄 . 晋书 [M]. 北京：中华书局，1974.

金石学 . 金石索 [M]. 续修四库全书 . 明万历内府刻本 . 上海古籍出版社影印，1995.

盖山林 . 和林格尔汉墓壁画 [M]. 呼和浩特：内蒙古人民出版社，1977.

干宝，汪绍楹 . 搜神记：第 13 卷 [M]. 北京：中华书局，1979.

高丰，陈晓平 . 中国历代器物图册 [M]. 上海：上海美术出版社，1990.

高明 . 大戴礼记今注今译 [M]. 台北：台湾商务印书馆，1977.

高书林 . 淮北汉画像石 [M]. 天津：天津人民美术出版社，2002.

高文 . 四川汉代石棺画像集 [M]. 北京：人民美术出版社，1997.

高文 . 四川汉代画像砖 [M]. 上海：上海人民美术出版社，1987.

高文，王锦生 . 中国巴蜀汉代画像砖大全 [M]. 澳门：国际港澳出版社，2002.

葛洪 . 西京杂记 [M]. 北京：中华书局，1985.

古方 . 从南越王墓出土的玉璧谈汉代的玄璧——南越国史迹研讨会论文选集 [M].2005.

古方 . 冰清玉洁——中国古代玉文化 [M]. 成都：四川人民出版社，2004.

顾森 . 中国汉画像拓片精品集 [M]. 西安：西北大学出版社，2007.

故宫博物院 . 故宫青铜器 [M]. 北京：紫禁城出版社，1999.

广西壮族自治区博物馆 . 广西贵县罗泊湾汉墓 [M]. 北京：文物出版社，1988.

顾颖 . 汉画像艺术概论（上下）[M]. 北京：文化艺术出版社，2016.

葛兆光 . 中国思想史：第 1 卷 [M]. 上海：复旦大学出版社，1998.

广州市文物管理委员会，广州市博物馆．广州汉墓 [M]．北京：文物出版社，1981．

广州市文物管理委员会，中国社会科学院考古研究所，广东省博物馆．西汉南越王墓 [M]．北京：文物出版社，1991．

郭大刀．阅汉堂藏两汉画像砖 [M]．北京：新华出版社，2009．

郭沫若．郭沫若全集 [M]．北京：人民出版社，1982．

郭璞，洪颐煊．穆天子传 [M]．上海：商务印书馆，1939．

郭璞．玄中记：说郛宛委山刻本 [M]．1647．

阮元．十三经注疏附校勘记 [M]．中华书局，1980．

郭庆藩，王孝鱼．庄子集释 [M]．北京：中华书局，1961．

国红．永州鹞子岭二号墓出土西汉铜熏炉 [M]．收藏家．2009（7）．

国家文物局．中国文物精华大辞典（青铜卷）[M]．上海：上海辞书出版社，1995．

黄宛峰．汉代像石与汉代民间丧葬观念 [M]．北京：中国社会科学出版社，2015．

汉语大字典编辑委员会．汉语大字典（缩印本）[M]．武汉：湖北辞书出版社，1992．

郝懿行．尔雅义疏 [M]．北京：中国书店，1982．

河北省文物研究所．燕下都 [M]．北京：文物出版社，1996．

阮元．十三经注疏：附校勘记 [M]．中华书局，1980．

阎根齐．芒砀山西汉梁王墓地 [M]．北京：文物出版社，2001．

河南省文物工作队第一，二队．河南出土空心画像砖图片集 [M]．北京：人民美术出版社，1963．

何清谷．三辅黄图校注 [M]．西安：三秦出版社，1995．

何新．龙——神话与真相 [M]．北京：时事出版社，2002．

何堂坤．中国古代铜镜的研究 [M]．北京：中国科学技术出版社，1992．

湖北省博物馆．曾侯乙墓 [M]．北京：文物出版社，1989．

湖北省博物馆，鄂州市博物馆．鄂城汉三国六朝铜镜 [M]．北京：文物出版社，1986．

湖北省荆沙铁路考古队．包山楚墓 [M]．北京：文物出版社，1991．

湖北省荆州地区博物馆 . 江陵马山一号楚墓 [M]. 北京：文物出版社，1985.

湖南省博物馆，湖南省文物考古研究所 . 长沙马王堆二、三号汉墓卷——田野发掘报告 [M]. 北京：文物出版社，2004.

湖南省博物馆，中国科学院考古研究所 . 长沙马王堆一号汉墓 [M]. 北京：文物出版社，1973.

胡新立 . 邹城汉画像石 [M]. 北京：文物出版社，2008.

李润英 . 神秘奇异之图达观博物之文——千古奇书（山海经）：山海经（图文珍藏本）[M]. 长沙：岳麓书社，2006.

黄晖 . 论衡校释（附刘盼遂集解）[M]. 北京：中华书局，1990.

黄佩贤 . 汉代墓室壁画研究 [M]. 北京：文物出版社，2008.

黄汝成 . 日知录集释 [M]. 长沙：岳麓书社，1994.

黄生，黄承吉，包殿淑 . 字诂义府合按 [M]. 北京：中华书局，1984.

黄晓芬 . 汉墓的考古学研究 [M]. 长沙：岳麓书社，2003.

黄雅峰 . 海宁汉画像石墓研究 [M]. 杭州：浙江大学出版社，2008.

黄雅峰，陈长山 . 南阳麒麟岗汉画像石墓 [M]. 西安：三秦出版社，2008.

黄展岳 . 先秦两汉考古与文化 [M]. 台北：允晨文化实业股份有限公司，1989.

惠栋 . 九曜斋笔记 [M]. 清刘世珩校刊聚学轩丛书：第 3 集 //

惠夕平 . 两汉博山炉研究 [D]. 山东大学，2008.

弗雷泽 . 金枝精要——巫术与宗教之研究 [M]. 刘魁立编 . 上海：上海文艺出版社，2001.

江西省文物考古研究所，首都博物馆 . 五色炫曜——南昌汉代海昏侯国考古成果 [M]. 南昌：江西人民出版社，2016.

江西晨报 . 金色海昏——发现海昏侯 [M]. 南昌：江西教育出版社，2015.

江西师范大学海昏历史文化研究中心 . 纵论海昏——南昌海昏侯墓发掘暨秦汉区域文化国际学术研讨会论文集 [M]. 南昌：江西教育出版社，2016.

蒋骥 . 山带阁注楚辞 [M]. 北京：中华书局，1958.

罗森 . 莲与龙——中国纹饰 [M]. 上海：上海书画出版社，2019.

杰西卡·罗森 . 异域魅惑——汉帝国及其北方邻国——古代墓葬美术研究：

第 2 辑 [M]. 长沙：湖南美术出版社，2013.

罗森. 中国的博山炉——由来、影响及其含义：祖先与永恒——杰西卡·罗森中国考古艺术文集 [M]. 北京：生活·读书·新知三联书店，2011.

金石拓本研究会. 汉碑集成 [M]. 京都：同朋舍株式会社，1994.

金翔. 安吉汉晋古砖概述：故彰砖录 [M]. 香港：中国美术出版社，2007.

孔令伟. 悦古：中国艺术史中的古器物及其图像表达 [M]. 上海：上海书画出版社，2020.

康兰英，朱青生主编. 汉画总录 [M]. 桂林：广西师范大学出版社，2012.

孔安国，孔颖达. 尚义正书 [M]//. 阮元. 十三经注疏：附校勘记 [M]. 中华书局，1980.

黎翔凤，梁运华. 馆子校注 [M]. 北京：中华书局，2004.

李大钊. 李大钊文集 [M]. 北京：人民出版社，1984.

李发林. 汉画考释和研究 [M]. 北京：中国文联出版社，2000.

李昉，李穆，徐铉等. 太平御览 [M]. 北京：中华书局，1960.

李贵龙. 绥德文库：汉画像石卷 [M]. 北京：中国文史出版社，2004.

李贵龙，王建勤. 绥德汉代画像石 [M]. 西安陕西人民美术出版社，2001.

李诚. 营造法式 [M]. 上海：商务印书馆，1933.

李林，康兰英，赵力光. 陕北汉代画像石 [M]. 西安：陕西人民美术出版社，1995.

李宁. 金与不朽——两汉以前中国鎏金铜器与长生不死观念 [D]. 济南：山东大学 .2007.

李润英. 神秘奇异之图达观博物之文——千古奇书（山海经）：山海经（图文珍藏本）[M]. 长沙：岳麓书社，2006.

李新城. 东汉铜镜铭文整理研究 [D]. 上海：华东师范大学，2006.

李学勤. 中国青铜器的起源与发展：中国美术全集·工艺美术编 4·青铜器（上）[M]. 北京：文物出版社，1985.

李银德. 汉代的玉棺与镶玉漆棺：两汉文化研究：第 3 辑 [M]. 北京：文化艺术出版社，2004.

李泽奉，刘如仲. 古灯饰鉴赏与收藏 [M]. 长春：吉林科学技术出版社，1999.

李泽厚.美的历程 [M]. 北京：中国社会科学出版社，1981.

郦道元.水经注 [M]. 上海：商务印书馆，1929.

练春海.重塑往昔：艺术考古的观念与方法 [M]. 北京：社会科学文献出版社，2019.

练春海.汉代车马形像研究——以御礼为中心 [M]. 桂林：广西师范大学出版社，2012.

练春海.西汉长安墓室壁画研究综论：中国汉画学会第十三届年会论文集 [M]. 郑州：中州古籍出版社，2011.

练春海.制器尚象：中国古代器物文化研究 [M]. 桂林：广西师范大学出版社，2021.

梁诗正.钦定西清古鉴卷三十八 [M]. 景印文渊阁四库全书. 台北：台湾商务印书馆，1983.

林巳奈夫.中国古玉研究 [M]. 杨美莉，译. 台北：艺术图书公司，1977.

林巳奈夫.中国古代的日晕神话图像：三星堆与巴蜀文化 [M]. 成都：巴蜀书社，1993.

林巳奈夫.神与兽的纹样学——中国古代诸神 [M]. 常耀华，王平，刘晓燕等译. 北京：生活、读书、新知三联书店，2009.

临沂市博物馆.临沂汉画像石 [M]. 济南：山东美术出版社，2002.

刘成纪.先秦两汉艺术观念史（上下）[M]. 北京：人民出版社，2017.

论文集 [M].2019.

刘向.古列女传 [M]. 建安余式模刻绣像本，1063（宋嘉佑八年）.

刘熙.释名 [M]. 北京：中华书局，1985.

刘昫等.旧唐书 [M]. 北京：中华书局，2000.

刘文典.淮南鸿烈集解 [M]. 北京：中华书局，1989.

刘珍等.东观汉记校注 [M]. 吴树平译. 北京：中华书局，2008.

陆心源.千甓亭古砖图释 [M]. 北京：中国书店，1990.

罗二虎.汉代画像石棺 [M]. 成都：巴蜀书社，2002.

罗愿，洪焱祖.尔雅翼 [M]. 上海：商务印书馆，1935.

罗振玉，殷虚书契考释三种 [M]. 北京：中华书局，2006.

洛阳博物馆.洛阳出土铜镜 [M]. 北京：文物出版社，1988.

洛阳博物馆 . 洛阳涧西七里河东汉墓地发掘简报：考古 [M].1975.

洛阳博物馆 . 洛阳金谷园新莽时期壁画墓：文物资料丛刊（第九期）[M].
北京：文物出版社，1985.

洛阳市文物管理局，洛阳古代艺术博物馆 . 洛阳古代墓葬壁画 [M]. 郑州：
中州古籍出版社，2010.

洛阳区考古发掘队 . 洛阳烧沟汉墓 [M]. 北京：科学出版社，1959.

吕大临，赵九成 . 考古图・续考古图・考古图释文 [M]. 北京：中华书局，
1987.

马承源 . 中国古代青铜器 [M]. 上海：上海人民出版社，1982.

马汉国 . 微山汉画像石选集 [M]. 北京：文物出版社，2003.

马总 . 意林 . 景印文渊阁四库全书 [M]. 台北：台湾商务印书馆，1985.

梅原末治 . 中国古玉图录：日本京都大学文学部考古学教室考古与资料
丛刊（第四册）[M]. 东京：同朋舍，1955.

那志良 . 中国古玉图释 [M]. 台北：南天书局，1990.

卢兆荫 . 发现满城汉墓 [M]. 杭州：浙江文艺出版社，2011.

南昌汉代海昏侯国遗址博物馆 . 金色海昏：汉代海昏侯国历史与文化展
[M]. 北京：文物出版社，2020.

牛天伟，金爱秀 . 汉代神灵图像考述 [M]. 郑州：河南大学出版社，2016.

南京博物院 . 四川彭山汉代崖墓 [M]. 北京：文物出版社，1991.

内蒙古自治区博物馆文物工作队 . 和林格尔汉墓壁画 [M]. 北京：文物出
版社，1978.

宁城县文化馆 . 宁城县新发现的夏家店上层文化墓葬及相关遗物的研究：
文物资料丛刊第九期 [M]. 北京：文物出版社，1985.

欧阳修 . 集古录跋尾 [M]. 光绪丁亥校刊行素草堂藏版影印本 .1887（光绪
十三年）

欧阳询，汪绍楹 . 艺文类聚（附索引）[M]. 上海：古籍出版社，1982.

潘攀 . 汉代神兽图像研究 [M]. 北京：文物出版社，2019.

蒲慕州 . 墓葬与生死：中国古代宗教之省思 [M]. 台北：联经出版事业公
司 1993.

青海省文物管理处考古队 . 中国社会科学院考古研究所 . 青海柳湾：乐都

柳湾原始社会墓地 [M]. 北京：文物出版社，1984.

裘锡圭. 文字学概要 [M]. 北京，商务印书馆，1988.

任继愈. 中国文化大典 [M]. 太原：山西教育出版社，1999.

容庚，张维持. 殷周青铜通论 [M]. 北京：文物出版社，1984.

容庚. 秦汉金文录 [M]. 台北："中研院"历史语言研究所影印.1992.

陕西省考古研究所. 中国考古学年鉴·1989：西安市南郊净水厂汉、唐墓群 [M]. 北京：文物出版社，1990.

陕西省考古研究所. 陕西神木大保当汉彩绘画像石 [M]. 重庆：重庆出版社，2000.

陕西省考古研究所，西安交通大学. 西安交通大学西汉壁画墓 [M]. 西安：西安交通大学出版社，1991.

陕西省考古研究院. 壁上丹青：陕西出土壁画集 [M]. 北京：科学出版社，2009.

山东博物馆编委会. 山东博物馆 [M]. 济南：山东博物馆，2012.

山东博物馆，山东省文物考古研究所. 山东汉画像石选集 [M]. 济南：齐鲁书社，1982.

山东省文物管理处，山东博物馆. 山东文物选集：普查部分 [M]. 北京：文物出版社，1959.

商承祚. 长沙古物闻见记·续记 [M]. 北京：中华书局，1996.

商丘博物馆. 中国文物报：永城芒山发现西汉梁国王室墓葬 [M].1986.

尚秉和. 历代社会风俗事物考 [M]. 上海：上海书店，1991.

申时行，赵用贤. 续修四库全书：大明会典 [M]. 上海：上海古籍出版社影印，1995.

沈从文. 中国古代服饰研究 [M]. 上海：上海书店出版社，2002.

沈括，胡道静. 梦溪笔谈校证 [M]. 上海：上海出版公司，1956.

沈宜杨. 湖北当阳刘家冢子东汉画像石墓发掘简报：文物资料丛刊（第一辑）[M]. 北京：文物出版社，1977.

沈约. 宋书 [M]. 北京：中华书局，1974.

施杰. 中国汉画研究（第二卷）：意义、解释与再解释——谶纬语境与汉画形相 [M]. 桂林：广西师范大学出版社，2006.

司马彪，刘昭 . 后汉书志 [M]. 北京：中华书局，1962.

司马迁，裴骃，司马贞等 . 史记 [M]. 北京：中华书局，1959.

宋均 . 春秋纬元命苞 [M]. 玉函山房辑佚书版，1999.

苏宝荣 . 说文解字今注 [M]. 西安：陕西人民出版社，2000.

孙机 . 仰观集：古文物的欣赏与鉴别 [M]. 北京：文物出版社，2015.

孙机 . 中国古代物质文化 [M]. 北京：中华书局，2014.

孙机 . 汉代物质资料图说 [M]. 北京：文物出版社，1991.

孙作云 . 孙作云文集（第四卷）：美术考古与民俗研究 [M]. 郑州：河南大学出版社，2003.

孙希旦，沈啸寰，王星贤 . 礼记集解 [M]. 北京：中华书局，1989.

王弼，韩康伯 . 孔颖达等 . 十三经注疏：附校勘记 [M]. 中华书局，1980.

王符，汪继培，彭铎 . 潜夫论笺校正 [M]. 北京：中华书局，1985.

王嘉 . 萧绮，齐治平 . 拾遗记 [M]. 北京：中华书局，1981.

王建中，闪修山 . 南阳两汉画像石 [M]. 北京：文物出版社，1990.

王利器 . 盐铁论校注 [M]. 北京：中华书局 1992.

王良田，陈钦元 . 玄鸟扶桑画像研究：中国汉画学会第十届年会论文集 [M]. 武汉：湖北人民出版社，2006.

王儒林，李陈广 . 南阳汉画像石 [M]. 郑州河南美术出版社 1989.

王先谦，沈啸寰，王星贤 . 荀子集解 [M]. 北京：中华书局，1988.

韦娜 . 洛阳汉墓壁画艺术 [M]. 郑州：河南美术出版社，2004.

卫宏 . 汉官旧仪 [M]. 长沙：商务印书馆，1939.

卫宏 . 汉旧仪 [M]. 长沙：商务印书馆，1939.

魏坚 . 内蒙古中南部汉代墓葬 [M]. 北京：中国大百科全书出版社，1998.

巫鸿 . 时空中的美术：巫鸿中国美术史文编二集 [M]. 梅枚译 . 北京：生活·读书·新知三联书店，2009.

巫鸿 . 武梁祠：中国古代画像艺术的思想性 [M].. 柳杨，岑河译 . 北京：生活·读书·新知三联书店，2015.

巫鸿 . 礼仪中的美术——巫鸿中国古代美术史文编：从"庙"至"墓"：中国古代宗教美术发展的一个关键问题 [M]. 北京：生活·读书·新知三联书店，2005.

巫鸿 . 时空中的美术：巫鸿中国美术史文编二集：明器的理论和实践：战国时期礼仪美术中的观念化倾向 [M]. 北京：生活读书·新知三联书店，2009.

巫鸿 . 古代墓葬美术研究（第一辑）：引魂灵璧 [M]. 北京：文物出版社，2011.

巫鸿 . 汉代道教美术试探：礼仪中的美术：巫鸿中国古代美术史文编 [M]. 北京：生活·读书·新知三联书店，2005.

巫鸿 . 黄泉下的美术：宏观中国古代墓葬 [M]. 施杰译 . 北京：生活读书·新知三联书店，2010.// 吴冠文，谈蓓芳，章培恒 . 玉台新咏汇校 [M]. 上海：上海古籍出版社，2011.

武利华 . 中华图像文化史 秦汉卷（下）[M]. 北京：中国摄影出版社，2015.

吴均，王根林 . 续齐谐 汉魏六朝笔记小说大观 [M]. 上海：上海古籍出版社，1999.

西安市文物考古所，郑州大学考古专业 . 程林泉等 . 长安汉墓 [M]. 西安：陕西人民出版社，2004.

萧兵 . 楚辞与神话 [M]. 南京：江苏古籍出版社，1986.

辛德勇 . 海昏侯新论 [M]. 北京：生活·读书·新知三联书店，2019.

萧统，李善注 . 文选 [M]. 上海：上海古籍出版社，1986.

信立祥 . 汉代画像石综合研究 [M]. 北京：文物出版社，2000.

邢义田 . 画为心声：画像石、画像砖与壁画 [M]. 北京：中华书局，2011.

邢义田 . 画外之意：汉代孔子见老子画像研究 [M]. 北京：生活·读书·新知三联书店，2006.

邢义田 . 今尘集：秦汉时代的简牍、画像与文化流播（上下）[M]. 上海：中西书局，2019.

徐朝华 . 尔雅今注 [M]. 天津：南开大学出版社，1994.

徐坚 . 初学记 [M]. 北京：中华书局，1962.

邢千里 . 中国历代孔子图像演变研究 [M]. 济南：山东大学出版社，2013.

徐州汉画像石艺术馆 . 徐州汉画像石 [M]. 北京：线装书局，2011.

徐州博物馆，沛县文化馆 . 江苏沛县栖山汉画像石墓清理简报 [M]. 考古学集刊（第二集），1982.

许地山 . 道教史 [M]. 上海：商务印书馆，1934.

许慎，段玉裁 . 说文解字注 [M]. 杭州：浙江古籍出版社，1998.

许维遹 . 吕氏春秋集释 [M]. 北京：中华书局，2009.

薛椿荫 . 古诗玉屑 [M]. 南昌：江西人民出版社，1984.

雅安市文物管理所，四川文物考古研究院 . 雅安汉代石刻精品 [M]. 成都：四川人民出版社，2005.

严可均 . 全上古三代秦汉三国六朝文 [M]. 北京：中华书局，1958.

阎根齐，米景周，李俊山 . 商丘汉画像石 [M]. 郑州：河南美术出版社，1992.

杨爱国 . 幽明两界——纪年汉代画像石研究 [M]. 西安：陕西人民美术出版社，2006.

杨伯达 . 中国玉器全集 [M]. 石家庄：河北美术出版社，2005.

杨立新 . 中国出土玉器全集 6·安徽卷 [M]. 北京：科学出版社，2005.

杨树达 . 汉代婚丧礼俗考 [M]. 上海：上海古籍出版社，2009.

扬州博物馆，天长市博物馆 . 汉广陵国玉器 [M]. 北京：文物出版社，2003.

姚生民 . 甘泉宫志 [M]. 西安：三秦出版社，2003.

叶德辉 . 观古堂所著书 [M]. 湘潭叶氏刊本，1902（光绪二十八年）.

叶舒宪 . 中国文化的大传统和小传统 [M]. 北京：光明日报 .2012.

佚名 . 山海经（图文珍藏本）[M]. 李润英，陈焕良译 . 长沙：岳麓书社，2006.

殷荪 . 中国砖铭 [M]. 南京：江苏美术出版社，1998.

殷志强 . 汉代穿璧——玉璧含义的新变化 [M]. 北京：中国文物报 .2001.

殷志强 . 汉代司南佩辨识：传世古玉辨伪与鉴考 [M]. 北京：紫禁城出版社，1998.

殷志强，张敏 . 中国出土玉器全集 7·江苏上海卷 [M]. 北京：科学出版社，2005.

应劭，王利器 . 风俗通义校注 [M]. 北京：中华书局，1981.

榆林市文物保护研究所，榆林市文物考古勘探工作队 . 米脂官庄画像石墓 [M]. 北京：文物出版社，2009.

余英时 . 东汉生死观 [M]. 侯旭东译 . 上海：上海古籍出版社，2005.

俞樾 . 续修四库全书：湖楼笔谈 [M]. 上海：上海古籍出版社影印，1995.

袁珂 . 山海经全译 [M]. 贵阳：贵州人民出版社，1991.

曾布川宽 . 崑崙山の昇仙：古代中国人が描いた死後の世界 [M]. 东京：中央公论新社，1981.

曾昭橘，蒋宝庚，黎忠义等 . 沂南古画像石墓发掘报告 [M]. 北京：文化部文物管理局，1956.

张从军 . 汉画像石 [M]. 济南：山东友谊出版社，2002.

张从军 . 黄河下游的汉画像石艺术 [M]. 济南：齐鲁书社，2004.

朱存明 . 汉画像之美：汉画像与中国传统审美观念研究 [M]. 北京：商务印书馆，2017.

张道一 . 汉画故事 [M]. 重庆：重庆大学出版社，2006.

张光直 . 青铜挥麈 [M]. 上海：上海文艺出版社，2000.

张光直 . 谈琮及其在中国古史上的意义：文物与考古论集 [M]. 北京：文物出版社，1986.

和鸿修 . 陕西汉画 [M]. 西安：三秦出版社，1994.

张俐 . 论陕北东汉铭文刻石：中国汉画研究（第二卷）[M]. 桂林：广西师范大学出版社，2006.01.

张彦远 . 历代名画记 [M]. 景印文渊阁四库全书，台湾：商务印书馆，1980.

张英 . 吉林出土铜镜 [M]. 北京：文物出版社，1990.

张洁 . 汉代漆器云兽纹样研究：中国汉画学会第九届年会论文集（上）[M]. 北京：中国社会

出版社，2004.

赵殿增 . 三星堆祭祀坑文物研究：三星堆与巴蜀文化 [M]. 成都：巴蜀书社，1993.

赵君卿 . 周算经 [M]. 上海：文物出版社，1981.

赵希鹄 . 洞天清禄集·古钟鼎彝器辨 . 清嘉庆四年读书斋丛书（丁集）[M].

浙江省文物考古研究所 . 反山 [M]. 北京：文物出版社，2005.

郑岩 . 弯曲的柱子——陕北东汉画像石的一个细节：古代墓葬美术研究（第

二辑）[M]. 长沙：湖南美术出版社，2013.

郑元，贾公彦. 十三经注疏：附校勘记 [M]. 北京：中华书局，1980.

郑元，贾公彦. 十三经注疏：附校勘记 [M]. 北京：中华书局，1980.

郑元，孔颖达. 十三经注疏：附校勘记 [M]. 北京：中华书局，1980.

郑元，孔颖达. 十三经注疏：附校勘记 [M]. 北京：中华书局，1980.

朱凤瀚. 海昏简牍初论 [M]. 北京：北京大学出版社，2020.

王弼、韩康伯，孔颖达等. 十三经注疏：附校勘记 [M]. 中华书局 1980 年版影印本.

中国画像石全集编辑委员会. 中国画像石全集 1：山东汉画像石 [M]. 济南：山东美术出版社，郑州：河南美术出版社，2000.

中国画像石全集编辑委员会. 中国画像石全集 2：山东汉画像石 [M]. 济南：山东美术出版社，郑州：河南美术出版社，2000.

中国画像石全集编辑委员会. 中国画像石全集 3：山东汉画像石 [M]. 济南：山东美术出版社，郑州：河南美术出版社，2000.

中国画像石全集编辑委员会. 中国画像石全集 4：江苏、安徽、浙江汉画像石 [M]. 济南：山东美术出版社，郑州：河南美术出版社，2000.

中国画像石全集编辑委员会. 中国画像石全集 5：陕西、山西汉画像石 [M]. 济南：山东美术出版社，郑州：河南美术出版社，2000.

中国画像石全集编辑委员会. 中国画像石全集 6：河南汉画像石 [M]. 济南：山东美术出版社，郑州：河南美术出版社，2000.

中国画像石全集编辑委员会. 中国画像石全集 7：四川汉画像石 [M]. 济南：山东美术出版社，郑州：河南美术出版社，2000.

中国美术全集编委会. 中国美术全集：绘画篇·18[M]. 上海：上海人民美术出版社，1988.

中国美术全集编委会. 中国美术全集：工艺美术篇（一）·陶瓷（上）[M]. 上海：上海人民美术出版社，1988.

中国科学院考古研究所. 沣西发掘报告 [M]. 北京：文物出版社，1962.

中国科学院考古研究所，河北省文物管理处. 满城汉墓发掘报告 [M]. 北京：文物出版社，1980.

中国科学院考古研究所，陕西省西安半坡博物馆. 西安半坡：原始公社

聚落遗址 [M]. 北京：文物出版社，1963.

　　中国科学院考古研究所 . 上村岭虢国墓地 [M]. 北京：科学出版社，1959.

　　中国青铜器全集编委会 . 中国青铜器全集 1：夏、商（一）[M]. 北京：文物出版社，1996.

　　中国青铜器全集编委会 . 中国青铜器全集 2：商（二）[M]. 北京：文物出版社，1997.

　　中国青铜器全集编委会 . 中国青铜器全集 4：商（四）[M]. 北京：文物出版社，1997.

　　中国青铜器全集编委会 . 中国青铜器全集 5：西周（一）[M]. 北京：文物出版社，1996.

　　中国青铜器全集编委会 . 中国青铜器全集 7：东周（一）[M]. 北京：文物出版社，1998.

　　中国青铜器全集编委会 . 中国青铜器全集 8：东周（二）[M]. 北京：文物出版社，1995.

　　中国青铜器全集编委会 . 中国青铜器全集 9：东周（三）[M]. 北京：文物出版社，1997.

　　中国青铜器全集编委会 . 中国青铜器全集 11：东周（五）[M]. 北京：文物出版社，1997.

　　中国社会科学院考古研究所 . 张家坡西周墓地 [M]. 北京：中国大百科全书出版社，1996.

　　中国社会科学院语言研究所词典编辑室 . 现代汉语词典 [M]. 北京：商务印书馆，2006.

　　周嘉胄 . 香乘卷二十六：景印 . 钦定四库全书 [M]. 台北：台湾商务印书馆，1985.

　　周纬 . 中国兵器史稿 [M]. 天津：百花文艺出版社，2005.

　　周武彦 . 中国古代音乐考释 [M]. 吉林：吉林人民出版社，2005.

　　朱狄 . 当代西方艺术哲学 [M]. 北京：人民出版社，1994.

　　朱孔阳 . 历代陵寝备考 [M]. 扬州：江苏广陵古籍刻印社，1990.

　　朱莉亚·凯·默里 . 新石器时代的中国玉器——谈美国佛里尔艺术馆玉器藏器 [M]. 苏文译 . 东南文化 .1988（2）.

朱青生.将军门神起源研究:论误解与成形[M].北京:北京大学出版社,1998.

朱锡禄.武氏祠汉画像石[M].济南:山东美术出版社,1986.

朱锡禄.嘉祥汉画像石[M].济南:山东美术出版社,1992.

朱锡禄.嘉祥汉画像石[M].济南:山东美术出版社,1992.

宗懔撰,杜公瞻注,黄益元校点.荆楚岁时记:汉魏六朝笔记小说大观[M].上海:上海古籍出版社,1999.

邹衡.商周考古[M].北京:文物出版社,1979.

左丘明传,杜预注,孔颖达等正义.春秋左传正义.阮元校刻.十三经注疏:附校勘记[M].中华书局,1980.

佐竹靖彦.汉代坟墓祭祀画像中的亭门、亭阙和车马行列:汉画研究(第一卷)[M].桂林:广西师范大学出版社,2004.

艾素珊,宋莉译.答威利之疑:论弗利尔美术馆馆藏汉代博山炉的风格和年代[J].西北美术,2002(3)期.

安徽省文物考古研究所.安徽定远谷堆王九座汉墓的发掘[J].考古,1985(5).

安阳市文物工作队.安阳梯家口村汉墓的发掘[J].华夏考古,1993(1).

包丽红,蔡堂根.铜镜驱邪观念的心理结构[J].上海交通大学学报,2004(2).

北京市文物工作队.北京平谷县西柏店和唐庄子汉墓发掘简报[J].考古,1962(5).

北京市文物管理处.北京地区的又一重要考古收获——昌平白浮西周木椁墓的新启示[J].考古,1976(4).

长沙市文化局文物组.长沙咸家湖西汉曹女巽墓[J].文物,1979(3).

长沙市文物考古研究所,望城文物管理局.湖南望城风篷岭汉墓发掘简报[J].文物,2007(12).

陈长山,魏仁华.蹶张图考[J].考古与文物,1983(3).

陈连庆.汉代兵制述略[J].史学集刊,1983(2).

陈美东.中国古代日月五星右旋说与左旋说之争[J].自然科学史研究,1997(2).

程长新 . 北京市拣选古代青铜器续志 [J]. 文物，1984（12）.

程地宇 . 神树、离鸟、灵舟——"巴蜀图语"船形符号试析 [J]. 三峡学刊，1994（4）.

程红 . 合肥出土、征集的部分古代铜镜 [J]. 文物，1988（10）.

丛德新，罗志宏 . 重庆巫山县东汉鎏金铜牌饰的发现与研究 [J]. 考古，1998（12）.

陈斯文 . 两汉时期出土玉璧的初步研究 [D]. 西北大学，2012.

David Priestly，Benedicta Ferraro，于力凡译 . 铜镜的背后——中国明代以前的铜镜艺术 [J]. 收藏家，2006（2）.

定县博物馆 . 河北定县 43 号汉墓发掘简报 [J]. 文物，1973（11）.

董亚魏 . 试论古代铜镜镜面凸起的成因及其相关问题 [J]. 文物保护与考古科学，2000（11）.

杜迺松 . 铜镜杂谈 [J]. 紫禁城，1982（3）.

丰宁满族自治县文物管理所 . 丰宁土城东沟道下山戎墓 [J]. 文物，1999（11）.

冯国富 . 固原出土汉代铜镜简论 [J]. 固原师专学报，1998（2）.

冯青 . 山海经"戴胜"考 [J]. 汉字文化，2006（6）.

付维鸽 . 红山文化"玉猪龙"原型及功用新探 [J]. 赤峰学院学报（汉文哲学社会科学版），2013（9）.

傅举有 . 帛书、帛画出土记—长沙子弹库 1 号楚墓的盗掘与再发掘 [J]. 上海文博论丛，2005（2）.

甘肃居延考古队 . 居延汉代遗址的发掘和新出土的简册文物 [J]. 文物，1978（1）.

高西省 . 论早期铜镜 [J]. 中原文物，2001（3）.

高至喜 . 湖南古代墓葬概况 [J]. 文物，1960（3）.

郜向平 . 商墓中的毁器习俗与明器化现象 [J]. 考古与文物，2010（1）.

顾铁符 . 关于帛画 [J]. 文物，1972（9）.

广西壮族自治区文物工作队，合浦县博物馆 . 广西合浦县九只岭东汉墓 [J]. 考古，2003（10）.

广西壮族自治区文物考古写作小组 . 广西合浦西汉木椁墓 [J]. 考古，1972（5）.

郭小武 . 凶 "五" 考辨——关于猫头鹰和端午日的避忌问题 [J]. 语文建设，1996（9）.

H.G.Greel. *"What is Taoism?"* [J]. Journal of American Oriental Society.1956（76）.

韩波 . 汉代宫廷香薰活动及香薰器具的艺术成就 [J]. 艺术百家，2010（5）.

韩伟 . 秦始皇时代佛教已传入中国考 [J]. 文博，2009（2）.

河北省文化局文物工作队 . 河北定县北庄汉墓发掘报告 [J]. 考古学报，1964（2）.

河北省文物研究所 . 河北阳原县北关汉墓发掘简报 [J]. 考古，1990（4）.

河南省博物馆 . 灵宝张湾汉墓 [J]. 文物，1975（1）.

河南省南阳地区文物研究所 . 新野樊集汉画像砖墓 [J]. 考古学报，1990（4）.

河南省文物考古研究所 . 河南济源市桐花沟十号汉墓 [J]. 考古，2000（2）.

河南省文物考古研究所，平顶山市文物局 . 平顶山应国墓地两座战国墓发掘简报 [J]. 中原文物，2007（4）.

河南省文物研究所 . 密县后士郭汉画像石墓发掘报告 [J]. 华夏考古，1987（2）.

河南省偃师县文物管理委员会 . 偃师县南蔡庄乡汉肥致墓发掘简报 [J]. 文物，1992（9）.

何努 . 商代鸱鸮零考 [J]. 西华大学学报（哲学社会科学版），1986（1）.

何志国，孙淑云，梁宏刚 . 我国最早的道教炼丹实物——绵阳双包山汉墓出土金汞合金的初步研究 [J]. 自然科学史研究，2007（1）.

贺西林 . 东汉钱树的图像及意义——兼论秦汉神仙思想的发展及流变 [J]. 故宫博物院院刊，1998（3）.

贺西林 . 洛阳北郊石油站汉墓壁画图像考辨 [J]. 文物，2001（5）.

赫连玉芳 . 许昌汉画像石门扉图像浅析 [J]. 华夏考古，2013（3）.

侯伯鑫 . 山海经建木考 [J]. 中国农业史，1996（3）.

湖南省博物馆 . 长沙树木岭战国墓阿弥西汉墓 [J]. 考古，1984（9）.

怀化地区文物管理处，靖州县文物管理所 . 湖南靖州县团结村战国西汉墓 [J]. 考古，1998（5）.

湖南省博物馆 . 湖南常德南坪东汉 "酉阳长" 墓 [J]. 考古，1980（4）.

湖南省博物馆.湖南长沙南郊砂子塘汉墓 [J].考古，1963（5）.

湖南省博物馆.长沙砂子塘西汉墓发掘简报 [J].文物，1963（2）.

湖南省博物馆.新发现的长沙战国楚墓帛画 [J].文物，1973（7）.

黄厚明，陈云海.中国文化中的猫头鹰信仰 [J].寻根，2005（3）.

黄卫东.史前碎物葬 [J].中原文物，2003（2）.

黄晓芬.汉墓形制的变革—试析竖穴式椁墓向横穴式室墓的演变过程 [J].考古与文物，1996（1）.

贾雯鹤.圣山：成都的神话溯源——（山海经）与神话研究之二 [J].四川大学学报（哲学社会科学版），2004（4）.

江用虎，金晓春.鉴识宋代阳燧镜 [J].艺术市场，2005（4）.

金爱秀.试论铺首的研究 [J].西北民族大学学报（哲学社会科学版），2008（1）.

李春雷.江苏徐州狮子山楚王陵出土镶玉漆棺的推理复原研究 [J].考古与文物，1999（1）.

李东琬.阳燧小考 [J].自然科学史研究，1996（4）.

李发林.记山东大学旧藏的一些汉画像石拓片 [J].考古，1985（11）.

李恭笃.辽宁凌源县三官甸子城子山遗址试掘报告 [J].考古，1986（6）.

李恒全.试述汉代官营手工业中的商品生产 [J].东南文化，2002（1）.

李零.中国古代的墓主画像—考古艺术史笔记 [J].中国历史文物，2009（2）.

李欧.红山文化玉璧信息资源整理研究 [J].吉林广播电视大学学报，2003（2）.

李素琴.也谈西王母之"戴胜" [J].安徽文学，2009（1）.

李爽.汉镜铭文种类 [J].文博，1993（1）.

李莎译.西汉时期的博山炉——一种类型学和图像学的分析方法 [J].民族艺术：2009（4）.

李维生.中国铜镜的起源及早期传播 [J].山东大学学报，1988（2）.

李卫星.对四川汉画"天门"图像考释之我见 [J].四川文物，1994（3）.

李学勤.考古发现与中国文字起源 [J].中国文化研究季刊，1985（2）.

李学文.山西襄汾县吴兴庄汉墓出土铜器 [J].考古，1989（11）.

李银德.徐州发现西汉早期银缕玉衣 [J].东南文化，2000（2）.

刘雋 . 摇钱树及其图像的初步研究 [D]. 四川大学，2006.

纪达凯，刘劲松 . 江苏东海县尹湾汉墓群发掘简报 [J]. 文物，1996（8）.

练春海 . 论汉代图像的秩序构建 [J]. 南京艺术学院学报美术与设计版，2008（3）.

梁白泉 . 高邮天山一号汉墓发掘侧记 [J]. 文博通讯，1980（32）.

宁城县南山根的石椁墓 [J]. 考古学报，1973（2）.

林娟 . 博山炉考 [J]. 四川文物，2008（3）.

林向 . 我国西南地区的汉魏青铜树——"柱铢" [J]. 考古与文物，2008（2）.

刘心健 . 山东临沂西汉刘疵墓 [J]. 考古，1980（6）.

刘春声 . 华胜——西王母的化身 [J]. 收藏，2010（8）.

刘晗露，赵耀 . 岁月的叩响——铺首衔环 [J]. 南方文物，2008（2）.

刘学堂 . 论中国早期铜镜源于西域 [J]. 新疆师范大学学报（哲学社会科学版），1999（3）.

刘明琼 . 贵州铜镜研究 [J]. 贵族民族研究，1997（4）.

罗二虎 . 汉代画像石棺研究 [J]. 考古学报，2000（1）.

罗二虎 . 四川崖墓的初步研究 [J]. 考古学报，1988（2）.

罗琨 . "用枭镜以祠黄帝"的可信性考察 [J]. 陕西日报，2007.

罗西章 . 扶风县出土的商周青铜器 [J]. 考古与文物，1980（4）.

孙作云 . 洛阳卜千秋墓壁画墓发掘简报 [J]. 文物，1977（6）.

赵振华，邢健东 . 河南省洛阳北郊东汉壁画墓 [J]. 考古，1991（8）.

马玺伦 . 山东沂县发现一件西汉铜熏炉 [J]. 考古，1985（12）.

马晓亮 . "柱铢"及"离利"辨误 [J]. 考古，2013（1）.

负安志 . 陕西茂陵一号无名家一号从葬坑的发掘 [J]. 文物，1982（9）.

茂陵地区文管会，茂陵博物馆 . 茂陵发现的西汉四神纹玉铺首 [J]. 考古与文物，1986（3）.

梅原末治 . 中国殷周の古镜 [J]. 史林，1959（6）.

苗霞 . 中国古代铺首衔环浅析 [J]. 殷都学刊，2006（3）.

汪国遵，李文明，钱峰，纪仲庆 .1982 年江苏常州武进寺墩遗址的发掘 [J]. 考古，1984（2）.

汪国遵，李文明，钱峰，纪仲庆 . 江苏邗江甘泉二号汉墓 [J]. 文物，1981（11）.

汪国遵，李文明，钱峰，纪仲庆．铜山小龟山西汉崖洞墓 [J]. 文物，1973（4）.

李振尧．铜山龟山二号西汉崖洞墓 [J]. 考古学报，1985（1）.

齐军．江苏盱眙大云山江都王陵二号墓发掘简报 [J]. 文物，2013（1）.

张长山．河南南阳县英庄汉画像石墓 [J]. 文物，1984（3）.

南阳发现东汉许阿瞿墓志画像石 [J]. 文物，1974（8）.

方建国．四川简阳县鬼头山东汉崖墓 [J]. 文物，1991（3）.

信立祥，雷云贵，屈盛瑞．山西朔县秦汉墓发掘简报 [J]. 文物，1987（6）.

齐东方．中国早期金银器的研究 [J]. 华夏考古，1999（4）.

齐鸿浩．陕西黄龙县梁家山砖厂汉墓 [J]. 考古，1989（3）.

阮晶京．博山炉的历史——以两汉魏晋南北朝材料为中心 [D]. 中央美术学院，2012.

邱瑞中．龙的始原 [J]. 内蒙古师范大学学报（哲学社会科学汉文版），1988（3）.

裘锡圭．读《陕西绥德县四十里铺画像石墓调查简报》小记 [J]. 考古与文物，2003（5）.

任相宏．双乳山一号汉墓墓主考略 [J]. 考古，1997（3）.

三门峡市华余包装公司 16 号汉墓发掘简报 [J]. 华夏考古，1993（4）.

吉琨璋，孙永和，席为民．山西曲沃羊舌晋侯墓地发掘简报 [J]. 文物，2009（1）.

陕西眉县常兴汉墓发掘报告 [J]. 文博，1989（3）.

闪修山．汉郁平大尹冯君孺人画像石墓研究补遗 [J]. 中原文物，1991（3）.

蒋英炬，吴文棋．临沂银雀山四座西汉墓葬 [J]. 考古，1975（6）.

李发林．山东苍山元嘉元年画象石墓 [J]. 考古，1975（2）.

一九七五年东海峪遗址的发掘 [J]. 考古，1976（6）.

山东省荷泽地区汉墓发掘小组．巨野红土山西汉墓 [J]. 考古学报，1983（4）.

姜建成，刘华国．山东青州市马家冢子东汉墓的清理 [J]. 考古，2007（6）.

王恺，邱永生．徐州狮子山西汉楚王陵发掘简报 [J]. 文物，1998（8）.

石文嘉．汉代玉璧的随葬制度 [J]. 中原文物，2013（3）.

石云涛．逶迤芒砀山千古梁王墓 [J]. 寻根，2010（1）.

宋奇．许昌市博物馆藏汉代画像砖赏析 [J]. 中原文物，2008（4）.

宋新潮.中国早期铜镜及其相关问题 [J].考古学报，1997（2）.

孙长初.汉画像石"铺首衔环"图像解析 [J].南京艺术学院学报·美术与设计版，2006（3）.

孙机.简论"司南"兼及"司南佩"[J].中国历史文物，2005（4）.

孙传贤.浅谈古代透光镜 [J].中原文物，1980（2）.

孙新周.鸱鸮崇拜与华夏历史文明 [J].天津师范大学学报，2004（5）.

谭淑琴.试论汉画中铺首的渊源 [J].中原文物，1998（4）.

唐任伍.西汉巨量黄金消失之谜考 [J].史学月刊，1985（5）.

汪国遵.良渚文化"玉敛葬"述略 [J].文物，1984（2）.

汪宁生.我国古代取火方法的研究 [J].考古与文物，1980（4）.

汪小洋.枣树：汉画像石中树形图像的一个原型：读《肥致碑》的一个思考 [J].齐鲁艺苑，2004（3）.

王凤菊.宁夏中卫县出土一件汉代博山炉 [J].考古与文物，2001（5）.

王桂枝.汉降龙博山炉 [J].文博，1986（2）.

王怀义.释"铸鼎象物"[J].民族艺术，2011（3）.

王磊.兽面纹饰的母题及其演变 [J].广西艺术学院学报（艺术探索），2007（2）.

王龙.山东地区汉代博山炉研究 [D].山东大学，2013.

王胜利."天圆地方"观探源 [J].江汉论坛，2011（11）.

王炜林.陕北画像石中的树形图小议 [J].考古与文物，2003（5）.

王晓丽.汉画中"胜"的类型与功能 [J].南都学坛（人文社会科学学报），2006（11）.

王学泰.鼎的文化演进 [J].紫禁城，2008（9）.

王育成.南李王陶瓶朱书与相关宗教文化问题研究 [J].考古与文物，1996（2）.

王育成.东汉道符释例 [J].考古学报，1991（1）.

王育成.洛阳延光元年朱书陶罐考释 [J].中原文物，1993（1）.

王政.灵魂鸟、引魂鸟 [J].中国典籍文化，1996（3）.

王政.魂屋考 [J].民族艺术，1996（4）.

王志浩，郑序先，王永信.汉代青铜熏炉及其医疗保健价值的研究 [J].内蒙古文物考古，1994（1）.

王志杰，朱捷元.汉茂陵及其陪葬家附近新发现的重要文物 [J]. 文物，1976（7）.

王子今.汉代"蚩尤"崇拜 [J]. 南都学坛，2006（4）.

吴新忠.古代中国的宇宙模型 [J]. 河池学院学报，2012（4）.

吴杏全.刘胜漆棺铺首上的怪兽考 [J]. 文物春秋，2000（4）.

吴雪杉.从"九鼎"到"丹鼎"——四川汉代"取鼎"图像的嬗变 [J]. 北方美术，2011（2）.

武利华.从早期画像石看"东王公"出现的时间 [J]. 中国汉画学会通讯，2010（6）.

孙福喜，杨军凯，孙斌.西安北郊枣园大型西汉墓发掘简报 [J]. 考古与文物，1991（4）.

刘炎.西安市发现一批汉代铜器和铜羽人 [J]. 文物，1966（4）.

李毓芳.咸阳西汉墓清理简报 [J]. 考古与文物，1984（5）.

李毓芳.陕西咸阳马泉西汉墓 [J]. 考古，1979（2）.

小泉一郎.西王母七夕传承 [J]. 东方学报，1974（3）.

谢凌.东汉巴郡太守樊敏碑 [J]. 四川文物，2000（1）.

邢义田.汉代画像中的"射爵射侯图" [J]. 历史语言研究所集刊，2000（1）.

徐琳.两汉用玉思想研究之一——辟邪厌胜思想 [J]. 故宫博物院院刊，2008（1）.

鄢维新.鸱鸮、楚凤与天梯 [J]. 中华文物论坛，2004（2）.

严文明.中国古代的陶支脚 [J]. 考古，1982（6）.

杨孝鸿.汉代羽化图像的发展及其原因[J].南都学坛(人文社会科学学报)，2004（3）.

印志华，李则斌.江苏邗江姚庄 101 号西汉墓 [J]. 文物，1988（2）.

王勤金，印志华，徐良玉.扬州邗江县胡场汉墓 [J]. 文物，1980（3）.

印志华.江苏邗江姚庄 102 号汉墓 [J]. 考古，2000 （4）.

叶舒宪.红山文化鸮神崇拜与龙凤起源——兼评庞进〈凤图腾〉[J]. 文化学刊，2006（1）.

康兰英，王志安.陕西绥德县四十里铺画像石墓调查简报 [J]. 考古与文物，

2002（3）.

袁朝.江陵马山一号楚墓刺绣品图案考释 [J].中原文物，1993（1）.

蔡先启，张泽栋，刘玉堂.湖北云梦睡地虎秦汉墓发掘简报 [J].考古，1981（1）.

负安志.谈"阳信家"铜器 [J].文物，1982（9）.

臧翠翠.两汉出廓玉璧 [J].装饰，2009（6）.

曾宪波.汉画中的兵器初探 [J].中原文物，1995（3）.

张明华.玉胜考略 [J].上海文博论丛，2003（4）.

张明华.司南珮考 [J].故宫博物院院刊，2000（1）.

张朋川.河西出土的汉晋绘画简述 [J].文物，1978（6）.

张朋川.宙图式中的天穹之花——柿蒂纹辨 [J].装饰，2002（12）.

张同利.九鼎传说与秦汉都城 [J].民族艺术，2008（4）.

张翔.双面观照——博山炉：出土实物与咏物诗的互证 [J].辽宁师范大学学报（社会科学版），2013（5）.

张学鹰."因山为陵"葬制探源 [J].中原文物，2005（1）.

张英智，梁义田，铁生年.古代铜镜成像效果的探讨 [J].青海大学学报，1995（12）.

张明华.司南珮考 [J].故宫博物院院刊，2000（1）.

张仲立，丁岩，朱艳玲.凤栖原汉墓西汉大将军的家族墓园 [J].中国文化遗产，2011（6）.

赵丛苍.陕西凤翔西河发现汉代青铜器窖藏 [J].考古，1985（8）：7-11.

赵殿增，袁曙光."天门考"——兼论四川汉画砖（石）的组合与主题 [J].四川文物，1990（6）：6-8.

赵国华."玄鸟生商"神话释略 [J].金筑大学学报（综合版），1998（4）：3-4.

张功.汉代邸之研究 [D].首都师范大学，2002.

赵建平，周效荣.摇钱树形灯 [J].甘肃金融，2002（12）：6-21.

赵李娜.饕餮与鸱鸮：误读的图像与误解之历史——兼论"禹铸九鼎"传说之虚妄 [J].中华文化论坛，2013（1）：11-16.

赵新来.介绍一面西汉"透光镜" [J].河南文博通讯，1979（3）：7-9.

赵赟.铺首浅谈 [J].徐州教育学院学报，2008（3）：3-6.

浙江省文物管理委员会，浙江省文物考古所，绍兴地区文化局，绍兴市文管会. 绍兴 306 号战国墓地 [J]. 文物，1984（1）：11-13.

郑杰祥. 玄鸟新解 [J]. 中州学刊，1990（1）：23-29.

中国社会科学院考古研究所汉代长安城工作队. 汉长安城发现西汉窖藏铜器 [J]. 考古，1985（5）：5-7.

周永珍. 西周时代的温器 [J]. 考古与文物，1981（4）：31-38.

周欲晓. 由汉画像论汉代私有兵器管制 [J]. 南阳理工学院学报，2013（7）：15-20.

朱明歧，刘心田. 夏代"启"字祭台遗址与图腾组合的发现和初考 [J]. 绵阳师范学院学报，2005（1）：19-30.

朱冠艾. 中国古代铜镜的铸造工艺及其社会功能 [J]. 华东冶金学院学报，2000（6）：15-17.

朱庆征. 铺首的由来 [J]. 紫禁城，2001（3）：56-72.

朱启新. 说文谈物：铺首 [J]. 文史知识，2001（11）：31-42.

淄博市博物馆. 山东淄博张庄东汉画像石墓 [J]. 考古，1986（8）：8-16.

邹厚本，韦正. 徐州狮子山西汉墓的金扣腰带 [J]. 文物，1998（8）：7-10.

王意乐，徐长青，杨军，管理. 海昏侯刘贺墓出土孔子衣镜 [J]. 南方文物，2016（03）：30-38.

邵鸿. 海昏侯墓孔子屏风试探 [J]. 江西师范大学学报（哲学社会科学版），2016（05）：42-48.

何丹. 从海昏侯墓出土"孔子衣镜"看汉代儒家思想与信仰 [J]. 文化遗产，2017（04）：16-18.

何丹. 海昏侯墓"孔子画像"的文本考察 [J]. 上海交通大学学报（哲学社会科学版），2021（05）：32-41.

唐百成，张鹏波. 海昏侯墓"孔子屏风"姓氏问题释析——兼谈秦汉姓氏变革 [J]. 西南交通大学学报（社会科学版），2016（05）：86-92.

何丹. 海昏侯墓"孔子衣鏡"與西漢西王母信仰 [J]. 诸子学刊，2018（01）：108-121.

胡晓军. 海昏侯墓出土"孔子屏风" [N]. 光明日报，2015-4-11（15）.

王楚宁. 海昏侯墓系列研究 [A]. 北京联合大学文化遗产保护协会. 文化遗

产与公众考古（第三辑）[C]. 北京联合大学应用文理学院，2016.

杨军，恩子健，徐长青．海昏侯墓衣镜画传"野居而生孔子"考 [J]. 江西师范大学学报（哲学社会科学版），2018（01）：23-32.

刘子亮，杨军，徐长青．汉代东王公传说与图像新探——以西汉海昏侯刘贺墓出土"孔子衣镜"为线索 [J]. 文物，2018（11）：2-11.

支林，申思铭．论海昏侯墓"孔子漆器屏风"的装饰工艺特点 [J]. 艺术百家，2017（06）：7-13.

夏华清，王楚宁．海昏侯墓"神兽玉饰"浅释 [J]. 南方文物，2018（02）：8-19.

李新，朱存明．海昏侯墓"熊形玉饰"的文化解读 [J]. 中原文物，2017（06）：32-39.

黄雪薇，刘晓霞．"南昌海昏侯墓发掘暨秦汉区域文化"国际学术研讨会综述 [J]. 中国史研究动态，2016（05）：42-52.

王子今．"海昏"名义补议 [J]. 南都学坛，2018（05）：30-38.

王子今．"海昏"名义续考 [J]. 南都学坛，2016（04）：36-40.

庞光华，周飚，吴珺．海昏侯墓本《论语》"易易"考 [J]. 管子学刊，2019（01）：20-22.

刘玲娣，温乐平．海昏侯墓考古发掘及相关问题研究述评 [J]. 中国史研究动态，2018（06）：40-46.

聂菲．海昏侯墓漆器铭文及相关问题探讨 [J]. 南方文物，2018（02）：30-32.

金锐，陈舒．海昏侯墓四大未解之谜 [N]. 人民日报海外版，2016-11-20（004）.

马利清．论汉代酒器的随葬礼仪传统——从考古发现的西汉海昏侯墓酒器库说起 [J]. 郑州大学学报（哲学社会科学版），2018（05）：11-20.

刘慧中，田庄，管群，谭景斌．海昏侯刘贺墓出土马蹄金、麟趾金意义探析 [J]. 南方文物，2017（01）：16-20.

韦正．马蹄金、麟趾金与汉代神仙信仰 [J]. 南方文物，2017（01）：30-32.

罗小华．《梦溪笔谈》"麟趾""褭蹄"纠缪 [J]. 中国典籍与文化，2018，（02）：

21-28.

辛德勇. 所谓"马蹄金"的名称与战国秦汉间金币形制的演变 [J]. 文史，2018（03）：31-41.

黄允聪，吴小强. 南昌西汉海昏侯墓与广州南越王墓的异同比较 [J]. 秦汉研究，2018（00）：20-29.

田旭东. 浅议《论语》在西汉的流传及其地位——从海昏侯墓出土《齐论》说起 [J]. 秦汉研究，2018（00）：18-31.

王泽文. 试说"海昏" [J]. 中国史研究，2016（04）：6-16.

曹斌. 西汉海昏侯刘贺墓铜器定名和器用问题初论 [J]. 文物，2018（11）：7-21.

黄今言. 西汉海昏侯墓出土黄金的几个问题 [J]. 史学月刊，2017(06)：6-10.

谢伟峰. 殷周传统与鸱鸮之吉凶二意——从海昏侯"大刘记"印鸮钮说起 [J]. 延安大学学报（社会科学版），2018（06）：5-9.

曹斌，罗璇，侯宜斐，王吉卿，李文欢，刘新宇，徐长青，康越. 江西南昌西汉海昏侯刘贺墓出土铜器 [J]. 文物，2018（11）：19-21.

管理，武家璧，王楚宁，恩子健，夏华清，吴振华，胡刚，杨军. 江西南昌西汉海昏侯刘贺墓出土漆木器 [J]. 文物，2018（11）：22-31.

李双君，薛万琪，蔡冰清，吴函，蔡保全，刘新宇，徐长青，杨军. 江西南昌西汉海昏侯刘贺墓出土玉器 [J]. 文物，2018（11）：13-27.

江西省文物考古研究院，北京大学考古文博学院. 江西南昌西汉海昏侯刘贺墓出土部分金器的初步研究 [J]. 文物，2020（06）：6-21.

管理，杨军，王意乐，肖玉军，杨博，赵文杰，夏华清，吴振华，吴琴，管井丰，张立玲，吴昊，孙敏，魏彦飞，杨弢，赵可明，金陵，郭晶，梁星，李阳，徐意，范金秀，熊峰，朱凤瀚，李零，赵化成，陈苏镇，何晋，韦心滢，韩巍，陈侃理，田天，刘丽. 江西南昌西汉海昏侯刘贺墓出土简牍 [J]. 文物，2018（11）：18-36.

Christopher Cullen，1996. *Astronomy and Mathematics in Ancient China：the Zhou bi Suan Jing*[M]. Cambridge：Cambridge University Press.

Derk Bodde. 1975.*Festivals in Classical China：New Year and Other Annual Observances*[M]. During the Han Dynasty，206 B.C.-A.D.220（Princeton：

Princeton University）.

Hans Biedermann. 1994.*Dictionary of Symbolism：Cultural Icons and the Meanings Behind Them*[M]. New York：Meridan Press.

Holmes Welch. 1957.*The Parting ofthe Way.*[M].Boston:Beacon Press.

Lisa Ann Raphals. 1998.*Sharing the Light：Representations of Women and Virtue in Early Chint Albany*[M]. SUNY Press.

Michael Loewe.1979.*Ways to Paradise：The Chinese Question for Immortality*[M]. London：George Allen &Unwin Ltd. Press.

Michael Nylan. 2005.*"Addicted to Antiquity（nigu）：A Brief History of the Wu Family Shrines"150-1961 BC，in Recarving China's Past：Art，Archaeology，and Architecture of the "Wu Family Shrines"*[M].Princeton：Princeton University Art Museum，Inc.

Osvald Sirén. 1929.*Hisroire des arts anciens de la Chine*[M].Paris：Annals du Muséc Guimet Press.

Pei-cha-tch'eng. 1946. *Wang-ngan：Tombeaux des Han à Pei-cha-tch'eng et à Houei-ngan，près de Kalgan dans la Région de Grandes Murailles*[M]. Tokyo：Archaeologia Orientalis Press.

Robert W.Bagley. 2008.*"Interpreting Prehistoric Designs"*[M].London：Warburg Institute Colloquia Papers Press.

Susan N.Erickson. 1992.*Boshanlu-Mountain Censers of Western Han Period：A Typological and Iconological Anylysis，Archives of Asian Art*[M].

Susanne Greife and Yin Shenping（尹申平）. 2001. *DasGrab des Bin Wang：Wandmalereien derÖstlichen Han-Zeit in China*[《考古发掘出土的中国东汉墓（邠王墓）壁画》][M].Verlag des Römistch-Germanischen Zentralmuseums Inc.

William C.White. 1934. *Tombs of Old Loyang，Shanghai：Kelly & Walsh*[M]. Shanghai: Kelly&wal Press.

Wilma Fairbank.1994.*"A Structural Key to Han Mural Art，" Harvard Journal of Asian Studies*[M]. Londeon: George Press.

shih Yu.*"Life and Immortality in the Mind of Han China"*[J]. Harvard Journal of Asian Studies, 1964, 25: 60-65.

Yü Ying-shih. *"'O, Soul, Come Back!'*: *A Study in the Changing Conceptions of the Soul and Afterlife in the Pre-Buddist China"*[J]. Harvard Journal of Asian Studies, 1987, 27: 85-87.

Arthur Waley. *"Animals in Chinese Art, "*[J]. The Burlington Magazine for Connoisseurs. 1923, 259: 352-361.

H.G.Greel. *"What is Taoism?" Journal of American Oriental Society*[J]. 1956, 76: 121-127.